主编 赵东海

编委 包庆德　陈　智　陈亚明　段海宝　方国根
　　　　郭晓丽　李之美　乔还田　任玉凤　王金柱
　　　　许占君　张吉维

内蒙古哲学社会科学丛书

钟泰学术思想研究

郭晓丽 著

人民出版社

总　序

1957 年，新中国在少数民族地区创建第一所综合大学——内蒙古大学，时任国务院副总理、内蒙古自治区人民政府主席乌兰夫任首任校长，北京大学等十余所名校的学界精英响应国家号召，从四面八方，汇聚于斯，博学鸿儒，思敏文华。建校之初，内蒙古大学就特别重视哲学课程建设和教学实践。1971 年在"文革"期间恢复招生时，内蒙古大学文理科各开设一个专业，文科只开设了哲学专业。1978 年 12 月经内蒙古自治区人民政府批准，教育部备案，内蒙古大学成立哲学系，2008 年 2 月成立了哲学学院。期间，1979 年开设哲学专业研究生班，1980 年开设哲学专业本科班，1981 年面向蒙古族学生开设蒙哲专业本科班，1998 年设立科技哲学专业硕士点，2002 年设立马克思主义哲学硕士点，2010 年设立哲学一级学科硕士点。佛学大家杜继文先生、哲学家冯友兰亲炙弟子郝逸今先生等名师先后在此任教讲学，躬耕学术。五十载风雨兼程，传道授业，拓荒耕耘，孜孜求索，追随先哲脚步，融汇草原民族和地区特色，内蒙古大学哲学学科形成了敦品砺学、笃实践行、开放包容的优良学术传统，为国家和自治区培育了一大批知识积淀厚、理论素养高、思辨能力强的各民族优秀人才，为中西哲学在边疆民族地区的传播发展作出了突出贡献。

新时期，内蒙古大学在国家"211工程"、省部共建和中西部高校综合实力提升计划的支持下，各项事业蓬勃发展。内蒙古大学哲学学科也迎来新的发展局面，在马克思主义哲学与社会发展研究、中国哲学与传统文化的现代性研究、西方哲学知识论及其逻辑研究、北方民族哲学与宗教文化研究、生态哲学研究和技术哲学与地方性知识研究等领域取得了一系列成果。通过挖掘原典，会通现实，审视科学，彰显人文，使内蒙古大学的哲学研究既有思辨理论历史渊源的生长点，又具时代精神现实指向的创新点，为哲学学术发展作出了自己的贡献。

本丛书是哲学学科教师近年来学术研究成果的一次汇集，内容涉及马克思主义哲学、中国哲学、外国哲学、伦理学、逻辑学、宗教文化、科技哲学研究等诸多领域，体现了内蒙古大学哲学学科教师继承传统、反思现实、批判创新的深入思考，是内蒙古大学哲学人思想的一次系统阐发，读来受益良多。

哲学是人类的诉求和创造。具有两千多年发展历史的哲学对人类文明的发展具有不可替代的作用，在整个人类文化体系中占有至关重要的地位。哲学提供给人类自我发现、自我批判、自我超越的力量，启蒙时代，教化人心，反思当下，放眼未来。正如马克思所言，哲学作为时代精神的精华，乃优秀民族一刻也不能离开的理论思维。每一时代的个体心灵都受到哲学的影响，每一时代都在书写影响下一历史进程的哲学。哲学在中国的发展不仅深刻影响着中国社会的历史进程，改变和丰富了中国文化的构成与内涵，也促进了中国人思维方式的变革。作为引领未来时代知识体系和精神航标的哲学社会科学，在认识世界、传承文明、创新理论、咨政育人、服务社会等方面都发挥着不可替代的作用。哲学更为大学提供思想的源泉、反思的利器、批判的激情、践行义理的逻辑、慎思明辨的气质、入世而不为俗世所累的定力。无论是"象牙塔"还是"服务器"，从人才培养到学术研究，潜移默化、润物无声中，高屋建瓴的哲学在大学都发挥着不可或缺的根本作用，哲学与具体科学的互动共生促进着大学人才培养和学术研究的升华。

北宋理学大家张载所教"为天地立心、为生民立命，为往圣继绝学，为万世开太平"，诚乃学术大道，更堪称哲学人的座右铭。哲学当直面现实，返本开新，然思想繁复，创新维艰，前程远大而任重道远。我们共同期许，当代内大哲人，在关切当今内蒙古、当今中国和当今世界中，师古圣先贤，隔世俗浮华，甘于寂寞拓荒，在独立精神和自由思想中，冷峻而庄严求索，传承精神火炬，开创美好未来。

（作者系内蒙古大学校长）

目　录

序　郭齐勇　/001

引　言　/001

第一章　钟泰的学术人生　/007

　　第一节　钟泰的人生轨迹　/007

　　第二节　钟泰为学宗旨的确立　/020

　　第三节　钟泰学术研究的开展　/047

　　第四节　解读钟泰学术的主要依据　/053

第二章　哲学史观与方法学得失　/056

　　第一节　中国哲学史学科的早期写作经历与问题　/057

　　第二节　钟泰对胡适《中国哲学史大纲》的批评反省　/061

　　第三节　钟泰对中国哲学史的探本寻源　/069

　　第四节　方法背后的动机与学科要求的达成　/073

　　第五节　钟泰《中国哲学史》书写的特色　/079

　　　　　　——以汉唐哲学为例

第六节 钟泰《中国哲学史》的得失见弊 /088

第三章 国学观与方法学特色 /095

第一节 20世纪前期国学研究概观 /095
第二节 20世纪前期国学研究的文化透视和学术契机 /099
第三节 钟泰《国学概论》的方法学特色 /102
第四节 钟泰与章太炎《国学概论》比较 /115

第四章 荀学新诠 /125

第一节 20世纪前期的荀学研究 /125
第二节 钟泰《荀注订补》的文献学特色 /130
第三节 钟泰《荀子》文献整理的思想依据 /146

第五章 庄学再发现 /156

第一节 "庄子之学出于儒"论列 /158
第二节 钟泰的庄学研究概观 /166
第三节 钟泰解庄论析 /176
第四节 从《庄子发微》看钟泰的学思终趣 /193

第六章 钟泰的学术交往 /199

第一节 钟泰与王瀣 /199
第二节 钟泰与马一浮 /203
第三节 钟泰与熊十力 /231

结　语 /251

附　录 /255

参考文献 /291

索　引 /298

后　记 /309

序

郭齐勇

内蒙古大学的郭晓丽教授潜心从事中国哲学史的教学与研究工作，她精心撰写的《钟泰学术思想研究》一书即将付梓，这是我特别期待的事情。晓丽博士向我求序，我很乐意写几句话。

关于钟泰先生其人其书，知者寥寥。他的学术，以往一直不被学界重视。钟先生属于中国哲学史学科比较早的、创业的一代人，晚年与熊十力先生过从甚密，我是在整理熊先生晚年书札时了解钟山先生的。而本书则是国内第一部系统研究钟先生的学术专著，具有开拓性和填补空白的意义。

作为20世纪早期中国哲学史学科建设的参与者和《中国哲学史》学科范式的开拓者之一，钟泰与20世纪中国哲学史的主流派，如以胡适和冯友兰为代表的借西方哲学诠释中国哲学史的学者和以侯外庐为代表的以马克思主义诠释中国哲学史的学者不同，他充分植根于本土文化资源，按照中国哲学的概念和学术统系的自身特色建构中国哲学史。

通读全书，我认为晓丽同志这部著作有四个贡献：

第一，本书较全面地梳理了钟泰学术思想，系统地整理了材料，完整地呈现了钟泰学术的精、气、神。钟泰思想与20世纪前期中国哲学学科的建构及中国哲学史写作方法的反思关系密切，作者结合当前中国哲学研究领域的前沿问题，对中国哲学史的写作方法和现代学术之体系建构均有深沉反省。在此背景下，作者阐明了钟泰研究的现实意义及其学术的独特价值。

第二，作者对钟泰学术思想的形成，包括与太谷学派的学术渊源关系做了深入的研究，揭示出中国传统学术转型过程中的复杂面相，特别是民间性儒学的问题，对梳理早期现代思想的发育和成长，提供了新的思路和更为广阔的视野。

第三，本书对钟泰的国学研究、荀学研究、庄学研究等做了理论上的总结和评论，力图充实现代学人中国哲学史研究的内容，对中国哲学学科建设大有裨益。

第四，作者对钟泰与现代新儒家学术共同体关系的研究，扩展和丰富了新儒家学术共同体的交往史，及其学术交流和思想互补的细节，彰显了现当代新儒家学术文化群体的真实性情、文化关照和担当精神。

孟子说："尚论古之人，颂其诗，读其书，不知其人可乎？是以论其世也，是尚友也。"（《孟子·万章下》）知人论世，尚友古人，是我们对本行工作者的基本要求。这既是方法论，也是职业伦理。作者通过走访钟泰后人，寻访他曾经工作和生活的地方，广泛搜集与钟泰生平、学术经历相关的一手资料；搜集并梳理了中国哲学史学科早期研究的大量著作和史料，这些文献资料不但大大增强了论著的说服力，也为进一步深入研究钟泰学术思想和中国哲学史的建构历史，夯实了基础。

在研究方法上，作者的阐释，注重以比较的方法凸显钟泰的中国哲学研究特色和钟泰学术思想的独特之处。例如，将钟泰的《中国哲学史》与当时翻译出版的日本学者写的《中国哲学史》以及谢无量、胡适的《中国哲学史》加以比较；将钟泰的《国学概论》与当时出版的诸种《国学概论》做比较；将钟泰的学术人生与马一浮、熊十力等新儒家的代表人物作比较，多层面、多角度地揭示了钟泰其人其学。

作者的研究，不仅是对早期中国哲学史学科建设和《中国哲学史》著作的架构模式和写作方法的反思，而且也涉及20世纪中国哲学以及现代新儒学历程的反思和对21世纪中国哲学发展的前瞻。

晓丽是性情中人，不媚俗、不赶潮，按自己的信念生活与工作，踏实耿直，不求闻达。她不仅是父母的好女儿、丈夫的好妻子、女儿的好母亲，而且是学生的好老师、老师的好学生、社会的好公民。更为熟识的师友们所称道的是，晓丽数十年如一日，孜孜矻矻读古书，讲授中国哲学史，点点滴滴，一步一个脚印，不断浸润、积累，以宽广的胸怀、德性的智慧和洒脱的性格，感化着周遭的友生。在教书育人中，她重视生命的感悟，切实帮助孩子们变化气质，调节性情。中国文化的精神就藏在她的心中，也呈现在她的言行上。

是为序。

壬辰年中秋佳节于珞珈山

引 言

钟泰是"后五四时期"对中国文化、中国哲学以及儒学的现代化进行思考的知识学人,面对"五四"以来激烈反传统的西化思潮,他坚持中国文化的主体地位,着力探究中国哲学和儒家思想的时代价值。本书具体分析钟泰以本土化为旨趣的学术思想的形成、特点和内容,期望透过这个个案的思想活动,反映20世纪中国哲学和儒学思考的意义。

一、中国文化和中国哲学的本土化

本土化是与世界性(全球化)相对的概念。文化本土化是对文化殖民主义和文化霸权的一种反映。全球化实质上是人类为了克服工业文化模式的危机所创建的一种新的文化模式。然而文化全球化是一把双刃剑,从理想的层面讲,是指各民族带着各自的文化背景、伦理道德、价值观念相互交往,实现文化兼容、共同发展的状态及趋势;但从现实的层面看,它是西方的强势文化特别是美国为主导的文化在全球实现的文化扩张和文化控制,在此语境中,许多发展中国家感到自己的文化被边缘化，认为强势文化侵犯了他们的文化主权、侵蚀了当地的文化传统、威胁了本土文化的存在。[①] 也有学者指出：全球化的最终目的是全球资本主义化。这种由美国人做东的全球化——这里重点说的是文化全球化——给我们带来的真正的问题：一是民族精神的涣散和自我文化的散失；二是精神层面的平面化和浅薄化。这也是我们对文化全球化忧虑的根本。[②] 回顾 20 世纪以来，中国文化和中国哲学所走的基本是西方化的道路，即用西方文化特别是西方哲学的框架、概念把中国的思想重新构造一遍的"以西释中"之路。反思由此建构的中国文化和中国哲学，人们发现它远不能体现中国文化的精神和中国哲学的本旨，反而丧失了中国哲学的民族特点。钟泰是 20 世纪早期提出并尝试建构本土化的中国文化和中国哲学，并将本土性思考和中国文化的主体性精神的确立贯穿于他的全部学术思想活动之中的知识学人，研究总结他的学思历程和得失见蔽既具有历史意义也具有当代价值。

二、对 20 世纪中国思想文化的现代反思

对 20 世纪中国思想文化发展历程的现代性反思和检讨，是我们面对全球化时代理性地构建中国 21 世纪文化发展战略的必要前提。此中对 20 世纪中国哲学史建构过程的反思和检讨，对 20 世纪前期国学热潮的批判反思，对 20 世纪儒学重建的深入探讨和反省及以近代学术和学人为研究对象的中国近代学术史研究等，都是当代中国人文科学学

---

① 参见李庆霞：《全球化视域中的文化本土化研究》，《社会科学战线》2007 年第 1 期。
② 参见冯骥才等：《全球化语境中的本土化困境》，《作家杂志》2003 年第 5 期。

术界关注的重要课题。钟泰作为20世纪参与和从事中国哲学史、国学、荀学、庄学等学术研究的学者，其学术经历和见解与上述重要课题的研究密切相关。首先，作为20世纪参与中国哲学史学科创设的学者，钟泰以其《中国哲学史》体现了中国学人试图在自己的思想传统中建构"哲学传统"、探索现代转换的努力。钟泰研究有利于今天中国哲学史学科的学科自觉。其次，作为亲历20世纪学海波澜的知识学人，其学术思想直接参与了20世纪中国思想文化和儒学的现代性探索。钟泰研究，有利于我们通过典型个案深入理解和认识近代中国学术思想特点。最后，作为负有责任意识的思想者，钟泰以其笃实严谨的学术风范和独立的学术立场，面对近代以来纷繁复杂、变幻莫测的社会思潮和学术思想，一生扎根于传统文化，努力保有着民族精神和儒学传统，沉着反思其利弊得失。钟泰研究，可以让我们从一个普通知识学人的学术生涯深入了解现代知识分子探索中国文化复兴之路的思想历程和历史理念。

三、本书的主要观点和研究价值

本书在全面梳理和把握钟泰学术思想的基础上，揭示了钟泰学术思想的三大特点：一是钟泰强调中国哲学的本土化特点，并在中学统系的思路下，书写中国哲学史，力图在中西、新旧的现代性思想对垒中，突出以儒家为主体的中国哲学精神。二是钟泰提出合汉宋为一的中国学术整合的方法论原则。他通过反思近代以来传统学术的困境，主张深入挖掘、合理阐发体现中国文化传统和精神面貌的国学资源，以突出中国文化的中国性。三是钟泰展开了儒学重建的思考。他投入极大精力对《荀子》和《庄子》作注释、疏通，力求在经学解体、中国传统精神面临危机的文化困局下,通过儒、道资源的合理整合,重新建构起体现中国文化哲学精蕴,合乎现代社会发展趋势,导引中国人精神生活的新的儒学思想。

"钟泰学术思想研究"这个论题,是在当代中国文化复兴、中国哲学的现代性反思、国学研究的开展和儒学当代价值的探讨等重要思想学术问题的逼显之下产生的。研究的主要目的,是总结其中的得失见蔽,反思其中的经验教训,吸收其中宝贵的思想资源。钟泰研究给我们如下重要启示:

其一,钟泰的学思之路,体现了中国文化现代性探索的一种方向。纵观钟泰学术思想,是立足于中国本位对中国文化的前途、命运的思考。笔者认为,就总体而言,中国思想文化的现代重建必须关照中与西、本土化与世界性的关系。但这并不意味着每个学者的学术领域和具体研究都要在上述两者之间进行。钟泰的全部学术思考都是回归中学内部的,说明现代性思考要立足于本民族文化传统,从本民族文化的开新着眼的重要意义。

其二,钟泰在中国哲学史写作中强调中西统系之别,重在突出挺立民族主体意识的意义,发掘中国哲学自我更新的能力。在当代中国哲学建构中,如何避免西方化范型的局限,破除将西方哲学方法作为普遍方法的迷信,求得中国哲学自身精神与特点的把握和阐扬,都是重大的理论课题。钟泰对中国哲学思考的同时架构了体系完整的中国哲学史,其思想的研究意义和方法的借鉴价值重大。

其三,钟泰致力于通过儒家经典的重释,发掘儒家思想的现代价值。特别是他将庄子、荀子思想中所包含的反思批判精神,对人格独立和精神自由的追求,对人性的深刻揭示,制度建构的思想,以及对天人关系的根源性思考等理论的合理成分,纳入儒学思想之中,使儒学从思想体系到精神境界更趋完善。今天的中国文化不论是"文明对话""儒教中国",还是全球伦理、生命伦理的意义建构,最终都有赖于儒学思想资源本身的根源性、开放性和丰富性。钟泰对儒学资源整合和儒家思想重建的尝试,是使儒学有效面对现代性要求的思考,其思想的价值和意义不可低估。

总之,钟泰属于学问家型的学者,同时又具有思想家的敏锐。其学术思想和人生轨迹都体现了遗俗独往的个性和逆向思维的特征,其思想见解具有超前性、现代性和前瞻性。

四、有待深化的问题和探究的方向性建议

通过"钟泰学术思想研究",笔者感到仍有需要澄清和深化的问题。一是钟泰的治学涵盖中国哲学史、国学、荀学和庄学几个研究领域,要对其作出正确认识和合理评价,需要对每个研究领域的整体特征、学说面貌、问题意识和历史演变有一个清晰的把握;亦需要对钟泰的学术思想内容有一个全面、深入和准确的领会,这对于笔者的学力是一个挑战。二是钟泰作为身处现代学术剧变大潮的普通知识学人,与学术大家有所不同,他没有宏论巨著和专门的思想体系的架构,但他着实经历、参与并用一位学者的学术旨趣和良知为中国哲学的建设投入了毕生精力,且有许多堪称独到的学术见解。怎样看待和评价他的学术生涯和理论贡献才使研究的价值凸显,仍值得探讨。再广而言之,钟泰以本土化为旨趣的中国哲学和儒学思考关涉的是"五四"以来中西文化交流、融合、借鉴的问题,是针对西方文化殖民主义和霸权主义而提出的中国文化哲学的主体性问题。当代的文化本土化问题既是世界范围的文化兼容和协调发展的世界性问题,又带有防止西方文化殖民主义和霸权主义的内在要求,怎样在文化的本土性与世界性之间构成一定张力的条件下进行文化建构,则是当代学人必须正确面

对和深入研究的重大问题。正像郭齐勇指出的,我们应力图发掘中国哲学之不同于西方哲学的特性与价值,力图改变依傍、移植、临摹西方哲学的状况,但中西哲学的交流互渗已是不刊的事实,且也有助于逐步发现"中国哲学"的奥秘。"中国哲学"学科的生存与发展,必须保持世界性与本土化之间的必要的张力。[1] 笔者以为这也是我们在"钟泰学术思想研究"的基础上有待深化的课题。

---

[1] 郭齐勇:《中国哲学:保持世界性与本土化之间的必要张力》,《天津社会科学》2004年第1期。

第一章　钟泰的学术人生

钟泰的人生经历了晚清、民国和新中国时期。面对社会秩序的重组和意义世界的重建，特殊的时代条件和机缘赋予了钟泰极具特色的学术人生经历。童年的家塾启蒙、少年的书院教育、青年的留学生涯，塑造了他独特的学术志向。而加入民间儒家学派确立自己的治学宗旨，跻身教会大学开展的学术研究，利用晚生的良好时机完成未尽志业，造就了他鲜明的学术性格。钟泰学术思想所表现出来的儒学信仰、本土化倾向和民族精神的主体性诉求，均与其特殊的人生经历密切相关。

第一节　钟泰的人生轨迹

钟泰，原名钟福泰，又名钟育华，简名泰，字䜣斋，号钟山，别号待庵，江苏江宁人。生于1888年，卒于1979年。值戊戌庚子国是鼎沸之时，痛心疾首于亡国灭种之迫在眉睫，遂发愤潜渡扶桑，求新学，结志士，慨然以乐育华胄宏济时艰自任，因更名育华。①

---

① 参见王子慧：《钟钟山先生传略》，《文教资料》1987年第2期。

钟泰走上学术道路,有其天资聪慧、一心向学的性情之必然,也有其特殊的机缘和条件之使然。然而确立儒学信仰,一生矢志不渝于中国传统文化的学术追求,则是钟泰先生的自由意志和能动选择。

一、求学与求生道路上的抉择

钟泰幼年就学家塾,随上元名士拨贡生吴祖培读书,兼受兄长影响,接触古代经书接受启蒙教育。1901年,考入江南格致书院(其前身为采用西方学制的江南大学堂)。书院传授内容以英文、算学为主,每月有一次汉文课。钟泰晚年回忆当时情况曰:

> 辛丑岁,江南格致书院始复招新生。新生概名为附课生。其异于正课生者,特每月无膏火银八钱耳。而自火食以至书籍纸笔,皆由院供给。故家贫而有志于学者,多就焉。余时年十三。犹记入院考试题为"汉武帝论"。时,与考者皆自经塾来,除四子书外,几无所知。余以仲兄之教,曾阅过《纲鉴易知录》,与汉武前后事迹,略能言之,因是得被录取。
>
> 课分英文、算学两项。上午为英文,下午为算学。若汉文则每月课文一次。盖汉文袭书院旧制,英文、算学则用学校新制,所以不同也。
>
> 汉文教习为湘乡张仲纯先生,名通谟,以名孝廉考取经济特科,为江苏特用知县。余于仲纯先生记之独详者,当时书院学生偏重英文、算学,鲜有留心中国文学者,故每月课文时,常有不通之课卷。余则文字较明顺,以故名必前列。其经一年即补为正课生,固由英算优等,而汉文见赏于张先生,亦有关焉。张先生虽出身科举,而喜治新学,如课文题目多取欧美近事,若"拿破仑论"、"俾斯麦论"以及"兴造铁路之利弊"等。此在当时皆新颖可喜。余故

心重之矣。

　　盖在格致书院三年，始终获教益而不能忘者惟张先生一人，其中实有臭味之契焉。

　　犹记余以考试优异，曾特奖书四部：一朱子《近思录》、一顾亭林《天下郡国利病书》、一顾景范《读史方舆纪要》、一《大清会典》。①

从书院的学习内容看，新知旧学都有涉及，年少的钟泰在倾心于新学思想的同时也获益于传统文化的熏习。

1903年，15岁的钟泰留学日本②。他是怀着求新学、结志士、为救亡计的志愿选择留学之路的。然而在那种极度变动的生存状况下，现实和理想终难一致，钟泰《自传五言诗》道："十五发妄想，东游江户川。背亲私出亡，坐使泪眼穿。沉迷不自觉，翻衿先着鞭。营营为身谋，报国徒舌端。"③

在痛苦抉择的关键时期，一个机缘诱发他从事中国传统学术的意愿。在日本求学期间，"时教师中有铃木者，喜言中国朱子阳明之学。泛泛游者一年。后转而爱好中国哲学文学，盖种因于此。""我虽到日本

---

① 有关江南格致书院始末，参见钟泰晚年所写《记江南格致书院》一文，此文记述、传情、达意，甚美。参见上海市人民委员会参事室、上海市文史馆史料办公室编：《历史资料选辑》（内部资料）第十二期，第33—39页。刊印年代不详。笔者据钟泰日记所记内容推算，该文作于1961年11月。

② 关于钟泰留日的学业情况，笔者自上海文史馆查找资料时，据钟泰1953年8月22日手书《个人简历》（未公开发表，下文凡引钟泰《个人简历》来源同此）辑录所得：就读日本大学师范部，1906年因学费不济返国。笔者根据钟泰《个人简历》等资料判断，主修专业应为自然科学或博物科。因其留学回国后从事的专业是动植物学，曾在两江师范学堂充任翻译，专译博物一科，他也曾言"回国后搞动植物科学"。另据《钟钟山先生传略》讲，钟泰毕业于东京日本大学。参见王子慧：《钟钟山先生传略》，《文教资料》1987年第2期。

③ 钟泰：《自传五言诗》，钟泰先生之孙钟斌整理提供，未公开发表。下引该诗都同此。

留学过几年，所师铃木先生却是开口朱子闭口阳明的一个汉学家。无意中与我幼年家庭所习相投契（我十三岁时即曾读过朱子《近思录》一类的书），加深我探研中国旧学之心。"①

钟泰与许多民国以来从事传统学术和思想文化研究的学人相同，他们的文化观念是与域外思想文化的影响相关的，并由此形成强调传统与现代之间的连续性的文化理念。可以说留学的背景在促成他们的学术思想取向和创造方面起了推动作用。

留学归国后钟泰以日文为教多年，也曾思以办报、从政等经世致用的途径报效社会，实现自我价值。1906年，应两江师范学堂监督李瑞清（1867—1920年，字仲麟，号梅庵，江西抚州人）之聘任，从事日文译教，前后六年，直至辛亥革命学堂停顿为止。那时的钟泰年少气锐，思有所作为，偕友赴南洋，创办报社，以鼓民气。翌年值鼎革，遂归。②继而应邀参皖都柏文蔚（1876—1947年，字烈武，安徽寿县人）幕，任副官。后以"宦途浊"请辞。1928—1929年，钟泰曾思以儒者"修己以敬，视民如伤"的入世情怀参政，受当时广东省府主席陈铭枢（1889—1965年，字真如，广东合浦人）之邀任省府秘书、代秘书长、省府参议等职，后调长博罗县。但终因感到"当道徒猎虚声，不足与有为"而告病请辞。从此绝意仕途。

---

① 钟泰1959年1月所写《自我检查书》片段。钟泰《自我检查书》为非公开发表资料。笔者自上海文史馆查找资料时，根据相关档案材料辑录所得。下文凡引钟泰《自我检查书》，出处同此。
② 参见王子慧：《钟钟山先生传略》，《文教资料》1987年第2期。关于钟泰办报社的地点，后人说法不一。据钟斌根据钟泰遗留的书信资料断定，钟泰1912年在马来亚槟榔屿创办《光华日报》。

二、为学与讲学生涯中的持守

求学与求生如何抉择,说到底取决于自己的人生目标和价值追求。求学道路上兼具中西知识内容的启蒙教育的熏习,留学生涯中个人生存与国家命运的冲突,投身社会办报与从政过程中理想与现实的错综复杂、矛盾重重,让钟泰重新审视自己的人生目标,规划人生道路,决意通过治学、讲学达成内圣外王的人生修养和建功立业的社会责任。

(一)酝酿与确立时期

钟泰的为学经历由泛观博览"思以专经成名",到加入民间儒家学派,确立以儒学为治学目标的过程。而以中国传统学术为内容的讲学,真正开启了他的治学生涯。

1913年,钟泰出任江苏公立法政专门学校日文教员,教课之余,他博览群书,深深被中国传统经典的魅力所吸引。正如他回顾所说:

> 回国后,虽一面搞动植物等科学,而大部分时间,则埋头于线装书堆中。后来便完全把动植物等学抛开,专心于经史之学,颇思以专经成名。[1]

> 课既不多,而学校去江南图书馆甚近。于是时就图书馆,浏览各部书。渐觉祖国文物遗留之富,爱好之亦渐深。[2]

正当钟泰沉潜于学思之中须有所发时,又一个机缘到来。法政专门学校(后改为江苏公立法政大学)鉴于钟泰多年的潜心积累,请钟泰改授国文并开设老庄讲座。就是这个机缘,开启了钟泰未来几十年的中国文化

---

[1] 钟泰:《自我检查书》片段。
[2] 钟泰:《钟泰简历》。

和中国哲学的探索研究之路。可以说留学归来后钟泰经历了长期的潜心读书和求索过程，他出入老庄，沉潜经典，经历了作为一位知识学人必备的心路历程。

在发愤苦读的同时，钟泰也在积极寻求学术支点和师友同道，一个在当时民间具有广泛影响的儒家学派——太谷学派，以其特有的学术宗旨和理论魅力吸引了钟泰的视线。在此，钟泰找到了契合自己学问追求的处所，确立了自己的学术目标。对于这段机缘，我们从钟泰六十八岁时所作的《自传五言诗》中，仍能感受到他内心的虔敬之情和仰慕追随之心："儒门有榘范，从学黄老先。但免小人归，敢望希圣贤。十年林下心，恳恳何拳拳。"由于钟泰与太谷学派的关系关涉着钟泰学术宗旨和治学方法的确立等诸多细节，笔者将在本章第二节作详尽论述。

（二）收获与坚守时期

钟泰学术思想的创获得益于特殊的时机和条件，其特点是借助大学特别是教会大学的讲坛，利用中国哲学学科建构的契机，展开对儒学的深入研究和学术建构。

正当钟泰为学师承、立学宗旨确立，加之多年的潜心向学和讲学积累蓄势待发之际，再一次机缘为他打开了大门。1923年，杭州之江大学因先生的学识托人来聘，并以可以阅览文澜阁所藏四库残本为诱，这对钟泰真可谓求之不得的美事，于是先生应允。1924—1937年钟泰受聘之江大学国文系教授14年间，主讲中国哲学、宋明理学等课程。也就是在此期间钟泰的学术思想主张日臻成熟，他关切学界动态，发表学术论述，先后出版了三部学术著作，特别是1929年由上海商务印书馆出版的《中国哲学史》，成为早期中国哲学史学科建构的一部重要著作。并结识了马一浮、熊十力、梁漱溟等学界同仁，日后他们成为志同道合的友人。在思考、交往、论学中钟泰的学术思想不断完善。之江大学的经历对于钟泰治学特色的形成起着决定性作用，为此笔者将在本章第三节展开论述。

1937年冬,日寇攻陷杭州,钟泰为避战祸与之江大学脱离,经浙江建德至湖南。1938年,应院长廖世承(1892—1970年,字茂如,浙江嘉定,今上海嘉定人)之招,钟泰出任湖南蓝田国立师范学院中文系教授,兼中文科主任。1943年夏,接受贵阳大夏大学之聘,任文学院院长兼中文系主任教授。此间正值马一浮在四川乐山主持复性书院兼辑刻善本要籍,马一浮诚邀钟泰助阵,并久虚讲席以待之。1945年,钟泰辗转入川,受聘复性书院协纂,后全力协助马一浮联络抗战胜利后书院迁杭事宜。

在1937年至1945年这段动荡的岁月中,钟泰坚守讲席,用学识和人格力量践行着一个知识学人的社会责任,他注重用中国哲人的智慧和精神感染学生,钟泰的学生郭晋稀在《回忆钟钟山师》中写道:"1939年初,在湖南蓝田那个荒僻市镇的郊区,又是寒风凛冽的夜晚,钟先生替我们同学作了一次学术报告,讲的是《周子通书》。先生并不是串讲《通书》的文辞,而是阐述书中的哲理。""理学家所称许的那种'光风霁月'的形象,周濂溪所倡的'出污泥而不染,濯清莲而不妖'的精神,似乎也随之感受到了。""在抗战期间,中华民族危于累卵。一个学者为了避地,逃到了深山穷谷之中,既不敢议论时事,怕干世网,目击时艰,自然是十分痛心的。据我回忆,钟先生在这时候,曾经注释过《顾亭林诗集》,自然是寄托其爱国之思,民族兴亡之感。"[①] 我们从当时钟泰赠学生的诗句,可以深切体会到一个学者忧国忧民的情怀和对学生的殷切期望。

赠任之

(1945年4月30日)

曾日巴陵共卜居,谁知相见在巴渝。八年几度兵间过,尺版依

---

① 郭晋稀:《回忆钟钟山师》,《文教资料》1987年第2期。

然府里趋。劫火弥天方咄咄，书生报国亦区区。未来变化知何似，再见应无失故吾。

赠程希圣
（1945年11月6日）

六经束阁学无根，枝叶徒伤议论繁。谁识人天存眼目，尚思伊洛有儿孙。十年易传书方出，一月春风坐有温。规范俨然应未替，好教鄙薄化宽敦。①

1948年，已至耳顺之年的钟泰迁居上海。正如先生所感："寇退得东归，黑头化白颠。自顾无一可，于世合弃捐。两年屏山城，颇思自洗湔。饥驱腹不耐，歇浦来蹁跹。"② 是儒者的性格造就了他知难而进的精神。他重登讲坛，先后任上海光华大学、上海震旦大学教授，讲授书经、易经、墨子、老庄及宋明理学等课程。据先生回忆，当时震旦在徐家汇修道院上课，许多修士也来听课。1951年10月，光华大学并入华东师范大学，钟泰转任中文系教授，讲授宋明理学、历代诗文、历代散文选等课程。1953年，伴随全国性院校调整和课程改革，孔子、六经及儒学在教学中受到冲击，教育秩序发生着复杂变化，钟泰因此主动辞去华东师范大学教职，他曾回忆道：

土改回来后③，没上几天课，天天开会……而商订中文系课程

---

① 此两诗为钟斌整理提供，并注曰："任之"（即阎任之）、程希圣均为钟泰执教湖南国立师范学院时的学生。另需说明，本书所引用钟泰的诗、文，除注明的以外，均为钟斌先生整理提供。
② 钟泰：《自传五言诗》。
③ 1951年10月29日，钟泰自愿报名，随华东师大由刘佛年带队的土改工作队到皖北参加土改工作。

时，旧文学仅留得历代散文选一门，说是依照北京师范大学的讲法，规定上课三小时，预备一小时，复习一小时。与其他课程如近代文选、小说选等皆是上课三小时，预备三小时，复习三小时。相形之下，显见意存轩轾。我因此争了三次，未蒙采纳。及至教研组共商教材时，我说："既曰历代散文选，自然该从周秦起。从周秦起，即该从孔子的六经文中选起。"而有人反对，并有否定孔子之言。与我之意大不合。我因以多病为名，提出辞职。学校几回留我，并且说"如不愿意教书，可调作图书馆主任"，然而我终于辞了。①

我们可以理解，对于已逾耳顺之年的钟泰，放弃不适合自己志趣的作为是明智之举，它意味着可以选择一种新的方式去接续自己的理想。

三、为道与为师事业上的华彩

1953 年 8 月，钟泰受聘上海文史馆，从他当时写的两首诗可以看出先生谦逊感恩、老骥伏枥的志愿：

> 谁知国恩厚，厕我公养班。
> 文史岂所谙，顾名心难安。
> 滥竽耻冒位，伐檀羞素食。
> 穷人负巨债，何时能偿还。
> 感激记生平，露文不润删。②

---

① 钟泰：1958 年 10 月 9 日《交心书》片段。笔者自上海文史馆调查时，据相关档案材料辑录。

② 钟泰：《自传五言诗》。

接上海文史研究馆聘赋呈孝老、石公
（1953年）

自撤皋比忽再春，腐儒无补敢辞贫。
浮名何意叨出廪，盛世今知无弃人。
缀缉旧闻原本分，磋磨新得仗交亲。
斯文绝续相关在，感旧宁徒为一身。①

此间，钟泰撰写了一系列记录史实的文章，像《记江南格致书院》《圣约翰大学"六三"风潮暨光华大学成立记》等，也针对学术现状阐发了自己的学术主张，例如，《我对简化中国汉字的一点意见》《谈研究庄子》。而最重要的是他抓住了两个契机，实现了自己生平的治学夙愿：一是利用此时良好的人文环境，集几十年治学之所思所得，完成了寄托其学派宗旨、治学理想和学术追求的大著《庄子发微》。二是应东北文史研究所礼聘讲学于长春四载，淋漓尽致地展示了为师的风采。

《庄子发微》是钟泰晚年为学为道的结晶，体现了他一生的学思终趣。钟泰20世纪20年代开设老庄课程，60年代完成《庄子发微》，其纵论详说"庄子之学出于儒"，庄书之旨在于发明儒家内圣外王之道，其用意在于通过儒庄会通，重构儒学思想系统，为中国哲学和文化传统注入活力。晚年他倾注大量心血完成的这部五十余万字的著作，是其一生的夙愿，也是他足以告慰师友同道的扛鼎之作。

还值得一书的是1962年至1966年，钟泰在74—78岁的古稀之年，欣然应邀北上东北文史研究所传道授业。② 在此他先后系统讲授《论语》

---

① 孝老、石公分别指周孝怀、尹石公，为钟泰入上海文史馆的介绍人。
② 东北文史研究所1962年在吉林长春成立。由著名历史学家、教育家佟冬任所长。许多国内著名文史哲专家受聘任教或讲学，其中有恽公孚、钟泰、陆懋德、冯友兰、马宗霍、张伯驹、陈登原、吴兆璜、吴天五、范祥雍等。研究所先后从当时全国重点大

《孟子》《周易》《大学》《中庸》《庄子》《荀子》等经典。应校长匡亚明(1906—1996年,江苏丹阳人)之邀到吉林大学开设宋明理学的学术讲座。从钟泰当年的日记可以真切感受到此时他释放出多年积蓄的知识能量和学术热情,可谓乐而忘忧不知老之将至,也是其晚年为师生涯的精彩一幕。

> (1962年)10月24日　午后在吉林大学讲《宋明理学》,自二时半起约五时止,匡(亚明)、刘两校长及金、刘诸主任皆来听,听者约百余人。
>
> (1963年)5月21日　始为诸生讲《易》,说孔子之《易》与《春秋》皆成于晚年,因建立六艺之教与顺先王诗书礼乐以教士有先后时之不同,易之传授次第《史记·仲尼弟子列传》述之最详。因司马谈受易于杨何,故知之甚悉,其《论六家要旨》及迁论春秋弑君亡国皆引《易传》为说,此学易之的髓。如《汉书·儒林传》云:"秦禁学,易以卜筮之书独不禁,故传授者不绝"尚属皮相之论,孔子之易与卜筮之书之易纯系两事,当分别观之,大意如此……

在东北文史研究所建所一周年之际,钟泰写了如下贺诗,表达他畅快的为道与为师的心情和对学子的寄托:

建所周年纪念赋长律十二韵以贺兼为诸生勖焉

(1963年)

未信斯文丧,终看大道行。冈陵宜栱朴,黉舍聚髦英。尚友论今古,观书拥百城。凤毛何璀璨,天马正纵横。选士崇三舍,悖师比五更。四科游夏伍,二史马班衡。教学还相长,藏修自有程。作

学毕业生中选拔文史哲专业学员,组成了一支规模较大的哲学社会科学人才队伍。

人吾党事，传业昔贤情。大畜期多识，重离望继明。一经吾已老，万里复何营。粪本思先泽，嘤鸣念友声。勖哉二三子，幸勿负平生。①

他的教学态度、风格和水平亦得到学生的传诵。王树森曾撰文曰："先生为人方正，厉而温，朝夕晤谈，学者如处春风之中；其治学，主宋学而不鄙薄校勘、训诂；重会通，而不滥肆牵引、发挥；探究奥蕴，情采众长，独出机杼，自成一家言。"② 我们不禁要问，这位知识老人为何会有如此的干劲和豪情？从钟泰20世纪60年代的诗文中，可窥见其中的原委：

庚子吟③　立春日作

前六十年之庚子，列强以我鱼肉视。今六十年之庚子，我视列强等蝼蚁。盈虚消长固有时，强弱兴衰还在己。历思往事长太息，半以国家为戏耳。新政既罢外界开，革命犹新帝制起。自强自立徒虚言，排外媚外两无是。纷纷争乱十余年，甲子丁卯差可理。(自一九二四年孙中山先生联俄联共经营数载，至二七年遂有北伐之举，出武汉而收苏、皖、赣、浙。) 不虞奸人盗兵柄，弃亲即仇听仇使。蒋介石背叛革命投入英、美怀抱与苏俄绝交。蚕食鲸吞孰致之，国几不国方更始。(及一九三七年联合抗日而国几不国矣。) 八年敌忾本同心，百计猜防自生痏。外宁妄欲消内忧，先否却教成后喜。(日人投降后蒋介石掀起内战，不义之师为人民所反对乃节节败退而成吾党解放全国之局。) 政权从此归人民，经畲百端遵道揆。(道揆为马克思列宁主义。) 惩贪除暴首移风，起懦针顽亟明耻。重工轻工网在纲，小农大农丝合纪。人众由来可胜天，令行真乃如流水。一穷二白焉用忧，三宝八法良足倚。(三宝者建设社会主义

---

① 钟斌整理：《钟泰诗选》。
② 王树森：《求之会通　得其环中——〈庄子发微〉学记》，《文教资料》1987年第2期。
③ 此诗作于1960年，即庚子年。

总路线与大跃进、人民公社也。八法者所谓水、土、肥、种八字宪法也。）已看月异而日新，定卜越英更迈美。全台还我帜终易，不战屈人兵可弭。老来不复嗟不辰，鼓舞欢歌十年里。新春漫赋庚子吟，敢比古人说诗史。

晚年的钟泰仍心系国家的前途和命运，通过他的诗文我们可以真切体会到一个文化老人的拳拳心意。

傀 儡
——斥联合国中成员国受美帝国操纵拒不肯复我席位矣
坛坫胡为者，翻成傀儡场。从来牛后贱，一样吠声忙。
掩目迷山在，亡身恋饵香。宁知梦不久，明发早东方。

用释氏语以诫张皇原子武器者
不耐诸天乐，修罗起恚嗔。便思尽色界，一碎作微尘。
如舐刀头蜜，难藏藕孔身。铁丸与铜汁，偿汝永沈沦。

告美帝 四首

（一）
我自用我法，干卿底事来。人安遭鬼忌，家富若邻猜。
梦想旁生蘖，图燃已死灰。虽劳复何益，祇足令人哈。

（二）
世局有翻复，东西今易形。虚声成弩末，拙计南要盟。
侈意该攻守，多方倡纵横。忽闻狮子吼，驴尔亦须惊。（谓印度总理尼赫鲁宣言也，驴者共和党之标帜也）

（三）
霸者夺之与，其如乌合众。同床还异梦，入室成操戈。

百代事如昨，几回交不磨。人情非买得，休自持金多。

（四）

置戍编天下，穷兵古未闻。戈矛起方寸，壁垒遂中分。那有情常胜，行看火自焚。纵无恤邻意，曷亦念其群。①

"文化大革命"时先生为激流，宜勇退，辞掉馆员之职，杜门却扫，韬光养晦。20世纪70年代亦时应朋旧门人之敦请，往来苏常邗沪间。与友人的往来与论学是先生晚年的一大快事。

暮年的钟泰沉浸在老而忘忧的读书人生之中，"殁之日，犹手杜诗不释卷，斯可见其耄而笃学之征已！"② 用钟泰弟子蒋礼鸿追念老师的一言可综先生晚生："一老空斋咬菜根，平生浩气固长存"。

1986年，钟泰家人遵照先生生前意愿，将其多年精心搜集、辗转收藏的古籍图书4235册捐赠华东师范大学图书馆，以掖后学。

第二节 钟泰为学宗旨的确立

太谷学派是产生于清嘉庆、道光年间的扬州、泰州一带的民间学术流派，因创始人周太谷而得名。中经张积中、李光炘创立北宗和南宗扩大学派的影响。20世纪初，在黄葆年等学派传人努力下南北合宗，在苏州开讲舍"归群草堂"阐发学派本旨，太谷学派的发展达到鼎盛时期。留学归国的钟泰，因加入太谷学派确立起师承关系和为学宗旨，一生践履着对学派思想的信仰。

---

① 钟斌整理：《钟泰诗选》。
② 王子慧：《钟钟山先生传略》，《文教资料》1987年第2期。

太谷学派是被作为清代学术的旁流，从20世纪20年代开始进入学者们的研究视野的。随着研究的全面展开和不断深入，学者们更关注这一民间学派在清代道、咸年间兴起，历经晚清、民国百年间传播的历史学价值和思想与学术史意义。罗志田在《评〈中国近代思想与学术的系谱〉》一文中认为，道光年间处于学界一般认知的"古代史"与"近代史"之间，学术与思想更因承接乾嘉鼎盛时期之后，是清史研究的薄弱环节。而道光一朝史事的被忽视，会直接导致对此后变化的难以索解。像太谷学派这样的下层知识分子在努力因应时代困局，恰恰说明转折已然出现，不过昔之治史者多视而不见。[①] 而就思想与学术史来看，太谷学派的思想活动从一个角度表明在鸦片战争之前，中国学统已出现了内在变化，体现了中国中下层思想心态之动向，反映了近代中国思想世界的多重复杂性。

关于太谷学派的性质，学界存在多种观点[②]，但普遍认同它是一个以儒家思想为中心的民间学术流派。[③] 笔者通过对《太谷学派遗书》及相关资料的研究结合学界的观点认为，太谷学派的主要特点包括思想的

---

① 参见罗志田：《昨天的与世界的：从文化到人物》，北京大学出版社2007年版，第156页。

② 关于太谷学派的性质，有认为是王学左派，如范文澜的《中国通史简编》等；有认为是民间宗教派别，如马西沙、韩秉方的《中国民间宗教史》第22章《太谷学派与黄崖教》。

③ 关于太谷学派思想的儒学性质，研究者在具体内容的理解上有多种说法，现举几例说明：方宝川认为，太谷学派"思想渊源系心传孔子、颜渊、曾子、子思、孟子、周敦颐、程颢、程颐、张载、朱熹的法乳"。（参见方宝川：《周太谷及其〈周氏遗书〉》，《太谷学派遗书》第一辑，第一册，第9—10页）王汎森指出，太谷学派是"由中下层士大夫发动，以理学为主的社会运动"。"组织化、宗教化，以儒家学说作为下层社会精神道德引导"是其特色。（参见王汎森：《道咸年间民间性儒家学派——关于太谷学派的研究》，《中国近代思想与学术的系谱》，河北教育出版社2001年版，第70页）江峰认为"学派思想学说以先圣儒家为主，旁及佛、道，与宋学尤其是周敦颐学说有直接的渊源关系"。（参见江峰：《太谷学派生命哲学研究》，东方出版社2007年版，"绪论"第9页）

儒学性、流传的民间性和践履的宗教性。

首先，太谷学派思想具有儒学性质。学派从创始到传人，始终以孔子及儒学为宗。并试图在新的社会困局下，通过对儒学的再诠释，以引导下层社会的精神道德。

其次，太谷学派是民间性学派。由下层士人发动，影响于民间社会。突出体现太谷学派儒家民间性、草根性的有两点：一是基于普通人的休养生息的生存需要，发掘儒家学说之意义，更强调儒家安身立命的内圣之道；二是重视师友之道，采取"亲师取友"的方式致力于个人身心修养。

最后，太谷学派是从民间社会展开儒家宗教性思考与实践的。周太谷创立学派、传播思想学说时利用过宗教方式。张积中北传学派思想时建立有宗教化组织。而注意发掘儒家安身立命之道背后的超越理据，并落实为它的"圣功"修炼方法，始终是太谷学派的践履内容。①

一、关于太谷学派

（一）太谷学派传承大略

太谷学派创始人周穀，字星垣，号太谷，又号崆峒，安徽池州石埭人，其生卒年代不可详考（一说约1771—1832年）。太谷求师访道，足迹遍海内。初事福州韩子俞（仰瑜）、南昌陈少华（一泉）。仰瑜治老氏之学而一泉宗佛氏之教。后曾于庐山修道，见石镌茂叔（周敦颐，字茂叔）志伊尹之志，学颜渊之学语。复检仲尼己立立人，己达达人，能近取譬语。由此感悟至道，归根儒学。"谷晚年居扬州，其

---

① "归群草堂"极重视体行，以"慎终追远"沟通天地山川神灵，以弹琴、唱曲、作诗、静坐（《周易》"寂然不动，感而能通天下"）感应天人相应的能量，启发人体内涵的"耳诚"、"目诚"、"强诚"的功能，提高人的智慧能力。（参见金文子：《我所知道的太谷学派》，《南京理工大学学报》（社会科学版）2005年第10期）

传道不拘守形式，时以医治人疾。性乐易。""往来江左，邀游扬州，与士大夫唱酬为乐，仕宦咸推重之。"一时从游之盛，罕能与匹。"士大夫传者，以为毂能炼气辟谷，通阴阳奇赅符图罡咒役鬼隐形，又教人取精玄牝，为容成秘技。……毂之为学，大抵贯穴孔孟，旁通老释，而自辟门户，时时纬以理数。"太谷学派初无其名，而是自称为"圣功"之学，旨在阐述儒家内圣之学。后得真传弟子张积中、李光炘二人。①

张积中（？—1866 年），字石琴，号子中，江苏仪征人。在山东黄崖山公开授徒讲学，创立了学派北宗。"以论孟大学衍义，近思录，与同人讲贯"。"置田筑室，列市而居"，当时捻军与清军对峙，上黄崖山避难者日多。张积中"远近感其惠，归附者益众"。同治五年，地方官府称张氏为"教匪"，山东巡抚即以此为借口，派大军围剿。张积中与弟子两千余人，同殉于"黄崖教案"，道统几绝。

李光炘（1808—1885 年），字晴峰，号平山，江苏仪征人。因居龙川草堂讲学，世称龙川先生。黄崖案后，龙川以传道自任，创立学派南宗，门弟子遍及大江南北。龙川"嗜学，工文辞。举止修饰，引积中为戒，深相韬晦"。②

龙川之后，其弟子黄葆年、蒋文田、刘鹗、毛庆蕃等人主张合学派南北二宗，于 1902 年在苏州葑门内十全街开设讲舍，由黄、蒋二人共同讲学，名讲舍为"归群草堂"，人称黄葆年为"归群先生"。1924 年黄葆年去世后，归群草堂由龙川之孙、归群弟子李泰阶（1871—1927 年，字平孙）主讲。李泰阶逝后由黄葆年次子黄寿彭主讲。抗日战争爆发后，黄寿彭徙居泰州，仍保持了小规模的讲学，直至新中国成立初

---

① 关于周太谷生平事迹笔者主要参考卢冀野：《太谷学派之沿革及其思想》、金天翮：《皖志列传·周毂传》、《太谷学派遗书》第一辑（一）。
② 以上引文均见卢冀野：《太谷学派之沿革及其思想》，《东方杂志》1927 年第 24 卷。

期,才自然停止。①

周太谷的思想学说见诸《周氏遗书》。《周氏遗书》凡十卷,前两卷是周太谷对《周易》的阐述,其余八卷都是周太谷对儒家经典的体会及对弟子所问的九经、四子有关问题的解答。综其思想要旨,建立在阐发《周易》所揭示的世界观,正如其继承人黄葆年所云:"太谷以象观辞,以辞观象,合四圣(指包羲、文王、周公、孔子)而一之,而《易》始成焉。《易》成,而太谷之道成。"②并在此基础上提出了"蒙以养正"的修养原则。《周易·蒙卦》讲:"蒙以养正,圣功也。"强调蒙稚之时就应加强身心性命的修养。太谷认为能养得其正者,则可与天地合德,与日月共明,这是造就圣人的成功之路,强调"以《易》而明身命者,未有甚于《易》者也"。③在周太谷看来,儒家学说主要包括两个方面:一是讲"外王"之道,即治国平天下之术;二是讲"内圣"之学,即身心性命之学。外王之道显,内圣之学晦。太谷立志要上承伏羲、文王、周公、孔子之道统,阐明群经内圣之旨。④而对思想内容的阐释宣扬,太谷则采取了更适合下层民众易于理解吸收的方式,甚至采用宗教活动仪式。正像金天翮所言"榖之为学,大抵贯穴孔孟,旁通老释,而自辟门户","太谷之道在《易》,其旁通术数,类皆《易》之支流余系"。⑤而卢冀野(1905—1951年,名卢前,字冀野,江苏南京人)亦讲"太谷最遂音律学,或说能练气辟榖,与阴阳奇赅符图罡咒役鬼隐形,无不

---

① 关于太谷学派演变发展,除《太谷学派遗书》外,参见方宝川《太谷学派研究的历史与现状》(《哲学动态》1989年第10期)、郭明道《太谷学派简论》(《扬州大学学报》2004年第5期)等。
② 黄葆年:《黄氏遗书》卷一,方宝川编撰:《太谷学派遗书》第一辑(四),江苏广陵古籍刻印社1997年版,第39页。
③ 周太谷:《周氏遗书》卷三,方宝川编撰:《太谷学派遗书》第一辑(一),第139页。
④ 郭明道:《太谷学派简论》,《扬州大学学报》(人文社会科学版)2004年第5期。
⑤ 金天翮:《皖志列传稿·周榖传》卷六,据民国25年刊本影印,台湾成文出版社有限公司印行,中华民国六十三年版,第485、493页。

精明；兼及元牝容成术"，当然他同时还说，"不过此种传闻，未必足据也"。①

（二）归群草堂阶段的太谷学派

黄葆年（1845—1924年），字隰朋，号希平，江苏泰州人。清进士，宰泗水十年，志行在山东称第一。解组后，移家吴中，拥皋比而讲学，海内宿儒淑媛，风景云从，相聚一堂。②

黄葆年是太谷学派南宗李光炘的首席传人，在他主讲归群草堂时，实现南北合宗，使太谷学派的发展达到鼎盛时期。③

讲舍名为"归群草堂"，并取龙川诗句"牧马归群从此日，化龙池畔好将相"之意，悬挂出"立功立言立德，希贤希圣希天"和"尧舜之道仁义而已矣，夫子之道忠恕而已矣"两副对联，开门见山地阐明归群草堂的讲学宗旨。由于黄崖事件的经验教训，"归群草堂"改行教学、养学分途的办法。教学由黄葆年负责，蒋文田辅助；养学由刘鹗（1857—1909年，字铁云，号老残，江苏丹徒人，他"以养天下为己任"，广泛办起商业、工业等，从事实业，投资教育）、毛庆蕃（1849—1927年，字实君，江西丰城人，时任上海机器制造局总办）为主，程恩培、杨士晟辅之。"归群草堂"设立之后，各地的学派同人、学友闻讯而来者约一万多人。作为民间讲学，其影响之大为晚清、民国之间所仅见。

太谷学派在归群草堂时期的蓬勃发展，集中反映了学派力求因应时

---

① 卢冀野：《太谷学派之沿革及其思想》，《东方杂志》1927年第24卷。
② 关于黄葆年的生平事迹，参见卢冀野：《太谷学派之沿革及其思想》，《东方杂志》1927年第24卷，第75页。
③ 黄葆年著述甚多，据《归群宝籍目录》所载有29种。例如《黄氏遗书》（八卷）《诗经读本》《书经读本》《礼记读本》《归群草堂语录》《归群草堂文集》《归群草堂课艺》等。我们主要通过收入《太谷学派遗书》的著述认识其思想学说。

代变化,寻求儒学生存发展的努力。首先,归群草堂时期的太谷学派面临着新的社会变化。清王朝已经没落,戊戌变法昭示中国制度变革的到来。江浙一带成为资本主义发展的前沿,是各种矛盾冲突聚集之地。学术领域的汉宋之争早已被西化思潮掩盖。科举制度的终结,阻断了传统知识分子的修齐路径。在传统与现代、中学与西学的剧烈碰撞中,传统儒学失去了官方地位和学术"市场",而具有广泛包容度的民间社会成为传统文化和儒学思想存续的理想空间,为太谷学派的发展创造了客观条件。其次,学派人员组成、观念意识、学术关注重心都发生了新的转向。身为首席传人的黄葆年,是清进士,且前后十七年掌管山东淄阳、泗水等县,有着比此前学派掌门更广的学识、视野和抱负。正如《泰县志稿·黄葆年传》(民国)评论黄葆年:"已纯然入儒者正轨,而益思扩大之,洵近世东南理学一大师也。"① 另外,与其师辈喜谈先天象数、因果报因、鬼神怪异不同的是黄葆年对宗教迷信的态度有所转变。一个显著的事例是,黄葆年删定《李平山先生年谱》时,将《龙川夫子年谱》中有关诡诞怪异之事、迷惘难测之辞,删除殆尽。这反映了学派宗教性因素的弱化。② 学派组织者中不乏像毛庆蕃、刘鹗这样官宦出身掌握实权的官吏和实业家,主张富而后教,养民为本;而黄门弟子中亦有像王伯沆(1871—1944年,王瀣)这样学问精深的海内宿儒,治学尤重韬光养晦、敬德修业。20世纪伊始的中国正酝酿着一场从制度到思想的深刻变革,在新旧、体用、中西的冲撞融合过程中,如何保留和发展本土文化和儒学传统,成为有识之士关注的重点。归群草堂亦是在这样的文化意识下酝酿南北合宗、光大学派的儒学事业的。于是归群草堂吸引

---

① 《民国泰县志稿》卷二十七,《江苏府县志辑68》,《中国地方志集成》,江苏古籍出版社1991年版,第704页。
② 陆勇:《社会变迁与学术团体宗教化——以太谷学派为例的考察》认为,1866年的"黄崖教匪案"的直接后果,就是太谷学派宗教化的中断,太谷学派开始重新向学术团体回归。参见《南京理工大学学报》(社会科学版)2006年第4期。

了各种民间的自由知识分子寄托他们的儒家理想和文化情结。可以说"黄门"时代的太谷学派中云集了民间的自由知识分子阶层，使得学派性质更趋学术化。钟泰与太谷学派结缘就是在归群草堂时期。

二、对太谷学派的历史性考察

（一）时代性与地域性考察

任何思想学说都有其产生、演变的时空环境。传承百余年的太谷学派是在清代至民国期间时空环境下历史积累的产物。

太谷学派的产生有其历史机缘和内在因素，即民间对宗教的需求和社会对"经世"的要求。太谷学派前期具有明显的宗教性质，周太谷就是利用宗教方式创立学派、传播思想学说的，这与社会现实直接有关。太谷学派所处的时代是民间宗教意识增强和宗教信仰多元化节奏加快的时期。19世纪中叶，封建皇权的衰落、天灾人祸引发的社会动荡使民间固有的避劫趋福、祈求神佑的宗教意识迅速增强，各种民间秘密教门快速复苏、膨胀、裂变，社会环境中出现浓重的宗教氛围。太平天国时期，长江下游所属的江苏、安徽、浙江等部分地区是太平军和清军相互厮杀的主战场，战争给当地的社会经济带来了严重的负面影响，特别是在原来富庶的江南地区，民间宗教需求迅速增长。适应民间社会对经世致用的要求，在扬州、泰州一带产生了民间儒家学派——太谷学派，它以关照生命意义的突出特性走入民众的生活世界。这应是太谷学派产生的深刻根源。

（二）民间性考察

孔子说"礼失而求诸野"，太谷学派作为民间儒家流派，的确起到了保存、继承和发扬儒家传统的作用，体现了儒学的草根性。

首先，作为民间学派，它游离于官方与正统约束之外，也与官方学术的意识形态化倾向不同，更易于贴近社会底层和民众需求，解决普通人的安身立命问题。突出体现太谷学派儒家民间性、草根性的有两点：一是有别于官方儒学重视治国平天下的政治哲学，太谷学派更强调儒家安身立命的内圣之道，是基于普通人的休养生息需要，发掘儒家学说之意义的。所以太谷之学最初自称"圣功"之学，归群草堂号之曰"希贤希圣希天"。另一大特点是重视师友之道。这既是学派的存在方式，又是其儒家理想的体现。李龙川强调太谷学派重视友道的传统，"昔者包羲以君臣，文王以夫妇，周公以父子，孔子以师弟，太谷以朋友，后之学人，得友者昌，失友者亡"。[①]"或问周子之重师友之义其重也奚如？曰周子之心孔孟之心也，亲师取友之义，事亲从兄之义也。"[②] 黄葆年深有体会地说："乐善好友亦生平得力之所在。"劝导弟子"直友""无恶于人"。的确，太谷学派是从自身的现实条件出发，侧重于以师友之道在民间推行自己的儒家理想。师友之道是民间百姓重要的社会联系方式和联络平台，也是体现个人价值、实现自我理想的重要渠道，太谷学派突出师友之道的意义正在于协调民间社会关系，实现个人与社会的和谐发展。其实早期儒家何尝不是官学落入民间的产物。孔子开学下私人之先河，通过传道授业与学生建立起亦师亦友的关系，将礼乐文化的精神播撒到民间社会、贯彻于生活世界。太谷学派是将被提扬为"官方哲学"的儒家思想还原于民间，落实于普通民众的生活日用之中，真正体现了儒家的草根性。

其次，民间讲学方式打破了学术壁垒，兼收并蓄、兼容并包，更易于本土思想文化的融合与互补。太谷学派虽被学术界公认为儒家性质，但实是突出了儒学整合文化传统的功能。诚如卢冀野对太谷学派思想所做的概括："说者谓'文武周公孔子而后，能传道统者，其此派乎？'尊

[①] 谢逢源编：《龙川夫子年谱》，《太谷学派遗书》第一辑（三），第76页。
[②] 黄葆年：《黄氏遗书》卷一，《太谷学派遗书》第一辑（四），第81页。

良知，尚实行。其范围舍六经而外，旁通黄老，并及佛陀经典。古之学派，罕与为伦。面目近似'姚江'，'姚江'不逮其广也。不取汉学之琐屑，排斥宋儒之荒诞，体验为先，履行是归。"①的确，当儒学在学术界步入汉宋之争、统系之别的困境时，太谷学派则超越门户偏见，以学修并重的方式兼容、吸收、转化和落实着本土的文化资源。在阐释其圣功之道时，黄葆年强调儒道合一的学派宗旨，"老氏明天道焉，彭氏明地道焉，圣人明人道焉，呜呼至矣。不明天道而酿清谈之祸，晋人之蔽也。不明地道而惑徼福之说，六朝人之蔽也。见不善学者之蔽而遂距之，则亦韩氏之蔽也。孔子之窃比老彭也，合天地之道而一之者也，距老彭而道不明矣。是故惑老彭而王政荒，距老彭而圣功否"②。

（三）宗教性考察

宗教性指传统、信仰，特别是某一信仰群体中的成员在精神上的自我认同。中国人不靠上帝的观念却能维系其持久的生命意义，儒学起着半宗教半哲学的作用，在中国人的生命中，那种如宗教般的最高境界就是与天地同流，就是孔颜乐处，这是儒家宗教性一个非常具体的内容。太谷学派正是从这里继承了儒家的宗教性特征，发掘儒家安身立命之道背后的超越理据，并落实为它的"圣功"修炼方法。

它首先将天与人、道德与性命贯通，提出"儒者知命，可由《易》而知也"③。《周易·系辞》曰："天地之大德曰生。""生生之谓易。"周太谷据此得出了一个非常重要的结论："天之赋我曰命，父母赋我曰身，

---

① 卢冀野：《太谷学派之沿革及其思想》，《东方杂志》1927年第24卷。
② 黄葆年：《黄氏遗书》卷二，《太谷学派遗书》第一辑（四），第85—86页。土学钧认为太谷学派在中国思想史上提出一种特殊的佛道合成的儒教观。太谷学派对"窃比老彭"有不同于传统的新诠，老彭是指佛二教。参见王学钧：《太谷学派的儒教观："窃比老彭"释论》，《南京理工大学学报》（社会科学版）1999年第2期。
③ 周太谷：《周氏遗书》卷八，《太谷学派遗书》第一辑（一），第481页。

合德曰性。"① 肯定尽性与知命的统一。进而指出要获得和保存良好的性，要靠学习，实行和不间断地向善追求。周太谷描述说："性非学而不能立，学不习亦不能达也。学犹格也。"性尽于命而后安。安，至善也。"落实到修身方法上，就是要"知天命，养和气"。周太谷认为，浩然之气是培养出来的："天地间浩然之气，无孟子直养，奚知？"② 黄葆年则通过"心息相依"扩展了太谷的养气之说："'主敬存诚'，昔日儒者之秘诀；'心息相依'，今日圣功之秘诀。"③"天赋我以命，而后有心；父母赋我以身，而后有息；心息相依，即是合德，曰性。"④ 他还把心息相依解释为知行合一、言行合一的关系："知行合一即言行合一、言行合一即心息相依，盖言属心，行属气也。"⑤ 强调儒家心性修养应该是一种意志、信念和践履工夫的培养。

我们知道，现代新儒家是较早关注儒家宗教性问题的，并力图由此探讨儒学的现代性转化和世界化。但它主要关心的是心性之学和知识精英士大夫的信仰，而对历史上民间社会、民心深处的宗教性问题却疏于探讨。⑥ 太谷学派则恰是从民间社会展开儒家宗教性思考与实践的，突出了儒家的草根性和宗教性，也更真实地反映了儒学的多重面相，其中的思想价值不容忽视。

（四）儒家性考察

既然太谷学派具有宗教性，为什么它不是宗教而是儒学？因为太谷学派是基于生活层面体认儒家价值的，重视儒家的世俗性和社会性

---

① 周太谷：《周氏遗书》卷三，《太谷学派遗书》第一辑（一），第126页。
② 周太谷：《周氏遗书》卷九，《太谷学派遗书》第一辑（一），第501页。
③ 黄葆年：《归群草堂语录》之三，《太谷学派遗书》第一辑（五），第29—30页。
④ 黄葆年：《归群草堂语录》之四，《太谷学派遗书》第一辑（五），第93页。
⑤ 参见金文子：《我所知道的太谷学派》，《南京理工大学学报》（社会科学版）2005年第5期。
⑥ 郭齐勇：《当代新儒家对儒学宗教性问题的反思》，《中国哲学史》1999年第1期。

功能。

1. 太谷学派对儒家世俗性的体现

孔子思想不仅是思想学说，也是一种生活方式。太谷学派把握住了儒家的这种世俗性特征，强调要在生活方式上体认和实践儒家人格理想。周太谷说："人之生也，岂能无欲乎？无欲则有寂灭之患，故人知不可少也。"① 并强调俗世生活对人的重要，"六畜待饲，布帛待杼，五谷待耕，人伦待叙。六畜失饲，犹未急也。布帛未杼，犹未缓也。五谷未熟，民能生乎？人伦失教，民能久乎？"② 黄葆年更反对人自暴自弃自欺，"自弃者弃其命，自暴者暴其身，自欺者欺其心与性，皆不仁也"③。提倡通过入世的修身齐家、建功立业，实现"立功、立言、立德"的人生追求，以达到"祈天永命"的目的。"在有生之年为民众作出有益的贡献，在命尽归天之后，就会受到曾经受益的人们的怀念和敬仰，这等于延长了自己的寿命。这是借助民众的怀念而作为性命永存的方式，由此达到'祈天永命'"。④ 正如黄葆年所言，"不朽者，不朽于万民之心，复不朽于万世之心也"⑤。

2. 突出儒家道德的社会性特征和家庭伦理意义

儒家道德学说有两层含义：一是个人安身立命，追求终极关怀的宗教性道德；二是大家必须遵守的公共性道德。公共性道德是儒家道德学说的前提和基础。孔子就是通过忠恕之道强调公共性道德的基础性作用。太谷学派特别重视儒家忠恕之道，《太谷学派遗书》的一大特点就是对儒家忠恕之道的阐发，修炼的重要内容是强调忠恕孝悌在生活中的落实。周太谷、李光炘、黄葆年先后都作有《思不孝》篇。当弟子问孝

---

① 周太谷：《周氏遗书》卷四，《太谷学派遗书》第一辑（一），第225页。
② 周太谷：《周氏遗书》卷五，《太谷学派遗书》第一辑（一），第300页。
③ 周太谷：《周氏遗书》卷二，《太谷学派遗书》第一辑（四），第100页。
④ 郭明道：《太谷学派简论》，《扬州大学学报》（人文社会科学版）2004年第5期。
⑤ 黄葆年：《黄氏遗书》卷二，《太谷学派遗书》第一辑（四），第142页。

时，黄葆年曰："昔尝闻教于圣人矣。夫孝也，由父母而达诸天地。父母赋我曰身，下学其修身乎，天之赋我曰命，上达其至命乎。""太谷曰：知受身之德，则孝于亲。孝于亲者，无恶于人。"①"孝自养气始。气者，心之母也。""由此而事父兄，由此而事师友，由此而事君长，由此而事天地山川宗庙社稷。"②肯定原始儒家的仁爱，是从家庭伦理建构开始的，强调"下学"方可"上达"的道理。在处理家庭内部关系时，太谷学派强调"家庭之间主恩者也"，主张"隐恶扬善"的家庭伦理原则。《黄氏遗书》曰：

> 问舜之大知也，曰隐恶而扬善，敢问：恶何以隐也？曰：父为子隐，子为父隐，直在其中矣。老吾老以及人之老，天下谁非人父；幼吾幼以及人之幼，天下谁非人子。恶奚不隐乎？③

由家庭伦理推及出去，强调严于律己、宽以待人的公共伦理原则。

> 问责善。渭然叹曰：呜呼，天下岂有责人之道哉？反身而已矣。不反诸身而严以责诸人，自天子以至于庶人，未有能济者也。家庭之间主恩者也。孟子曰：中也养不中，才也养不才，故人乐有贤父兄也。又曰：父子之间不责善，责善则离，离则不祥莫大焉。
> ……
> 呜呼，天下岂有责人之道哉！是故责己者智，责人者愚。④

可见，作为一个民间学派，太谷学派着眼于民间社会的基本组织结

---

① 黄葆年：《黄氏遗书》卷四，《太谷学派遗书》第一辑（四）卷三，第273、274页。
② 黄葆年：《黄氏遗书》卷六，《太谷学派遗书》第一辑（四），第417页。
③ 黄葆年：《黄氏遗书》卷二，《太谷学派遗书》第一辑（四），第105页。
④ 同上书，第113—115页。

构是家庭，家和万事兴；百姓的生活理想是修身齐家，光大家业。因此特别强调以孝悌为核心的家庭伦理。孔子提出孝悌之道既是基于血亲无可替代的纽带建立起稳固的公共性道德基础，又关照着由公共性道德通向宗教性道德的至善境界的现实基础和人性可能。在此，至善之性的达成不是理性的建构而是通过具体的生活实践体认获得。

作为一种主张积极入世的儒学，太谷学派有着怎样的社会理想呢？黄葆年在阐释"民吾同胞"时说："一国同胞，是谓小康。万国同胞，是谓大同。大同者，久安长治之道而天地之心也。……是故万国并肩而不相害，则必以民吾同胞为本。"① 表达了太谷学派的"大同"社会理想。体现这种终极性社会理想的治世之道是"法尧舜"。"惟法尧、舜之法而心孔、孟之心，足以救之。法尧、舜之法，立爱惟亲，立敬惟长，始于家邦、终于四海而己矣。"为此主张"于各国之善则节取之，于各国之弊则尽去之。立学以建中国之极焉，立学以会万国之极焉"。② 而面对现实中，西方从文化到制度的全面冲击所带来的社会变革，黄葆年表达了他的态度和忧思。他说："废科举而崇学校，时也，宜也。如之何其尽弃尧、舜、孔、孟之学而学异国之学也？"③"学校废而虞、夏、商、周之道远，科学炽而土崩瓦解之势成。"④ 的确，太谷学派没有多少西学意义上的现代意识，但并不能因此否定它的现代性诉求。太谷学派对儒学与社会和生活世界关系的落实，对儒学的宗教性功能的拓展，都应理解为是儒学内部的自我变革和现代性转化。

太谷学派的经验得失对当代中国的本土文化和道德建设具有重要借鉴价值。首先是其作为社团性组织资源，对本土文化和儒学的传播发展

---

① 黄葆年：《黄氏遗书》卷二，《太谷学派遗书》第一辑（四），第146页。
② 黄葆年：《归群草堂文集》卷二，方宝川编撰：《太谷学派遗书》第二辑（二），江苏广陵古籍刻印社1998年版，第87、88页。
③ 黄葆年：《归群草堂文集》卷二，第84页。
④ 同上书，第86—87页。

的意义。它让我们看到，民族文化的保有和传承在主流学术界之外还有更广阔的学术空间和多样化的传播形式，它可以弥补主流学术的空缺并与学术主流形成互补。其次，其作为民间力量，对本土文化和儒学深入人心的意义。作为一种民间学派和组织，太谷学派对将儒家思想自觉化，转化为民众的内在精神，深入到百姓的生活日用间，做了极有意义的尝试。它提示我们必须重视学术在民间的生命活力和创造能力。最后，它为知识学人提供了一个保持价值中立和独立个性的场所，避免意识形态的过度影响。也有益于打破书斋与田野、学术研究与生活世界的疏离。总之，太谷学派的产生、衍化乃至最后汇入现代学术潮流，都体现了民间学术力量在经历现代性转变进程中表现出来的自觉意识，是本土文化现代性追求的原生态微缩图景。

三、钟泰与太谷学派

研究梳理太谷学派传衍的学者有把钟泰列入"太谷学派晚期宗主"的说法。王明发在《王伯沆先生与太谷学派传人》中讲："据周法高先生发表于台湾出版的《中国一周》杂志上的《读王冬饮先生遗稿兼谈太谷学派》一文中披露：'黄（葆年）殁后，传其衣钵者，李晴峰之孙，平孙先生也。李殁后，黄隰朋之次子仲素主其事，抗日战争时，移居泰县。黄殁后，群推钟钟山先生为宗主焉。'由此可知，钟钟山不仅加入了太谷学派，而且是太谷学派的重要弟子，并一度还为太谷学派的宗主。"[①] 此事虽不见于钟泰自己的自传、履历和著述中，但从笔者所见归群草堂学友致钟泰的书信看，学派中人对钟泰寄予期望是实。王伯沆 20 世纪 30 年代给钟泰的信："蜩螗之世，此身久觉其多。所以犹稍

---

① 王明发：《王伯沆先生与太谷学派传人》，《南京理工大学学报》（社会科学版）2004 年第 1 期。

受获者，亦念先师归后，同气甚凋，妄欲稍缵堕绪以报训诲之德，此事棣已见及，此他日合力为之，舍棣等一二人外非敢闻命也。"① 在王伯沆看来，钟泰应该是能够承当转变学堂困局的重要人选。另，金松岑（1874—1947年，又名天翮，江苏吴江人）写《皖志列传》的《周榖传》过程中多次与钟泰通信，称钟泰为"再四传弟子"，向钟泰垂询相关史实，商榷对周太谷及太谷学派思想学说的定位，现辑录书信内容如下：

> 钟山先生鉴：赐书到。弟适病一卧三日至今乃复元。
>
> 太谷先生事迹不多，则将两文全入之进学篇，连注照原式写，如班史、太史公、杨子云传。例下再插陈、韩二序，补叙陈、韩事，□再附张积中、龙川先生、黄先生，后乃及皖籍两弟子作为附传，公意如何？其间可斟酌者，脉络关凑处之文字，非公为再四传弟子不能着笔。赞则弟自为之，唯公文弟仍须酌润以归一律。而所引太谷文一字不之动，至此传之来源当守。②

这些史实从一个侧面说明了钟泰在学派中的重要地位。总之，不论是否宗主，钟泰与太谷学派之间有不解之缘，有必要揭示这种关系的深意。

（一）学缘

钟泰与归群草堂以及太谷学派的学缘，他在1956年68岁写的《自传五言诗》中有述及："儒门有榘范，从学黄老先。但免小人归，敢望希圣贤。十年林下心，恳恳何拳拳。""一朝梁木坏，仰钻失高坚，茕茕

---

① 钟斌辑录：《王瀣与钟泰书》，未公开发表。钟斌注曰："此信无封，日期待考。"据笔者根据书信内容推测应写于1932年之前。

② 见钟斌辑录：《归群草堂学友与钟泰书》，未公开发表。钟斌注曰："此信无封，日期待考。"

真鲜氏，皇皇无攀缘。"表示了对于儒门和黄师的仰慕和追随。钟泰正式加入太谷学派从学黄葆年的时间应该是1914年前后①，对于此段求学因缘，钟泰的门弟子王子慧在《钟钟山先生传略》中作了清晰的概括：

> 先是先生之汲汲嘤鸣以求师友也，一时海内硕彦儒宿，或山林方外隐逸高人，靡不参扣焉。最后得见海陵黄师翁煕朋葆年于吴门之归群草堂，机语投契，以为古所谓圣功王道天人性命贞一之学者，庶在是夫！遂执弟子礼归依焉。盖至是，为学之师承始立，宗旨亦始定。②

我们关心的问题是，为什么钟泰做如此独特的选择？按照当时学术界的潮流看，大多数知识分子以追随西方思想学派和理论学说为学术创新的途径。而让人不可思议的是，留学归来的他选择了在当时已极少见的民间学术团体——归群草堂，寄托自己的治学理想。从外在因素看，钟泰求学这个时间段是清末民初转折期。虽然书院改学堂，科举变新学，但传统学术仍有一定空间，且知识界总体的学养仍是来自清代的。从内在因素看，钟泰认为孔子及儒家文化是中华文明的根本，他曾直言："我平生最崇奉孔子，虽不视同宗教，却以为中国之所以为文明立国，胥食孔子之赐。"留学日本时"所师铃木先生却是开口朱子闭口阳明的一个汉学家。……加深我探研中国旧学之心。"归国后通过博览经史群书，更激发了他对中国传统文化的挚爱。从直接因素看，太谷学派特别是黄葆年的学识和魅力吸引着钟泰。他尝写诗论其师曰："荣辱虽异门，相隔一指近。世情亦何常，毁誉随喜愠。平生黄老师，得力远名

---

① 据钟泰《自传五言诗》所言，他26岁（即1914年）从南洋归来，萌发一心向学之志，遂入黄门探研经传学问。诗云："自此悔渐萌，经传重探研。儒门有榘范，从学黄老先"。

② 王子慧：《钟钟山先生传略》，《文教资料》1987年第2期。

闻。挎击与尸祝，差喜两无分。"① 而"据王伯沆先生之女王绵女士介绍，钟泰早年留学日本，主攻教育学。归国后，当他得知黄葆年在苏州讲学的盛况时，非常感兴趣。出于对自己所学专业的敏感，钟泰决定亲赴苏州，一探究竟。钟泰谒见黄葆年后，立即被太谷学派讲学时的壮观景象及次序井然所吸引。"② 就钟泰个性看，性格刚介，践履笃实，而不随波逐流。上述诸种因素促成了他的独特选择。

总之，钟泰作为一个有志于中国传统思想学术的普通知识青年，面对 20 世纪初从社会、思想到学术的剧变，力图寻找到能够施展自己志向和抱负的处所；而太谷学派作为"代表当时的小知识分子利用传统的学术资源，以因应时代困局"③ 的一种民间学派，其学术特点和思想宗旨恰恰吻合了钟泰寄托治学理想的愿望。于是，入民间儒学大师黄葆年门下确立自己的为学宗旨，就是水到渠成之事。

(二) 学脉

钟泰因其学识、个性而受到黄师青睐，因其对学派思想学说的深刻体认而受到学派掌门的器重，并以其自觉践履学派宗旨的责任意识和担当精神受到草堂学友的认可。纵观钟泰的学术，是将自己的治学理路与学派思想有机结合，揭扬了太谷学派的学风和宗旨。

第一，钟泰是黄门的重要弟子，是被其师首肯有志于自家学问者。

卢冀野在《太谷学派之沿革及其思想》一文中称"黄门有二大弟子焉：吾师王瀣伯沆，钟泰钟山也。"的确，钟泰是受黄葆年器重的弟子。王子慧在《钟钟山先生传略》中亦谈及钟泰见黄师经过，"见先师喜曰：'子囊既浮海之夷，今乃下乔入谷，有志于抱残守阙声希味淡之学，可

---

① 钟泰：《感事六首》之五，钟斌辑录：《钟泰诗选》。
② 王明发：《王伯沆先生与太谷学派传人》，《南京理工大学学报》（社会科学版）2004 年第 1 期。
③ 王汎森：《中国近代思想与学术的系谱》，河北教育出版社 2001 年版，"自序"。

决非浅根浮慕者之流.'"虽然钟泰以后的自传自谦其有负黄师的教诲和骞举,"仍持有师在,植我桃李边。奈何学不力,故我相纠缠。一矜不自先,所得空蹄筌。下愧谢与扬,上惭参与骞"。但我们从字里行间还是能够解读出黄葆年对钟泰寄予期望的实情。我们更能够从当时归群草堂首座弟子①,后继任草堂主讲的李泰阶早在1915年致钟泰的书信中,解读出学派掌门对钟泰的赞赏之意和重望之情:

> 钟山仁兄先生赐鉴:闻声近一年,前月始获见,颜色虽卒卒未罄所欲白,然志气之合与性情之往来,已隐跃感发于吞吐间,心折之至不假言语生者。庚申午之岁,襆被白下,仰观钟山,苍翠秀拔,诧其奇蔚,意必有非常之人生其间。惜未能攀登其巅,挹其气以自广。今见执事,更复何所叹,惜益自喜乡者之见为诚然。钟山之英,草堂之灵,其先徵欤。辱书情意肫挚,语谦而卑,其性情固结之地,感人至深,匪特愧励贱子。我夫子实鉴之,执贽之请,敬已代陈,其执贽迹也亦礼也,所以将其诚敬之心也。执事诚敬之心既有以共鉴矣。则阶之代为请命,虽属礼之所不可废,而执事之所以自致于我夫子之前者,固不在此而在彼也。谢伯清恙已愈。暑假何日,乞先示行期。肃复。敬请
> 德安　弟李泰阶顿首　初九日②

从钟泰往后的人生和学术历程看,他着实不辜负老师和草堂的期望与栽培。

第二,钟泰参与了对"太谷学派"称谓及其主旨的确认,且深谙学

---

① 参见方宝川:《李泰阶及其著述》,《太谷学派遗书》第二辑(七),第3页。
② 据整理此信的钟斌先生注:此信有封,寄此日期:1915年2月9日,到达日期:1915年2月10日。信封正面书写:南京城内天青街钟先生钟山台启　平孙自苏州缄上。信封背面书写:旧□念五日。笔者标点。

派学说。

研究太谷学派的学者肯定,"太谷学派"之名始于卢冀野阐发太谷学派的文章。其中发表于 1927 年《东方杂志》的《太谷学派之沿革及其思想》一文述及了他使用"太谷学派"名称的原委,指出此文中关于"太谷学派"称谓的认定,以及对太谷学派主旨、太谷学派史略等内容的阐释,是得到其师钟泰和王伯沆认可的:"秋八月,复与钟山师遇。适王师伯沆归自吴门,于予文皆有所论列。蓄意改作,迄无间也。"① 对太谷学派称谓、主旨、渊源等问题的认定,是对该学派展开学术研究的重要前提。作为黄葆年亲炙弟子,钟泰、王伯沆的参与,对澄清学派性质,公开学派思想,起到了重要的推动作用。

我们从现存的研究太谷学派的主要资料看,它们的问世也与钟泰有密切关系。有几个事例可以说明:其一,金天翮撰《皖志列传稿》(1936 年刊行)时,就《周穀传》与钟泰通信,请教和商榷相关文句细节和考论学派人物及思想,向钟泰索取太谷学派遗文。② 其二,20 世纪 30 年代初整理编抄《归群宝笈目录》③的张德广曾致信钟泰,求教、索文,请钟泰出面联络知情之人。直到钟泰晚年仍时有学派后人书信致意问学。④

第三,钟泰承继了太谷学派的学术宗旨。

---

① 此文之前,卢冀野有《泰州学派源流述略》(载《东南论衡》第一卷第七期)阐发周太谷之学,后经商榷改称"太谷学派",并得到王、钟二师的认可。所以说"蓄意改作,迄无间也"。"秋八月"这是指 1926 年 8 月,黄先生去世一年后。

② 现摘录金氏之信内容如下:"钟山先生阁下:复言谨悉。太谷遗文仍乞见,容撰传时或尚有资料可采,撰后即挂号奉还。龙川诗集有忏因子跋,跋内称歙吴慕渠亦师龙川,吴君何名,今尚存否?乞示。忏因子不知何人,乞告。弟见龙川诗只二十五首,囊尝有一册似较多,已失去。公有之并借为叩。黄先生有染歧路说、游学说能并示尤感。""今列传已竟,共百二十八篇,正发繕也。太谷先生传大半遵公意改正,余采自龙川诗序者,暂保留之。待公暑假中莅苏面商。"见钟斌辑录:《归群草堂学友与钟泰书》,未公开发表。

③ 《归群宝笈目录》,载方宝川编:《太谷学派遗书》第一辑第五册,广陵古籍刻印社 1997 年版。

④ 相关详情见钟斌辑录:《归群草堂学友与钟泰书》,未公开发表。

关于太谷学派（归群草堂时期）的学术宗旨，卢冀野在《太谷学派之沿革及其思想》中说：

> 清至光宣汉宋之学式微矣，举国学子，咸以输入海外文化为事。泰州黄先生岸然自异，本其薪传，合儒道为一炉，暗修力行，盖以教为体，学为用者。学术坛上，别树一帜。
>
> 尊良知，尚实行。其范围舍六经而外，旁通黄老，并及佛陀经典。古之学派，罕与为伦。面目近似"姚江"，"姚江"不逮其广也。不取汉学之琐屑，排斥宋儒之荒诞，体验为先，履行是归。[①]

综上所述，可以概括归群草堂时期学派的主要学术思想主张：一是强调本土性的学术立场。与当时主流学术以输入西学为务不同，太谷学派强调对中国学统的深刻体认，表现了别树一帜的学术取向。二是兼收并蓄、兼容并包的学术原则。注重对传统思想的融合发展，特别是强调儒道学说的融会贯通。三是崇尚实行的学术方法，强调生命体验和道德践履的重要作用。

钟泰将其师的学旨发扬光大了。他完成于1927年的首部学术著作《中国哲学史》，就鲜明地体现了对太谷学派学术宗旨的继承发扬。书中集中反映了其治中国哲学史的两大宗旨：其一，他更加明确地站在文化统系的全局高度看待中西学术思想的差异，指出"中西学术，各有统系，强为比附，转失本真"，强调中国本位的学术立场。其二，他更加自觉地运用整体的思路和眼光对待本土的文化资源，主张打破门户之见，"于各家同异，时附平亭"。他的学术主张直至今日仍有重要的方法学价值。反映了面临中学和儒家文化衰微，西学强势地位，作为民间力量的太谷学派对主流思想的关注和回应。

[①] 卢冀野：《太谷学派之沿革及其思想》，《东方杂志》1927年第24卷。

三十余年后，七十余岁高龄的钟泰依然心系学派事业，完成了融贯儒道思想的大著《庄子发微》，传扬着学派"合儒道为一炉"的学术思想宗旨。这与其师黄葆年的学术主张是一脉相承的。黄葆年在《归群文课·庄子论》中就提出："孟子明大义而微言存，庄子放微言而大义未著。""后世辟庄者，不得其真；学庄者，不得入其门。""圣人作而后知庄子之心，闻圣人之言而后知庄子之道。"① 黄氏把庄子的道统渊源归根于儒家。钟泰《庄子发微》更以对《庄子》全书的考释会通，得出"庄子为孔门颜子一派之传"的结论。可见从强调"中西学术，各有统系"的《中国哲学史》到详考庄学"实渊源自孔子"的《庄子发微》，钟泰始终承继着太谷学派的学脉。

不仅如此，钟泰亦以其务实的学风，身体力行着"尊良知，尚实行"的学派宗旨。钟泰一生从事教育事业，在自己的"知识分子岗位"上潜心学术，用他的学术著作传达着他对中国传统思想文化的执着和思考。即使古稀之年仍北上长春受聘到东北文史研究所讲学，阐扬传统经典和思想文化。正像其师黄葆年在"学术坛上，别树一帜"那样，钟泰的学术主张同样在当时学界也是极其独特鲜明的。可以说，钟泰在动荡多舛的岁月尽了一个学派弟子和知识学人对中国文化、儒家学说和太谷之学的职责。

（三）学术

作为一位现代学者，钟泰与太谷学派的深层关系是学术上的联系。从钟泰学术著述所反映的治学思路看，钟泰鲜明地站在保守文化传统的基点上，潜心中国传统思想文化，疏通进入古代经典的路径。在正面应对时代问题的同时，恪守着自己的学术信仰和学派宗旨。更为可贵的是，他的太谷学派弟子和现代知识学人的双重身份及学养，能使他在现

---

① 黄葆年改订：《归群文课》，《太谷学派遗书》第二辑（六），第108、127、128页。

代学术思想史上彰显太谷学派的流风,并将草堂精神融入现代学术思想的洪流。

1. 钟泰对太谷学派学术地位的揭扬

在太谷学说传播史上,正如刘鹗以其著名的《老残游记》隐喻地传达了学派的思想主张那样,钟泰以其《中国哲学史》预示了在中国近世哲学史的序列中,有一支民间学术力量正以"潜龙之业"蓄势待发。

他在《中国哲学史》第四编"近世哲学史"第一章综论清代学术思想流变中,针对晚清学术思想的现状指出:

> 降及道、咸以后,政既不纲,士习亦坏。乐汉学之不及身心,可以纵恣而无忌,遂窟穴其中,专以捋摭宋儒之小疵,为效忠汉学之长技。而高明入于辟邪,中庸流为阘茸,至是宋学既不复存,而汉学亦即全非矣。

然而就在汉宋所谓正统之学走向衰微之时,在民间却潜藏有学术思想的底蕴,它以闭门讲习的方式孕育着思想和学术力量。钟泰说:

> 至若畸人异士,埋迹蒿莱,闭门讲习,虽有其人,亦潜龙之业,其道未光于天下。①

这分明是对太谷学派学术地位和思想价值的肯定。而且钟泰喻其为"潜龙之业",昭示出学派事业所蕴藏的生机仍需蓄势待发,其中耐人寻味。尽管篇幅不多但意义重大,它启发后来的研究者,关注和重视像太谷学派这样的民间学术在中国哲学思想史上的存在价值和学术影响,开发民间儒学的力量。正是凭借对太谷学派的这种独到见识,钟泰纳太谷学派

---

① 钟泰:《中国哲学史》卷下,商务印书馆1934年版,第118页。

宗旨于自己的学术思想之中，光大着这项"潜龙之业"。

2. 钟泰对太谷学派思想的学理化提升

哲学史是20世纪初引入的最新学术研究方法，它突出在哲学思想发展的历史进程中发现和提炼思想精华。钟泰的《中国哲学史》是中国哲学史学科草创时期最早的哲学史著作之一，体现了他敏锐的学术意识。在用哲学史的方式诠释中国传统思想和文化精神的过程中，他将太谷学派的思想融入了《中国哲学史》的创作思考中，对学派思想作了更为透彻的阐发。

首先，钟泰对中国古代哲学特点的揭示，包含着对太谷学派思想学说的根源性探索。钟泰将中国哲学思想的源头概括为"本天、尽人、首孝、用中、上民、大天下"六大思想。他认为中国哲学思想源自以"天"为人、物之根本，以"尽人"之性为主体追求，以"孝"为行为之首，以"中"为方法原则，以"民"为治道之上，以"天下"为终极关怀的，对天人古今的根源性思考。这一思考过程经周公的制礼作乐，孔子的删《诗》《书》订《礼》《乐》，成为中国文化哲学的核心。而"本天、尽人、首孝、用中、上民、大天下"这些内容也正是太谷学派思想学说的重心。

综观太谷学派的思想学说，"本天""尽人"是其理论基础，"首孝""用中"是其践履工夫，"上民""大天下"是其终极理想。"太谷之道"是建立在对《周易》天道观认识基础上的"蒙以养正"的修养学说，恰是强调"本天"与"尽人"的意义。归群草堂的修养目标"立功立言立德，希贤希圣希天"开门见山地道出"尽人"的学派旨归。所谓"尽人"，就是要充分发挥人的能动性，也就是太谷学派的性命之学。周太谷曰："天之赋我曰命，父母赋我曰身，合德曰性。"[1]强调本天与尽人不可分割。而"首孝"和"用中"更是太谷学派的主要特色和修养要义。钟泰在其自传中对黄葆年教诲孝道深有感触：

---

[1] 周太谷：《周氏遗书》卷三，《太谷学派遗书》第一辑（一），第126页。

> 十年林下心，恳恳何拳拳；
> 泪下不自禁，示我不孝篇。

体现了他对黄门之学深刻领悟之处。黄葆年对"中庸"之意亦有不同于前人的发挥，"无恶于志则中矣，无恶于人则庸矣。""是故君子之中庸也，由父母而达诸天地。"① 这更强调中庸的实践性意义，有别于《中庸》"中者天下之大本，庸者天下之达道"和《四书集注》"不偏不倚之谓中，恒常不易之谓庸"的经典描述，体现的正是民间儒学学以致用的特点。至于"上民"和"大天下"，则是太谷学派的践履方式和终极理想。太谷学派几代传人都把爱民、重民、养民视为政治主张，周太谷有"天民"之说，"君子，天民也；小民，亦天民也；予敢贱之？"② 黄葆年有"姑息"之意，"君子之爱人也，时乎以德也，时乎以姑息也。"太谷学派崇尚古人以天下为己任，黄葆年在阐发"不朽"时称赞道，"尧舜传不及子，而言有天下者首称唐虞，是谓万古不亡之天下"。③

其次，钟泰对荀学的重视是对太谷学派儒学思想的扩充。王汎森指出：

> 在太谷学派的发展史中很明显的有以宋学为中心逐步转向反宋学的倾向。
>
> 到了第三代弟子黄葆年、刘鹗等人时，则更是激烈批评宋儒中灭人欲的观点。……黄葆年的一段话可以为证："故宋儒谈理学，吾谈欲，宋儒谈性，吾谈情，不知情欲为命宝，格天格地格万物，莫不靠情欲也。宋儒但见情欲之坏，虽不错……不知上达亦靠情欲

---

① 黄葆年：《黄氏遗书》卷二，《太谷学派遗书》第一辑（四），第103页。
② 周太谷：《周氏遗书》卷六，《太谷学派遗书》第一辑（一），第334页。
③ 黄葆年：《黄氏遗书》卷二，《太谷学派遗书》第一辑（四），第94、141页。

也，所以宋儒只到得半截耳。"①

笔者以为钟泰正是据其师批判宋儒灭人欲的观点，特别重视对受到宋学严厉批评的荀子的研究，以弥补太谷学派思想的局限。

作为一个儒家学派，太谷学派前辈往往以直接继承孔孟之学为务。钟泰则以更宽阔的视野理解儒学的内涵。他将荀学纳入学术视野，不仅在其《中国哲学史》中阐释荀子思想学说，还针对《荀子》诠释中出现的失误专门作了《荀注订补》，对荀子思想做了新的疏解。在其著作中我们看到，因主性恶，言富国，大异于孟子，而遭后世儒者诟病的荀子理论，被钟泰做了详尽阐发。②

可见，钟泰理论的重要贡献是在阐发中国哲学特点的同时，对学派前辈的思想加以整合提炼，力图传达太谷学派思想学说的深刻的传统文化渊源，使学派思想学说不再停留于"包羲、文王、周公、孔子"的简单道统描述上，赋予学派思想以源头活水。

3. 钟泰对太谷学派学术方法的继承和发展

正像钟泰概括其黄师的治学方法"其学无范围，无门户，刚健中正，博大精深"那样，太谷学派虽然是一个以儒家思想为中心的流派，但其治学主张对儒、释、道学说兼收并蓄，体现了民间学派吸收融会各种思想资源的广博的文化心态和宽容自由的学风。钟泰在方法意识上不仅继承了学派这一特点，面对现代社会西学对中国文化的严重冲击，更强调对各家各流均抱有同情之理解，以突出中国文化的整体价值和中学的完整统系。

他写《中国哲学史》时明确提出："门户之争，自古不免。然言各有宜，理无相悖。此书于各家同异，时附平亭。既欲见学术之全，亦以

---

① 王汎森：《中国近代思想与学术的系谱》，河北教育出版社2001年版，第59—60页。
② 有关钟泰《荀注订补》的思想依据，详参本书第四章第三节的分析。

为沟通之助。"一个突出的事例是，在当时学界绝大多数中国哲学史著作的书写出于体系和儒家正统观的需要，将孔子置于老子之前，忽视孔对老的思想继承关系。钟泰虽然信仰孔子皈依儒学，但并不囿于门户之见。在他的《中国哲学史》中不仅阐发诸子哲学以老子为其首，而且明言道、儒之本体与工夫的关系：

> 盖儒本出于道。惟道家多从先天立论，儒家多从后天立论。从先天立论，固曰："天法道，道法自然。"从后天立论，固曰："下学而上达，知我者其天乎？"先天者，本体也。后天者，工夫也。以本体而贱工夫，过之者，或不免堕于空虚，此老、庄之所以难学也。以工夫而造本体，不及者，犹能循其涂辙，此孔、孟之所以无弊也。①

所以，钟泰的弟子评价其学术方法"其著书立说，不囿于门户之见，不泥于一家之言，必罗列众说，详究源流，折衷于先圣，而断之以己意。……故宗旨虽法嗣草堂，步趋草堂，终身罔替，而亦未尝墨守师说以自域，更未尝稗贩师说以自炫，其立言、讲学之体然也"。②

20世纪中期以后，作为民间讲学方式的太谷学派因种种原因逐渐衰落。与学派前期"以宗教的力量去发动人们积极处理世务，并导引士大夫及庶民的举动"③有别的是，钟泰在他的时代是通过教育的手段引导社会精神道德的，其规模也由一场运动变成学者的个人行动。但学派思想通过钟泰等学人的揭扬、提升和发展，融入了现代学术思想序列，这足可以告慰学派先辈。

---

① 钟泰：《中国哲学史》卷上，第97页。
② 王子慧：《钟钟山先生传略》，《文教资料》1987年第2期。
③ 王汎森：《中国近代思想与学术的系谱》，第49页。

第三节　钟泰学术研究的开展

钟泰虽然早在 1906 年就开始从教，但真正展开其学术研究并取得成绩，则是从 20 年代中期进入作为教会大学的杭州之江大学开始。而且钟泰学术的主要成果和学术思想的本土化特征，都与之江大学这个特殊的治学环节密切相关。

一、之江大学概况

之江大学是美国基督教长老会在杭州创立的大学。其前身是 1845 年在宁波创办的崇信义塾。1914 年改名为"之江大学"。《之江大学章程》明确其办学宗旨："就是建立具有鲜明基督教特征的高等教育，培养传播福音的教牧人才以及其他各方面的基督教领导人。"[①]1920 年，之江大学获准在美国哥伦比亚特区立案。立案文件列举应开设的课程有：天文学、生物学、化学、中国语言与文学、数学、现代欧洲语言、哲学、物理学、宗教学、社会学。1920—1925 年学生从 68 人增到 148 人，其中 72% 是基督徒。[②]1928 年 7 月，由于经费和向中国政府立案问题得不到解决，之江大学关闭，1929 年秋重新开办。

20 世纪 20 年代，伴随非基督教运动，"收回教育权"运动，以及政府对教会大学在中国立案的一系列规定，到 20 年代中期教会学校中国化的进程加快，教育逐渐成了学校的主要目的。1929 年，之江大学申明的办学宗旨是"遵照国民政府所规定之教育方针，用基督博爱、牺

---

① 何建明：《之江大学与长老会》，载章开沅等主编：《基督教与中国文化丛刊》第 5 辑，湖北教育出版社 2003 年版，第 29 页。
② 参见队克勋：《之江大学》，刘家峰译，珠海出版社 1999 年版，第 43、56 页。

性、服务等精神，造成道德化、学术化及实用化之人才，以供给社会之需要。"①1930年，设国文、英文、政治、经济、教育、哲学、化学、生物、物理、土木十系，学生313人，教师44人。1931年7月，之江大学作为一所高级学院正式向中国政府立案，改名为"之江文理学院"。1932年，学生597人，教职员70人，开设课程89种，试行导师制。1936年，学生714人，其中大学部534人，教师中颇多知名人士。之江文理学院的发展趋向稳定成熟，学校名声日显，这时是之江大学的鼎盛时期。②1930年的调查表明，大学部有25%的学生承认自己是基督徒。③

1937年抗战爆发，教会大学或联合或迁移。1938年初，之江文理学院与他校在上海联合开办了华东大学。抗战胜利后，先在上海复校。1948年重新启用杭州校舍，同年，之江文理学院再改名为之江大学。1951年，新中国收回之江大学，作为教会大学的之江大学历史到此结束。

教会大学在中国的发展大致可依20世纪20年代末分前后两个时期。前期宗教性质突出，教学管理独立于中国教育制度之外，学术徘徊于中国学术主流的边缘。1927年北伐胜利以后，国民政府强调收回教育权的重要性，强调教育与宗教分离，对教会大学的立案做了规定"关于学科内容及教授方法，不得含有传教性质"，学校的校长必须是中国人，至少有中国人充任副校长，并作为立案申请的代表人等。许多教会学校于1928年前后向中国政府立案，中国化进程加快，出现了学术特别是国学的繁荣时期。伴随20世纪20年代全国范围对国学的重视（例如，1922年北大研究所国学门创立，1925年清华国学研究院成立）和学术

---

① 何建明：《之江大学与长老会》，载章开沅等主编：《基督教与中国文化丛刊》第5辑，第47页。
② 参见张文昌：《之江大学》，载《浙江文史资料选辑》第29辑，浙江人民出版社1985年版，第126—127页。
③ 队克勋：《之江大学》，第77页。

研究的开展，20世纪30年代，教会大学的国学研究和教育出现了所谓的国学热。1928年，燕京、金陵、齐鲁等六所教会大学得到由霍尔基金会提供的用作中国文化教育和研究的专项经费，并受哈佛燕京社监督指导，促成了国学发展的良机。① 之江大学虽不属六所大学之列，也不处学术中心，之江与圣约翰、东吴、沪江等华东地区的教会大学，与哈佛燕京社没有经常的联系，也没有发展国学教育的专项资金。和北京等中国学术中心相比，这里较浓厚的商业气氛对教会大学更有影响。但自1931年的立案后，随着整个教会大学的发展趋势，之江大学也进入稳定成熟时期。

之江大学的主要特点为：第一，宗教特点突出。是新教在华创办的最早的学校之一。"为华东地区教会和学校培养了强有力的领导人。"② 该校也是保持大学基督宗教特点最长的学校之一，因此在中国立案晚于一般教会大学；即使1931年立案后，之江大学的宗教教育和宗教实践也没有因为立案而消失。第二，以传播西方知识和技术为特色。例如在民用工程、机械、建筑方面表现突出。第三，比较重视中国传统文化。"力求通过强调中国古典文献来保存中国文化的精华，对中国文化的强调是贯穿于整个之大历史的。"③ 例如，20世纪30年代初，学校为整顿文科四处网罗人才。从燕京请得顾敦鍒规划国文系。钟泰讲经学、诸子、宋明理学；徐昂讲经学、文字学、音韵学；夏承焘讲诗词和古代文学方面的课程。④

---

① 参见陶飞亚等：《基督教大学与国学研究》第六章，福建教育出版社1998年版。
② 队克勋：《之江大学》，第132页。
③ 同上书，第133页。
④ 参见陶飞亚等：《基督教大学与国学研究》，福建教育出版社1998年版，第226—228页。

二、钟泰在之江大学的经历与贡献

钟泰 1924—1937 年（36—49 岁）就职于杭州之江大学。1925 年应邀担任国文系教授，讲授中国哲学①，并任校务会议会员（据《杭州之江大学同学录中华民国 15 年秋季刊》记载）。1927 年完成了他的首部著作《中国哲学史》，1929 年由商务印书馆出版。之后又任国文系教授兼主任，讲授的课程有经学、诸子、宋明理学等。1936 年出版了《国学概论》（上海中华书局）和《荀注订补》（上海商务印书馆）。1937 年 11 月，日军攻占上海后学校被迫转移。"迨抗战起，泰力主学校内迁，而美人及余人则主移上海租界。意见不合，泰即与之江脱离。"②

谈到钟泰在之江大学的成就和贡献，可以用《之江大学》一书的作者，之江大学美国教授队克勋所述为证："钟钟山是国文系主任，他在任期间吸引了一位杰出的古典文学学者（笔者注：指夏承焘）来校任教，为国文系和之大创出了令人艳羡的声誉，他还创立了一座收藏中国古典文学的图书馆，它成为本科院校中第二大此类图书馆，也是全中国最完备的图书馆之一。"③1932 年校图书馆投入使用。

钟泰还为之江大学校歌撰写了中文歌词：

> 越之山上骞兮其如龙，越之水下如虹。
> 山与水兮结兹奥区兮，惟吾大学之是容。
> 地灵人杰天所钟，金华文献永嘉事功。
> 慎独蕺山良知姚江先，民贻我兮矩镬何恢宏。

---

① 参见队克勋：《之江大学》，附录 B"中国教职员名录"，第 142 页。
② 钟泰：《个人简历》。
③ 参见队克勋：《之江大学》，第 65 页。

海禁开轮舶通合古今贯西东，准时酌宜折乎中翳谁任此吾其雄。①

其中不仅反映了之江大学追求人文、事功和东西贯通的教育思想，也透露出钟泰"合古今贯西东""准时酌宜折中"的教育文化理念。

总之，钟泰在之江大学14年经历了学校重要的转折和鼎盛时期，也是他个人学术生涯的重要时期。他公开出版的四部著作中，三部完成和出版于这一时期，可以说是这里的地利天时促成了钟泰的学术成果。

三、之江大学对于钟泰治学特色的意义

有鉴于之江大学办学宗旨的基督教性质和办学方式的私立性，加之学校对中国传统文化的重视，钟泰的学术环境是相对独立、自由和纯粹的。因此我们看到，不论是他的《中国哲学史》坚持本土化的叙事方式，还是《国学概论》和《荀注订补》的纯中国文化研究，都得益于此。他的《中国哲学史》是中国教会大学历史上的重要贡献，在教会大学国学教育中有着特殊的意义。这决定了他的《中国哲学史》写作主旨在于挖掘中国传统思想文化的独特精神资源。更值得一提的是，钟泰作为一位执着于中国传统文化（钟泰接受之江大学聘请的一个重要理由，是可以阅览文澜阁所藏四库残本）和具有民间学术情结（钟泰的治学深受民间儒家学派太谷学派的影响）的知识学人，对他执守传统文化的学术诉求和愿望，这样的学术环境是理想的。笔者注意到，在20世纪20年代，作为钟泰的师友，金天翮就曾与钟泰探讨过之江大学的治学环境问题。当时钟泰在广州辞官从学，金天翮致信钟泰曰："岭南自陈兰甫、

---

① 笔者影印于钟斌先生保存的一本铅印的杭州之江大学资料。其中还有之江大学运动会会歌等。

朱九江后,学统大绝,被谣或过于海上。公去恐以牵甫适越,似不如之江之可藏身。"①的确,与当时西化思潮占主导的主流学术相比,之江大学更强调中国文化的本土特色和与西方文化的不同。一个重要事例就是作为教会大学的之江大学,在钟泰主持下创立了一座规模可观的收藏中国古典文学的图书馆,这在之江大学是引以为自豪的大事。正像《之江大学》的作者,在之江大学从教近30年,经历过之江大学重要变迁的美国学者队克勋所言,在"即使儒家的经典和道德也已被扔到废物堆"的时代,之江大学则"力求通过强调中国古典文献来保存中国文化的精华"。②从全国范围的大环境看,20世纪20年代末至抗日战争全面爆发前的这段时间,是中国现代学术史上成就辉煌的时期,也是教会大学以及之江大学的繁荣时期。钟泰的学术研究和学术成果就是这种学术氛围下的产物。

当然,钟泰的学术研究在方法和眼界上也受制于当时的现状。不论从学术资源、学术理念、学术体制等哪个方面看,身为教会学校的之江大学都是中国学术的边缘地带。之江大学与国内外学术机构的联系有限;教学和学术研究组织化制度化程度低。例如,中国哲学、诸子学课程隶属国文系,教师比较分散。1931年以前,只有钟泰一人从事中国哲学教学。③选择之江大学的学生以信仰基督教者比例较高,而学校美国式的西方教育吸引了许多准备出国的学生。这些也成为限制钟泰学术研究、著作传播和思想影响的因素。

---

① 钟斌辑录:《归群草堂学友与钟泰书》。钟斌注:"此信无封,日期待考。"
② 队克勋:《之江大学》,第136、132页。
③ 据队克勋:《之江大学》附录B"中国教职员名录"统计。

第四节 解读钟泰学术的主要依据

个人的儒学信仰,潜修与通贯结合的治学风格,执守知识学人的民间岗位的学术立场,这是我们解读和诠释钟泰学术思想的重要背景和依据。

一、崇奉孔子皈依儒学的文化信仰

了解一个人的信仰,他的言论和思想是最好的参照系。钟泰在他70岁时如是说:

> 我平生最崇奉孔子,虽不视同宗教,却以为中国之所以为文明立国,胥食孔子之赐。如无孔子结集诸经,今日何从知有尧舜禹汤文武。所以否定孔子之言,我一入耳,便同有刃刺心。当时辞去师大教职,最大根源在此。又见政府保护清真寺,佛教丛林且有修缮者,而独各地孔庙悉移作别用,或且改为摊贩市场,无一保留,便认为共产党是继承五四打倒孔家店的作风,以为谈孔孟者的均以反对言论待之。后见毛主席有批判的接受古来圣哲学说之言,又有文史馆之设置,疑乃渐释。①

钟泰曾援引孟子"孔子,圣之时者也"之言说:"斯民族之精神文明,东方之文化宝藏,胥在是焉尔。""我中华民族所以能历久而长存,保世而滋大者,其故何欤?吾以为是不得不首归儒术与汉字也:儒术本仁义

---

① 钟泰:1958年10月29日《交心书》片段。笔者自上海文史馆存档案材料辑录。

礼乐，以赞化育，定民志，而持世于不敝，其体也。"①

钟泰晚年所表达的对孔子及儒家的信仰，与他早年的求学经历相关，特别与太谷学派的影响密切相关。可以说皈依太谷学派确立儒学信仰，决定了钟泰未来的学术理想和目标。

二、潜修与通贯相结合的治学风格

通过钟泰《藏修息游铭并序》一诗可基本理解他的治学理想与风格。他说：

《学记》曰："君子之于学也，藏焉，修焉，息焉，游焉。"学之始终本末，盖尽于是四言矣。惜郑氏以来，各家之注未能得其义也。因为之铭：
兰生深林，岂为人芳。玄豹隐雾，乃成文章。
入学辨志，首曰能藏。夸炫浅露，其器可量。（藏）
玉质虽美，有赖雕锼；木直中轮，道在矫糅。
何智何愚，亦勤厥修。性有萑苇，惰农之偷。（修）
锦蛮黄鸟，知止丘侧；鹏飞六月，亦戢其翼。
安斋弗居，终失物则。天机深深，君子是息。（息）
津人操舟，庖丁解牛；理随事显，力与巧谋。
灵台不桎，何物可留！大成通远，众艺以游。（游）②

家塾—书院—草堂奠定了钟泰儒家经学的学术目标，教会大学的学术空间强化了他本土化的学术倾向，毕生徜徉于经史之学，涵泳反复，体会

---

① 王子慧：《钟钟山先生传略》，《文教资料》1987年第2期。
② 《讱斋先生遗诗选辑》，《文教资料》1987年第2期。

先哲之精微，其理论建构的主旨是通过经子之学的融合，达到重塑儒学乃至中学经世致用之本体。

三、执守知识学人的民间岗位的学术立场

陈思和在评价陈寅恪晚年的人生选择的意义时说，"守住知识分子的民间岗位，在政治权力以外，建构起自成一体的知识价值体系，并在这价值体系内实践并完成现代知识分子对历史、对人生以至对文化的责任与使命。"① 在笔者看来，钟泰一生的学术经历也同样具有这样的意味。我们以钟泰的学术著作形成时期为线索考察其治学环境会发现，他的学术著作完成于两个时期：一是1925—1937年，执教于杭州之江大学时期，他的《中国哲学史》《国学概论》《荀注订补》相继出版；二是20世纪50年代末到60年代初《庄子发微》著就，此时任上海文史馆馆员，赴东北文史研究所讲学。而不论是作为身份相对独立、办学宗旨独特的教会大学的教授，还是身为上海文史馆馆员，钟泰都掌握着大部分研究、思考、读书、写作的自主权和主动权，这种相对独立和特殊的条件与他所受的民间学派影响可谓相得益彰，成就了他执守一个知识分子的民间岗位。他的学术成就与此密切关联。总之，"身处独特环境，抱定传统学问，执着儒学信仰，恪尽学人使命"，这是我们对钟泰学术人生的初步印象。

---

① 陈思和：《知识分子的民间岗位》，《天涯》1998年第1期。

第二章　哲学史观与方法学得失

中国哲学史作为一门独立学科的出现始自20世纪前期，标志是由胡适奠基、冯友兰确立体系的以西方哲学观念建构的中国哲学史模式。今天从事中国哲学史研究和学习者，几乎无人不受他们的哲学史范式的影响。然而进入21世纪，中国哲学的现代性转化的呼声强烈，对现有的中国哲学研究范式反省和检讨的要求迫切，甚至中国哲学的"合法性"重遭质疑。如此，反思中国哲学史写作历程中的利弊得失，对我们今天的学科自觉和文化自觉意义重大。早在胡适《中国哲学史大纲》出版之后，对中国哲学史建构模式、写作方法等的讨论、批评和反思已经开始，钟泰及其《中国哲学史》就是一个突出的例证。下面笔者将以中国哲学史学科创制为背景，主要通过钟泰《中国哲学史》与胡适《中国哲学史大纲》两种中国哲学史书写方法的对比研究，阐发钟泰《中国哲学史》的思想旨意和学术特点，揭示中国哲学史早期写作及其方法意识背后的深刻根源及其普遍意义。

第一节　中国哲学史学科的早期写作经历与问题

一、中国哲学史学科范式的确立

在钟泰《中国哲学史》问世之前，中国哲学史学科早期建构中有几个重要标志：1914 年，北京大学设立"中国哲学门"，开设了"中国哲学史"课程，首次将这一学科观念引进了现代中国的教育体系。1916 年，谢无量（1884—1964 年，四川乐至人）从中国经学的立场，以中西哲学道同理同为依据而成的《中国哲学史》由中华书局出版，成为中国哲学史学科第一部教科书。1919 年，胡适（1891—1962 年，安徽绩溪人）在授课的基础上撰就的《中国哲学史大纲》（卷上）由商务印书馆出版，他所开辟的用西方哲学的体例和模式建构中国哲学史的学科范式，奠定了中国哲学史学科未来的基本走向。上述标志性事实面临一个共同问题就是，哲学、哲学史是中国传统学术分类中没有的，怎样在现代知识体系中建构中国哲学史学科，书写中国哲学史？为北京大学首开中国哲学史课程的陈黻宸（1859—1917 年，字介石，浙江瑞安人）认为，哲学与儒学并无本质区别，提出"儒术者，乃哲学之极轨也"[①]。基本是在传统经学的意义上讲中国哲学史。首部中国哲学史教科书的作者谢无量对"哲学"一词加以辨析，通过将拉丁文"Philosophia"的本意"爱智"与《尚书》"知人则哲"、《史记》"知人则智"、《尔雅》"智，哲也"的对比疏通，提出"儒即哲学，伎即科学。官学失散，乃谓之儒学，谓之道学，谓之理学，佛氏谓之义学，西方谓之哲学，其实一也"[②]。并依此

[①] 陈德溥编：《陈黻宸集》（上），中华书局 1995 年版，第 415 页。
[②] 谢无量：《中国哲学史》，中华书局 1916 年版，第 1 页。

思路构筑了系统、完整的中国哲学通史。尽管他们力图对哲学作出中国式的理解,将中国哲学纳入现代知识体系的尝试具有开创性意义[①],但难以区分作为现代学术的哲学与传统经学的界限,因此其观念和著作的影响十分有限。真正被学术界公认、具有现代学术意味的中国哲学史著作则是由胡适《中国哲学史大纲》(以下简称《大纲》)奠定的。对其以西释中的建构模式,时任北京大学校长的蔡元培给予了充分肯定:"中国古代学术从没有编成系统的记载。……我们要编成系统,古人的著作没有可依傍的,不能不依傍西洋人的哲学史。"[②]并对全书的特长作了整体定位:第一是证明的方法,通过考订、辨别真伪和揭示各家方法论原则,"为后来的学者开无数法门";第二是扼要的手段,能截断众流,从半神话半政史的记载中,抽出纯粹的哲学思想;第三是平等的眼光,对诸子之学平等看待;第四是系统的研究,突出思想学派变迁的痕迹和演进的脉络。总之,胡适的《大纲》对于当时中国哲学史的研究,有扫除障碍、开辟道路的作用,是一部具有划时代意义的著作。[③]

二、胡适与谢无量的写作方法对比

将胡、谢两部中国哲学史著作相比,从理路上看,一个是依傍西方哲学,具体讲即用西方的实用主义哲学架构中国哲学史;另一个是将"哲学"作中国式的理解,按中国传统经学思想脉络架构中国哲学史。从对哲学、哲学史的理解看,胡适认为"凡研究人生切要的问题,从根本上着想,要寻一个根本的解决,这种学问叫做哲学";哲学史的目的

---

① 田文军、杨姿芳:《谢无量与中国哲学史》,《江海学刊》2007年第5期。本文对谢无量《中国哲学史》的学术价值和理论缺失作了合理分析和揭示。
② 胡适:《中国哲学史大纲》卷上,姜义华主编:《胡适学术文集·中国哲学史》,中华书局1991年版,第1页。
③ 冯友兰:《三松堂自序》,三联书店1984年版,第215—216页。

在于明变、求因、评判。① 谢无量提出"自吾一身以至于宇宙万事万物之理，莫非学者当知之事。知有大有小，有偏有全，见其全者为哲学"；哲学史的目的在于"述自来哲学变迁之势，因其世以论其人，掇学说之要删，考思想之同异"。② 从特点上看，胡著以疑古为手段，通过弱化孔子及儒学的地位突出诸子之学的价值。谢著以信古为重，以儒学为宗，忽略了诸子哲学的意义。从范围上看，胡著是只就先秦哲学而言；谢著从先秦到明清，纵贯中国思想全程。通过对比可以发现，双方对哲学、哲学史的理解并无本质差异，只是由于对中国哲学史架构理路的根本不同，导致两者全然不同的取材方式、著述特点和学术反响。那么该如何看待两种架构理路及其对中国哲学史写作的意义？

　　实质上，上述学科建构历程所引发的是中国哲学史学科的独立性问题，即此后金岳霖在冯友兰（1895—1990 年，字芝生，河南唐河人）《中国哲学史》审查报告中提出的"中国哲学史"学科定位的难题：中国哲学史是中国哲学的史呢，还是在中国的哲学史？③ 于是就有写中国哲学史的至少两种态度："一个态度是把中国哲学当作中国国学中之一种特别学问，与普遍哲学不必发生异同的程度问题；另一态度是把中国哲学当作发现于中国的哲学"④。显然胡适的哲学史属于后者，从学界和社会反响看也普遍认同后者。但这种中国哲学史学科范式具有颇为复杂的含义：一方面，标志着中国哲学学科的确立；另一方面，同时也就必然包含了肢解、扭曲中国传统的"天人之学"，甚至使之面目全非的理论可能性。⑤ 于是打破以西释中书写中国哲学史方法的一统天下，避免

---

① 胡适：《中国哲学史大纲》卷上，第 8、10 页。
② 谢无量：《中国哲学史》，中华书局 1916 年版，第 1、2 页。
③ 载冯友兰：《中国哲学史》下册，中华书局 1947 年版。
④ 同上。
⑤ 参见李翔海：《20 世纪中国哲学的三种基本理论范式述评》，《河北学刊》2004 年第 1 期。

肢解、扭曲甚至丧失中国哲学的固有精神财富，探寻治中国哲学的多元思路，成为摆在学术界面前的重要问题。钟泰的《中国哲学史》就是上述学科背景和问题意识下的产物。

三、钟泰《中国哲学史》概观

钟泰《中国哲学史》（1929年上海商务印书馆出版）是国内中国哲学史研究早期的一部通史性著作。全书259000字，由序、凡例、卷上、卷下构成。该书的整体特点与胡适《大纲》相比主要有三点不同：一是与胡著只有上卷，内容从老子讲到荀子不同，钟著体系庞大完整。全书从整合古代哲学思想的整体眼光出发，以宋代为界分上下两卷，又依历史演进细分四期：自有史以迄嬴秦，是为上古史；自汉迄唐，是为中古史；自宋迄明，是为近古史；有清一代，是为近世史。全书八十二章涉及一百一十余位哲学思想家，许多当代中国哲学史研究忽略的人物思想也被其囊括，它的全面完整是自冯友兰《中国哲学史》问世之前中国哲学史研究中独一无二的。二是与胡适依傍西方哲学，采取截断众流方式，将中国哲学史直接从老子、孔子讲起，意欲寻找"在中国的哲学史"不同，钟著以"述流略之旨趣"为逻辑架构，从见于载籍的上古思想中提炼出"本天""尽人""首孝""用中""上民""大天下"六点作为中国哲学思想的渊源，以"王官六艺之学"作为中国哲学的基点，逻辑地延伸开中国哲学的思想脉络，力图在中国思想的统系脉络之内阐发"中国哲学的史"。三是与胡适在《中国哲学史大纲》中用较大篇幅阐释哲学史的任务、目的，治哲学史的"述学"方法，以确立研究理路和方法论不同，钟泰在展开论述前未对哲学、哲学史作理论说明，而是把哲学放在不断变化着的历史时空和境况中来理解，试图通过哲学观念演变的实情，反映中国哲学的思想历程。很显然，钟泰的《中国哲学史》是变"在中国的哲学史"为"中国哲学的史"的尝试。

第二节　钟泰对胡适《中国哲学史大纲》的批评反省

要合理建构中国哲学史，反省批评是必要前提。钟泰的《中国哲学史》（以下简称《哲学史》）首要的工作是对胡适《大纲》的反省批评。归纳起来看，主要集中在对《大纲》的统系特征和考证方法两大方面。

一、对胡适《中国哲学史大纲》学术统系问题的质疑

首先，钟泰的《哲学史》从总体上对胡适《大纲》的统系提出异议，反对将中西学术强为比附，强调回到中国本位的叙事方式。他明确表示"中西学术，各有统系，强为比附，转失本真。……近人影响牵扯之谈，多为瓜葛，不敢妄和。"[①] 并在中学统系的视域内，提出书写中国哲学史的基本方法与目的，"本书以史传之体裁，述流略之旨趣，故上下则详其源流，彼是亦辨其同异"[②]。意在突出体现中国哲学史的中国特色。钟泰的主张看上去让人费解，胡适《大纲》的轰动效应和创辟之举分明标示了中国哲学史学科"不能不依傍西洋人的哲学史"的大势所趋，而他却反其道而行之，有必要分析其中的原因。

中西文化的碰撞和学术争鸣是近代中国思想学术的主流，且钟泰早在垂髫之年已留学日本接受新式教育，是时执教于杭州之江大学国学系，在这种学术环境和知识背景下，钟泰对中西学术的认识和评价应该是理智和理性的。事实上，钟泰并非简单地反对借鉴西学观念和方法，他将首著命为"中国哲学史"就说明其采用了西学之"哲学"的说法。

---

① 钟泰：《中国哲学史》，"凡例"。
② 同上。

他真正反对的是将中西思想学术做简单牵强的比附。在当时思想学术中西体用、古今新旧的跌宕起伏之中，弥漫着一种简单急躁、形式主义、实用主义的态度和学风。从西学的引进状况看，由于近人对纷繁的西方学说的思想宗旨、逻辑内涵、适用范围往往缺乏准确系统的理解和分析，致使许多西学观念混乱，意识形态混杂甚至出现学术失范。再从对传统文化的态度看，近人对中国文化往往出于附会西方思想的需要，随意裁减评判，以至于极大地毁伤了凝聚民族精神精华的传统文化。显著的事例是，近代中国思想世界的主流是进化论思潮，进化史观成为判断一切的价值标准，评判中国历史和传统价值也不例外，于是传统哲学世界观被诠释以进化史观几成风气。将中国哲人的智慧生吞活剥，把达尔文生物进化论生搬硬套的现象普现于学术研究之中。只要耐心地读一下钟泰的《哲学史》，随处可体会出他立论原则的意旨。例如，在阐发庄子思想时钟泰指出，胡适撷拾庄子"万物以不同形相禅"之一言，又取与达尔文之《天演论》相比附，殊不知此言下句"始卒若环，莫得其伦"与天演、进化全无干系，反而去庄子之真意益远。[①]又例如对时人评价王充自然观为"优胜劣败之说"，钟泰质疑指出，"若然则《传》言'强凌弱，众暴寡'，不尤远在仲任之前耶！"[②] 有鉴于诸如此类"强为比附"的治学弊端，钟泰强调借鉴西学的审慎态度无疑是清醒理性的。

其实对于胡适这种完全用西方哲学裁减中国思想的做法，梁启超有过更明确的责难，他认为胡适以知识论来讲孔子，是"弃菁华而取糟粕"，因为孔子的根本精神不在此。他称胡适的毛病是"强古人以就我"[③]。而胡适这种做法更加严重的后果是，"过于西方式的逻辑眼光，

[①] 钟泰：《中国哲学史》卷上，第42—43页。
[②] 参见上书，第117页。
[③] 参见梁启超：《评胡适之〈中国哲学史大纲〉》，《饮冰室合集·文集之三十八》，中华书局1989年版。

阻遏了胡适对先秦以后中国哲学发展史的继续书写"。①甚至使他走向否定有所谓"中国哲学史"的一路。事态的发展证明，钟泰的质疑绝非多疑，他无疑对中国哲学史写作中的问题起着纠偏的作用。事实上直到今天，在中国哲学界依傍、移植、临摹西方哲学的状况仍非常严重，牵强附会和削足适履亦屡见不鲜。反思钟泰的质疑显然仍有现实意义。

回到中国本位的叙事方式，是否意味着钟泰拒斥西方哲学？从对其文本解读中有两点值得注意，可以旁证钟泰对新学（西学）的态度：其一，在《凡例》中谈到清代后期哲学史的编写，他说"惟光、宣以后，杂糅新说，虽辟蹊径，未睹旨归。编录之责，让之来者。"由此说明，钟泰对近代新学（西学）还处于认识阶段，在旨归未明的情况下，主张持审慎态度。其二，从钟泰对宋代道学与佛教关系的阐发，亦可反观其对外来文化的基本态度。儒、释、道会通是中国哲学和文化史上中外融合的成功例证，对它的阐发往往反映着学人们对待外来文化的基本态度。钟泰的《哲学史》以宋代为界分上下两卷，分界的依据是认为自宋代以来，中国传统学术理路发生了由主训诂到主义理的根本变化，而变化的原因一是儒学"聚汉魏以来之所蓄郁，至此而不得不一发之"；二是认为"宋儒何以能迈于古人，此则大有得于二氏之教。"②在钟泰看来，宋儒能够超迈于古人，很大程度得益于佛道二教。他分析说，当时士大夫几无不好佛者，且深受佛教思想方法的影响。然而诸儒虽有得于二氏，却为什么又提出辟佛老？钟泰认为，是由于通过佛老之理的启发，再反求于六经，"于是乃信自有家宝，而不必于他求。故其辟佛辟老非以仇之，以为实无需乎尔。且释道与儒，言道则一，言用则殊"，"是以取其意而弃其迹。""此正宋儒善用佛、老之长，而无佛、老之弊"。③钟泰的一席话意在说明，宋儒能够超越古人，走的是一条通过入佛老——

---

① 景海峰：《中国哲学的现代诠释》，人民出版社2004年版，第182页。
② 钟泰：《中国哲学史》卷下，第2页。
③ 同上书，第5页。

出佛老——批佛老,从而找到体认中国文化本我的道路,借助佛老达成了文化自觉。所以他指出,宋儒虽辟佛老,但与"昌黎《原道》之空言攻讦,而欲火其书、庐其居者",在意旨上根本不同。① 宋儒吸收佛教哲学文化的成功经验就是"善用佛、老之长,而无佛、老之弊"。按照钟泰的上述逻辑理路推断,当代人如要超迈宋儒,当然应当借鉴西学。关键是能够借助西学重新发现和找到中国文化的本我,能如此可谓"善用西学之长,而无西学之弊"。如果因吸收西学而要彻底否定中国文化的本我(五四时期通过疑古对传统文化的全盘否定就是实例),显然责任不在西学,而在今人对西学的误用。如此我们似可以理解,钟泰面对当时思想界中西古今新旧的错综复杂、面对胡适完全依傍西方哲学裁减宰制中国传统哲学时,表现出的质疑和审慎态度了。

二、对胡适《中国哲学史大纲》考证方法的驳正

钟泰从细节着眼,对胡适《大纲》在考证方法上的具体失误予以了驳正。下面从钟泰驳正的三个要点即关于中国哲学的起源、对《老子》的解读、名家与墨家的关系,举例说明其驳正的特点和用意。

第一,针对胡适采用"截断众流"的方法,认为先秦之前的史料除了一部《诗经》,别无可考。提出"诸子不出于王官论"(胡适《诸子不出于王官论》的发表早于《大纲》,《大纲》关于中国哲学的起源的论据是建筑在此基础上的)。钟泰采用"详其源流"的手段,提出"王官六艺之学"是中国哲学的滥觞。

胡适提出《七略》《汉书·艺文志》所载九流出于王官之说,"皆属汉儒附会揣测之辞,其言全无凭据",并引证古书,证明"诸子之学皆起于救世之弊"与王官无关。然而钟泰认为胡适不论从对前人文本的解

---

① 钟泰:《中国哲学史》卷下,第5页。

读上,还是对诸子与王官六艺关系的考辨理解上都有失误。胡适说,古之论诸子学说者,莫备于《庄子·天下》《荀子·非十二子》、司马谈《论六家要指》和《淮南子要略》四书,断然认为"此四书皆无出于王官之说"。① 钟泰则详引《庄子·天下》论点,又将《庄子·天道》《礼记》《淮南子·要略》、刘知几《史通》、章学诚《原道》《文史通义》等做纵横引证,通过翔实有力的史料证明,"百家渊源于王官六艺之学,早在战国时人多知之者。不得谓《七略》《艺文志》无所凭据也"②。他认为尽管可以如胡适所说诸子"皆起于救世之弊",但他们所采用的救世原则和方法实源自王官六艺之学。钟泰形象地比喻"譬之江水,诸子者,其下流之播为九江三江;而六艺者,则其滥觞之始也。"并告诫说:"故苟使取诸子之书而研究之,明其异同,详其得失之所在,其与六艺分合之迹,盖可得而复案也。"③

诸子是否出于王官的问题,实质上涉及的是中国哲学是否有思想主流与正统的问题,胡适出于推翻经学的权威性和一统性考虑,当然要从根源上否定诸子出于王官论,为其用"平等的眼光"横论诸子,赋予中国哲学现代品格创造了条件。但如果因此而轻率断言、疑古过甚,其结果正如郭湛波在谈到疑古派钱玄同、顾颉刚对《六经》的辨伪时说:"这真是中国思想一个大的改革。把孔子与《六经》的关系割断,孔子思想学说固然失掉庇护之神,而《六经》也成了失掉灵魂疆尸。"④ 这种对史书、史事的解读方法实在大有问题,不可能对中国哲学作出准确理解。梁启超更直接对胡适的学术态度提出批评:"讲古代史,若连《尚书》《左传》都一笔勾销,简直是把祖宗遗产荡去一大半,我以为总不是学者应

---

① 胡适:《诸子不出于王官论》,姜义华主编:《胡适学术文集·中国哲学史》(上),第594页。
② 钟泰:《中国哲学史》卷上,第9页。
③ 同上书,第10页。
④ 郭湛波:《近五十年中国思想史》,山东人民出版社1997年版,第217页。

取的态度。"① 冯友兰认为,先秦诸子是在王官失守后,流为各种职业,由这些职业引导出诸子之学。② 可见,不能否认王官之学对诸子的重要影响。

其实,伴随"五四"以后近百年的深刻反思,特别是近几十年来大量地下文献的出土,为中国哲学也为六经(又可称"王官六艺之学")与孔子、诸子的关系的研究提供了大量崭新的证据。"综合学术界的研究成果,学者们认为:六经之学、之教形成与传授的时间远比人们估计的要早得多。六经是先秦最基本的教材和普遍知识,'经'并不是一家之言,而是共有资源。战国早中期,孔子已被尊为圣人。儒学分布范围甚广,不限于中原,儒学经典是列国教育、政治的核心内容。最原始的儒、墨、道家的分歧与对立,并不像后世学者所说的那么严重。"③ 我们知道,古代学在官府,由此说明王官六艺之学曾经广泛而深刻地影响过上古时代的学术思想。在"二重证据法"的意义下,六经与孔子、诸子思想的多方面联系是不争的事实。这就更能证明钟泰对胡适在中国哲学起源观点和考证方法上的批评是合理的。

第二,针对胡适将《老子》"天地不仁以万物为刍狗"阐释为:"老子的'天地不仁'说,似乎也含有天地不与人同性的意思。……打破古代天人同类的谬说,立下后来自然哲学的基础"④ 钟泰从考证训诂、逻辑关系和对比分析几个层面指出其解释的失误,他说:

夫胡氏以仁为人,其所引以为据者则《中庸》"仁者人也",《孟

---

① 梁启超:《评胡适之〈中国哲学史大纲〉》,《饮冰室合集·文集》第十三册,上海中华书局1936年版,第61、52页。
② 冯友兰:《原儒墨》,《中国哲学史》下册,第29—30页。
③ 参见郭齐勇:《出土简帛与经学诠释的范式问题》,《福建论坛》(人文社会科学版) 2001年第5期。
④ 胡适:《中国哲学史大纲》卷上,第44页。

子》"仁也者人也"二言。不知此二人字，皆言人之所以为人，非便指人身而言。以今逻辑论之，则二人字乃抽象名词，非具体名词也。故以人为仁之训则可，而以人易仁则不可。

推胡氏之心，不过欲说老子不信天为有神，以见天道之果无知耳。然"天网恢恢，疏而不失"，《老子》之言也；"天道无亲，常与善人"，亦《老子》之言也。老子果信天为无神无知者乎？抑信天为有神有知者乎？

断章取义而为之说，又安得无误乎！

并强调指出：

读一家之言，当合观其前后，而后可论其主张如何。①

冯友兰晚年曾说，胡适的书既有汉学的长处又有汉学的短处。长处是对于文字的考证、训诂比较详细；短处是对于文字义理的了解、体会比较肤浅。② 也与钟泰当年的批评相合。

第三，针对胡适指惠施、公孙龙皆为别墨，提出古无所谓名家，并力抵刘向父子以名家别于儒、墨、道、法为浅见③，钟泰《哲学史》专门做"名家不出于别墨"的附文以明辨之。撮其要点，一是针对胡适根据《墨辩》与惠施、公孙龙命题的相近，因而断定两者同属于别墨。钟泰用《庄子》中的大量内容，考释证明惠施、公孙龙与墨子流别的不同；征引《荀子》将惠施、邓析并称，《吕氏春秋》记载作为名家之起的邓析学说与施、龙风格的一致，证明名家与墨家不同。钟泰指出："胡氏《哲学史》于时代先后，认之最严，今谓名家出于墨，则何解于邓析

---

① 钟泰：《中国哲学史》卷上，第17页。
② 参见冯友兰：《三松堂自序》，第184页。
③ 参见胡适：《别墨》，《中国哲学史大纲》卷上，第44页。

乎？"① 二是采用以其人之道还治其人之身的方法，对胡适把惠施言泛爱万物，公孙龙言偃兵之事，作为施、龙归属于墨家的证据。钟泰指出弭兵爱人是面对战国纷争局面志士仁人们的共同理念，如果因此说惠施、公孙龙为墨家，则孟子言善战者服上刑，荀子言斗者不若狗彘，即孟荀皆出于墨矣。三是收集大量惠施、公孙龙与墨家、《墨经》旨意恰相反的事例，指出《墨经》多在差异上立论，施、龙则多在无差异上立论，强调两者的理论旨趣各异。由此得出结论，如果一定要找两者的联系的话，那也是《墨经》受到名家的启发和影响，而胡适转抑名家为墨之支流，是因果倒置。② 在此钟泰侧重驳正胡适考证方法上的失误，认为造成胡适失误的主要原因是"与两家之旨，犹有未尽释然者也"。③ 关于胡适名墨混同，章士钊作专文具体分析了名墨理论主旨的区别，批评其"可谓不思之甚者矣。"④

　　考证方法对于胡适整个著作的意义、分量和影响的重要程度，我们通过蔡元培的序言即可知。蔡元培概括胡适《大纲》的长处第一点就是"证明的方法"，他说"我们对于一个哲学家，若是不能考实他生存的时代，便不能知道他思想的来源；若不能辨别他遗著的真伪，便不能揭示他实在的主义；若不能知道他所用的辨证的方法，便不能发见他有无矛盾的议论。适之先生这大纲中此三部分的研究，差不多占了全书三分之一，不但可以表示个人的苦心，并且为后来的学者开无数法门。"⑤ 钟泰上述驳正均是在胡适《大纲》的重点（占了全书三分之一）和长处之处发现问题、提出批评的。显然，要想正确解释和评价先哲们的理论学说，必须完整而准确地把握其立论的逻辑基点、适用的有效范围和存在

---

① 钟泰：《中国哲学史》卷上，第67页。
② 参见钟泰：《中国哲学史》卷上，第67—68页。
③ 同上书，第65页。
④ 参见章士钊：《名墨訾应考》，《东方杂志》第20卷第21号。
⑤ 胡适：《中国哲学史大纲》卷上，第2页。

的价值领域,否则伟大的命题就会变成幼稚的偏见。特别是对于处在中国哲学史学科范式建立的关键时期,钟泰这种方法原则上的自觉显得尤为重要。当然必须看到,造成这种失误更根本的原因,则是胡适"把中国哲学当作发现于中国的哲学",以至于疑古过甚,致使无法用全面的、联系的观点看待经典,也就不可能完整准确地把握其中的思想实质。

第三节　钟泰对中国哲学史的探本寻源

通过对胡适《大纲》的批评反省,我们对钟泰要回到中国本位的叙事方式的理由可以基本了解:借鉴西方哲学是为发现中国哲学本我,如果适得其反,就有矫正的必要;书写中国哲学史必须依循中国哲学义理的脉络和特点,才可能完整准确地反映其思想实质。据此我们围绕钟泰《中国哲学史》展开对其哲学史观和方法意识的深入剖析。

一、超越传统经学的门户之见

回到中国本位的叙事方式,并不意味钟泰要回归谢无量或者回到传统经学去。他的《中国哲学史》与谢无量著作最大的不同在于,超越了以孔孟儒学为正统、厚古薄今的传统经学思路。主张从体会先哲之精微的深层意蕴对各家各流均抱同情之理解,申明"门户之争,自古不免。然言各有宜,理无相悖。此书于各家同异,时附平亭。既欲见学术之全,亦以为沟通之助"。[①] 仅从形式上看,谢无量的《中国哲学史》一大特点就是重先秦儒家和古代哲学,轻宋明以来的近世哲学。从所占篇

---

① 钟泰:《中国哲学史》,"凡例"。

幅看，宋明以来的近世哲学只占全书四分之一强。而钟泰的《中国哲学史》宋代前后所占篇幅基本相当，而阐释的人物，宋以前47人，宋以后共70人。这也反映了双方对待古近的不同态度和写作思路的差别。

出于对各家各流均抱有同情之理解，在其著作中我们看到，因主性恶，言富国，大异于孟子，而遭后世诟病，致使其理论价值在历史上长期埋没不张的荀子理论，被钟泰做了详尽阐释，所占篇幅超过了孔子，其中不乏对荀子学说的精辟见解。例如，关于孟、荀人性理论，世人往往见其异而略其同。钟泰指出：

> 荀子鉴于当时学者之纵情性，安恣睢，而慢于礼义，欲以矫饰扰化为教，故不以为性而以为伪。
>
> 荀子之所以谓人之性恶者，为人之不肯为善而发，非为人之不可为善而发。其贬性也，正所以反性也。是故于孟子而得性善，则君子有不敢以自诿者矣；于荀子而得性恶，则君子有不敢自恃者矣。天下之言，有相反而实相成者，若孟、荀之论性是也。①

准确揭示了荀子人性思想的本质，突出了荀学的思想价值。

钟泰主张对各家各流均抱有同情之理解，并不限于先秦诸子，后世思想对经学理念的突破同样受到他特别的关注和肯定。例如，厚古薄今、言必称三代，是传统经学的诠释思路，王通却对其提出挑战。钟泰评价王通思想指出：

> 世儒言治，无三代以后之君，而子曰："二帝三王，吾不得见也。舍两汉，将安之乎？大哉，七制之主（《续书》有七制，高祖、孝文、孝武、孝宣、光武、孝明、孝章也），其以仁义公恕统天下

---

① 钟泰：《中国哲学史》卷上，第70—71页。

乎!"世儒论人,无二代以后之士,而子谓:"诸葛、王猛,功近而德远矣。"①

肯定王通对世儒言必称三代观念突破的积极意义在于"无适无莫,与时为变"。这种强调依时代的发展要求调整和确立评价原则和价值标准的理念,贯彻于钟泰著作始终,构成他哲学史观的重要内容,成为他取舍和品评历史人物、思想学说的基本依据。充分体现了他对传统经学方法的扬弃。

二、钟泰的哲学史观和方法意识

要超越以孔孟儒学为正统的经学思路,回到中国本位的叙事方式,仅仅有同情之理解的平等眼光是不够的,还须具有明确的哲学史观和方法意识。中国哲学的特点是什么,这是构筑中国哲学史的基本前提,也是构成其哲学史观的基本问题。钟泰没有像许多哲学史著作那样在展开论述前作一宏观交代,但从文本的结构和问题的层层递进式展开中可以清晰抓得到其主旨。在第一编"上古哲学史"的第一、二章,集中体现了作者对中国哲学特点的理解。钟泰认为中国哲学渊源于自上古流传而来且见于载籍的思想,经周代的文化整合形成统系固定下来。他将这些思想概括为六个方面:本天、尽人、首孝、用中、上民、大天下。其概括具有如下特点:

第一,能作为哲学思想渊源的是自古流传而且被作为观念形态固定下来的思想。它们应该是对先民的生存发展最具影响力的传统观念。据此从众多上古史料中总结提炼出代表性的思想观念。

第二,钟泰的概括是以反映"人的主体能动性"作为中国哲学的出

---

① 钟泰:《中国哲学史》卷上,第173页。

发点和核心的。他的表述采用动态结构，在"天""人""孝""中""民"和"天下"基本概念之前加上"本""尽""首""用""上""大"等动态词，意在强调人在其中的主体性和能动性，突出中国哲学的实用理性和天人合一的特性。从他对"本天""尽人"的阐释即可看出其用意，他说："窃原其故，则古初以来，尝穷人物之本。以为非地不能养，非天不能生。""惟以人为本乎天，故视人亦与天等。尽人之性，则可以参天地而育万物。"① 很显然，这里的"本"乃"以……为本"的意思。而"尽"是动词"竭力做到"的意思。那么"本天""尽人"的宗旨就是强调人是依据其对天的认识而主动发挥其能力，以实现参赞化育的主体能动作用。

第三，钟泰的概括体现了中国先哲对人的全面性、递进式的哲学式思考，从"本天"——"尽人"——"首孝"——"用中"——"上民"直到"大天下"既关涉了人与天地自然、人与自我和社会关系的横断面思考，亦关注了人类对其现实与未来、价值与理想关系的历史思索。

概而言之，中国哲学的思想源自以"天"为人物之本，以"尽人之性"为主体追求，以"孝"为行为之首，以"中"为方法原则，以"民"为治道之上，以"天下"为终极关怀的对天人古今的根源性思考。在上述思想的基础上，是周公将上古思想集大成，并纳入以礼为核心、以六艺为内容的典章之中。钟泰提出"言中国哲学，必当断自周公为始"。他引用章学诚《原道》中的观点："周公成文、武之德，适当帝全王备，殷因夏监，至于无可复加之际，故得藉为制作典章，而以周道集古圣之成"。于是象征中国哲学丰厚果实的百家之学、诸子之说应运而生。中国哲学史就是对这一思想系统变迁发展历史的再现。

依据这种哲学史观，钟泰确立了架构其中国哲学史的方法。集中见于全书开篇的十条"凡例"，归纳地看有如下五点：其一，关于哲学史

---

① 钟泰:《中国哲学史》卷上，第2页。

的写法,该书以史传体裁,述流略之旨趣。强调哲学史是以往哲学思想的历史,要对中国哲学史予以正确阐发必须具有鲜明的历史观念。其二,重视思想与社会、史实与人物之间的互动关系。"述一家之言,则著其人;总一代之变,则标其事。"强调知人论世是哲学史的重要特点。其三,突出思想的体系性与创新性。"一派之说,详于魁率。""非于先说有发明,与师传有改易,不在其列。"强调哲学史应突出反映哲学思想的沿革变迁。其四,注重展现中国哲学的整体面貌和各派思想之间的内在联系。"此书于各家同异,时附平亭。既欲见学术之全,亦以为沟通之助。"其五,反对将中西学术牵强比附。指出中西学术各有统系,为避免对中国哲学的诠释的失真,提出"此书命名释义,一用旧文"。

通过上述分析我们看到,超越或摆脱传统经学的困扰是胡适和钟泰在建构各自的中国哲学史体系时共同追求的目标,但达成目标的途径不同。胡适采用西方哲学方法架构其体系,钟泰则通过对传统经学的扬弃探索其系统。有鉴于胡适的理论失误,钟泰的思路是既要超越以孔孟儒学为正统、厚古薄今的经学思路,以此体现中国哲学史的时代特色;又要能正确揭示中国哲学的本质特征,以标示中国哲学史的中国特点。究竟如何看待和评价两种理路的成败得失以及对中国哲学史学科的意义,仍需放到当时的文化背景和学科建构要求中去考察。

第四节 方法背后的动机与学科要求的达成

中西文化的矛盾冲突以及借鉴融合,构成了中国哲学史学科建设与发展的基本线索与背景。"五四"前后关于中西文化的论争从多方面、多层次展开,论争的焦点已不存在要不要引进西方文化、要不要科学和民主,而是集中在究竟如何对待自己的民族文化传统。在新旧文化争论中，激进主义者将新与旧完全对立，认为要建立新文化必须彻底铲除旧文化。文化保守主义者认为新旧文化并非完全对立，它们之间是可以融合的。在"五四"新文化运动中，胡适是以新文化批判旧文化的代表，他的《中国哲学史大纲》就是"五四"时代文化批判运动的产物，是一部批判中国哲学的著述。① 而钟泰的文化观属于保守主义，他的《中国哲学史》是立足于探索和掘发中国文化传统的民族精神和持久生命力，是一部表达中国本位思想的哲学史书。

一、胡适对中国文化的"重新估定一切价值"

胡适以新文化批判旧文化的意图，在其继《大纲》之后发表的《新思潮的意义》一文有明确揭示："研究问题、输入学理、整理国故、再造文明"，把整理国故同再造文明联系起来，贯穿其中的思想主旨就是以"评判的态度""重新估定一切价值"。他的目的就是要让中国传统文化"化黑暗为光明，化神奇为臭腐，化玄妙为平常，化神圣为凡庸"。② 他的《大纲》正是这种思想主旨的尝试。郭湛波总结胡适的《大纲》是："用新的方法整理旧思想第一部作品。胡先生整理旧思想的贡献，第一是脱掉封建时代的观点，著《诸子不出于王官论》，说'诸子之学皆春秋战国之时势事变所产生'，打破自刘歆以后诸子出于王官之说。""第二是古代思想方法之整理……使淹没二千余年绝学——辩学，复明于今日。""第三是墨家的学说……使二千多年绝学的墨学到今日又与儒道二家并肩。"③ "中国思想经了这次革命——反孔与疑古，不只笼罩二千余年孔子学说思想推翻，而数千年相传的典籍——六经，也失掉了权威；

---

① 参见冯友兰：《三松堂学术文集》，北京大学出版社1984年版，第287页。
② 胡适：《整理国故与"打鬼"》，耿云志主编：《胡适论争集》上卷，中国社会科学出版社1998年版，第886页。
③ 郭湛波：《近五十年中国思想史》，山东人民出版社1997年版，第221页。

于是淹没二千多年的诸子学说思想，因封建社会的崩溃、孔子学说的失败，而抬起头来；加之西洋学说思想的介绍，比较；新的治学方法输入，这就是整理旧思想的渊源。"① 可见，带着"重新估定一切价值"的批判态度，胡适要用实用主义的科学方法整理国故，站在全盘否定传统的思想需要之点，我们就容易理解《大纲》是怎样重估中国古代哲学的价值的了。

胡适晚年在《中国古代哲学史》台北版自记中说："我这本书的特别立场是要抓住每一位哲人或每一个学派的'名学方法'（逻辑方法，即是知识思考的方法），认为这是哲学史的中心问题。"② 用逻辑方法评判全部中国学术思想，不能与其相通的儒释道哲学的思想精华，必然被批判否定。

二、钟泰对中国文化的"因时而制宜"

针对激进主义者全盘否定儒学传统和中国传统文化，甚至提出废除汉字的主张。钟泰申明自己的文化观说："我中华民族所以能历久而长存，保世而滋大者，其故何欤？吾以为是不得不首归儒术与汉字也：儒术本仁义礼乐，以赞化育，定民志，而持世于不敝，其体也；汉字由六书孳乳，形声义具备，以宣文教，通民情，而垂久且远于不渝，其用也。是则旧学何可尽废哉！要在取精华，弃糟粕，因时而制宜耳。"③ 强调中国哲学文化有其独特价值，要求注重文化传统的连续性，认为中国传统文化应主要通过因时制宜实现自我更新。20 世纪 50 年代，钟泰也曾针对当时的汉字改革撰写长文，提出"中国的文字，乃是中国立国的

---

① 郭湛波：《近五十年中国思想史》，第 219 页。
② 胡适：《中国古代哲学史》（台北版自记），姜义华主编：《胡适学术文集·中国哲学史》（上），第 5 页。
③ 王子慧：《钟钟山先生传略》，《文教资料》1987 年第 2 期。

命脉，立国的根本"，主张"从中国人的立场"看待和改革中国文字。①事实上，钟泰的《中国哲学史》要求回到中国本位的叙事方式，根本理由就在这里。

结合钟泰文化观的主张，我们再来看钟泰对胡适《大纲》的批评反省，他从总体上对胡适《大纲》的系统提出异议，明确表示"中西学术，各有统系，强为比附，转失本真"，其中包含着深刻的文化哲学意蕴。的确，中西方哲学毕竟分属于截然不同的两个统系，应该说，就中西文化的共通性部分而言，胡适用西方哲学方法清理中国哲学中与之相似的部分肯定是合适的；但如果用同样的方法审视中国哲学的儒释道传统，则难免偏颇失当。更重要的是在钟泰看来，中国哲学是一套关于天人关系的学问，中国文化哲学的可贵正在于它具有与西方迥异的独特价值。

应该看到，胡适与钟泰文化观的差别与对立，是"五四"时期激进与保守两种文化观乃至两种对现代性认识观念的缩影。胡适以新文化批判旧文化，是为实现"再造文明"的目的。站在全盘西化的现代化观念看，全盘西化论把东西文明的差异归结为"古代文明"与"近世文明"的差别，把中国文化的现代化看成与传统决裂的"西化"。而钟泰要求以同情之理解的态度对待传统文化，以便"因时而制宜"变革传统文化，实现文化的自我更新和现代转化。在此肯定中国文化的现代化需要对传统文化进行"价值重估"是双方都认同的，分歧的关键是以"评判的态度"还是用"同情之理解"对待传统文化；文化的现代化是单一的以西

---

① 1955年，钟泰针对当时汉字改革中出现的轻率改易甚至于主张废除汉字的过激之举，撰文指出，必须"从中国人的立场看中国文字，不是以外国尤其是欧洲人习惯于拉丁、希腊文字的眼光看中国文字，是替全中国人工农兵来着想处理改革文字。""认清中国人学中国文字，有其先天的遗传，后来的熏染"，与中国文化的传承有密切关系。并具体从四方面阐述了他的汉字简化原则。参见钟泰：《我对简化中国文字的一点意见》，见钟斌整理《钟泰文辑》，此文五千余字，未公开发表。

方文化为参照系还是有多元现代化的进路。

反映着不同的文化观念的两部中国哲学史书，分别就是那个时期中国文化观的集中体现。《大纲》1917年先是作为讲义在当时北京大学哲学门传授，又出版于"五四"新文化运动的高潮之际，与整个运动的反传统思想主流密切相应，且成为一大标志。钟泰《中国哲学史》是他执教于作为教会大学的杭州之江大学所作，出版于20世纪20年代末期，呼应了东西哲学与文化融合论得到更多认同之时。① 从中国哲学史学科建设的意义看，胡适《大纲》的价值重在开辟了用西学方法研究中国哲学史的全新途径，极大地冲击了经学的传统模式，他的方法和眼界是可贵的，它在中国哲学史创制中的整体价值和划时代意义远远超过其具体弊病。钟泰《中国哲学史》的价值重在倡导以中国本位的叙事方式研究中国哲学史，他采取对传统经学的扬弃态度，彰显了民族精神的特殊价值。其中对已有中国哲学史体系和范式的批评反思，是中国哲学史学科早期写作中最突出和具有代表性的。它的影响主要体现在学术意义上。但一个不争的事实是，胡适《大纲》的轰动效应和巨大影响力，是钟泰《中国哲学史》不可比拟的。然而"反者道之动，弱者道之用"，此后的中国哲学史著作纂著和学科建设正是对他们所代表的两种写作方法的不断调试和互补。

三、作为现代学术意义的中国哲学史学科

1934年，冯友兰的《中国哲学史》上下卷问世（上卷曾于1931年出版），以其系统性和完整性第一次呈现出该学术的全貌，在中国现代

---

① 20世纪二三十年代伴随文化保守主义思潮，出现了主张东西哲学与文化融合论，具有代表性的如梁漱溟《东西文化及其哲学》，不仅站在中西文化关系的视域，而且从世界文化模式的视角肯定中国文化有其独特价值；此外学衡派的东方文化观；"科学与人生观"论战等都是其思想主张的反映。

学术体系中完成了从学科观念的接纳到学术体系的确立。从内容看，由梁启超、陆懋德、钟泰等所代表的对胡适《大纲》的批评、挑战和激发的问题[①]，以及他们在中国哲学史的民族叙事意义上的追问和探索，在冯友兰构建中国哲学史中都得到一定程度的吸纳。笔者认为，冯著在两个重要方面受到钟泰所代表的思想观念的影响。

一是冯友兰的《中国哲学史》首先确定的两个原则之一就是民族性原则。他对"民族性原则"的辩证思考和特别关注，与这一时期对胡适所代表的文化哲学观的批导密切相关。在体现民族性原则方面，他提出"各哲学之系统，皆有其特别精神，特殊面目，一时代一民族亦各有其哲学。"[②] 指出"讲哲学史之一要义即是要在形式上无系统之哲学中找出其实质的系统"。[③] 意欲通过哲学的建构性解释，表现出特定的民族性背景。试图弥补胡适《大纲》忽视中国哲学独特价值的理论缺失。

二是冯友兰《中国哲学史》"释古"立场的确立，是与这一时期包括钟泰在内的学者们对胡适疑古过烈的质疑批评分不开的。冯友兰认为，传统的中国史家对上古的资料信而无疑，近代特别是"五四"疑古思潮将古书视为多不可信，两种研究方法都是偏于极端方面的。他提出释古的方法，认为古史及传说虽不可尽信，但都有一定的历史根据，可由此了解古代社会的部分真相。在对待伪书的态度上，他认为史料的审定不应仅根据其书的真伪，还应根据其书是否具有史料的价值，提出"即就哲学史说，伪书虽不能代表其所假冒之时代之思想，而乃是其产生之时代之思想，正其产生之时代之哲学史之史料

[①] 当时梁启超的《评胡适之〈中国哲学史大纲〉》(《饮冰室合集·文集之三十八》)、陆懋德的《周秦哲学史》(京华印书局1923年版)、钟泰的《中国哲学史》都对胡适《大纲》提出了尖锐批评。

[②] 冯友兰:《中国哲学史》上册，第17页。

[③] 同上书，第14页。

也。"① 冯友兰的释古是对信古和疑古的整合，超越了胡适《大纲》疑古辨伪理路的局限性，为他的《中国哲学史》能够重构古代文化遗产的意义解释系统提供了方法学的保障。冯友兰《中国哲学史》确立的学科观念也因此被学界广泛接纳。这既是冯友兰的个人成就，也包含着同时代中国哲学史学科同仁的智慧。

第五节　钟泰《中国哲学史》书写的特色
——以汉唐哲学为例

汉唐哲学至今是哲学史研究和写作中的弱点，笔者研究过程中发现，作为早期中国哲学史的书写，钟泰《哲学史》在此有鲜明特点，值得探究。

本节以20世纪30年代前中国哲学史的书写为背景，对比研究了早期两种解读汉唐哲学的观念，即对应西洋中古哲学的特点，把汉唐哲学特征理解为贫乏衰落的主流观念和钟泰的立足于中国本位叙事方式，认为汉唐是思想融合的哲学繁荣时期的观念。分析得出，造成以主流观念为代表的、影响至今的忽视汉唐哲学及其价值的主要原因是，或者将中西统系强为比附，或者用门户观念书写哲学史带来的弊端。可见，前辈的得失见弊是当代汉唐哲学研究和汉唐哲学史书写中值得反思借鉴的思想资源。

汉唐哲学是指与汉代到唐代这一社会历史时期相对应的哲学思想的总称。在20世纪十至三十年代的20余年内，伴随作为现代学科的中国哲学史课程的开设和一批教材、著作的问世，早期中国哲学史的书写

---

① 冯友兰：《中国哲学史》上册，第24页。

模式和体系得以确立。① 其标志就是由胡适《中国哲学史大纲》(上卷)奠基,到冯友兰《中国哲学史》两卷本完成的,以西方哲学观念建构的中国哲学史范式。与这一范式相应,关于汉唐哲学的观念基本定型并影响至今。主要有如下两点。

其一,汉唐哲学是中国哲学思想发展的中古时期(或者说隶属于经学时代)。关于汉唐哲学在整个中国哲学史分期中的定位,在早期中国哲学史书写范式中主要有两种观点,一是与西方历史分期对应,将中国哲学的历史分为上古(古代或上世)、中古(中世)和近古(近世)三阶段。汉唐哲学是为中古或中世哲学。早期的中国哲学史著作,大部分持此分法。② 另一种是冯友兰的与西方哲学史分期对应,将中国哲学史分为子学时代和经学时代。③ 两时代的分界是汉代的董仲舒。那么汉唐

---

① 本文所称"早期中国哲学史的书写",范围是指中国哲学史学科创制时期,即20世纪十至三十年代的20余年内出版的中国哲学史著作。由于本文探讨的主题是汉唐哲学,所以又主要指涉及汉唐哲学的中国哲学通史类著作。考察的对象主要包括谢无量《中国哲学史》(1916年上海中华书局出版)、胡适《中国哲学史大纲》(1919年商务印书馆出版。虽并非通史,但在第一篇导言中"中国哲学史的区分"提出,中国哲学史可分三个时代,古代哲学、中世哲学和近世哲学。详见《胡适学术文集·中国哲学史》,中华书局1991年版,第12页)、钟泰《中国哲学史》(1929年上海商务印书馆出版)、冯友兰《中国哲学史》(1931、1934年商务印书馆先后出版),以及这一时期翻译出版的两部日本学者的中国哲学史:赵兰坪编译,高濑武次郎的《中国哲学史》(1925年国立暨南学校出版部出版)、刘侃元译述、渡边秀方的《中国哲学史概论》(1926年商务印书馆发行)。

② 在早期中国哲学史写作中最普遍的就是这种三分法。此说由来已久,与近代日本的中国哲学史分期方法有关。严绍璗《近代日本中国学形成的历史考察》中指出:1900年,远藤隆吉刊出《支那(中国)哲学史》,远藤氏也是中国哲学思想发展史"三分法"的主张者,但他把这三个时期定名为"古代哲学""中古哲学""近世哲学",使它们更具学术化。欧美近代学者习惯于把近代社会(即一般意义上的资本主义形态之前)的发展史,区分为"上古""中古""近世"若干阶段。远藤氏的《支那(中国)哲学史》,则全盘接受了这一分期及分期定名。这对日本中国学的影响,至为深远。参见张西平编:《他乡有夫子:汉学研究导论》,外语教学与研究出版社2005年版,第463页。

③ 冯氏指出,西洋哲学史多分为上古、中古、近古三时期,与之相对,中国实只有

哲学隶属经学时代。上述两种划分方式的分歧主要集中在中国有无近世哲学的理解上。而对于汉唐哲学不论称之为"中古哲学"还是"子学时代",其特点都是对应于西洋中古哲学的特征而发。

其二,认为中古汉唐哲学的特点是思想僵化,皆依傍古代哲学,总体呈现为衰落局面。受西方哲学史分期方法影响,在早期中国哲学史书写中,著者大都对应西洋中古哲学的特点阐发汉唐哲学特征。典型的是冯著,冯友兰认为,自董仲舒到康有为的经学时代,尤西洋中古之经院哲学时期,哲学大部分须于其时之经学及佛学中求之。哲学家们无论有无新见,皆须依傍古代哲学家之名或依傍经学之名。哲学思想不外乎旧瓶装新酒。①致使生动活泼、标新立异的子学时代"一时蓬勃之思想,亦至是而衰"。②事实上,视汉唐哲学为中国哲学的衰落时期,在冯著出版之前的中国哲学史著作中已普遍存在。谢无量认为,"至武帝以后,儒术独盛,而百家之学微矣"③。渡边秀方指出,中世哲学是"固有的思想转衰熄不振"的时代。"所以一般史家都呼这中世时代为黑暗时代。"④

把汉唐一千余年的哲学思想简单归之为"依傍"或"衰熄不振",既不能概括汉唐各个阶段的哲学共性,也不能反映各个阶段的哲学差异。而上述书写范式带来的问题和负面影响,已受到学者们的质疑。冯著对中国哲学史的分期方式"长久地影响到中国哲学史的叙事结构——'虎头蛇尾'式的由多到少的递减,越到后来就越显贫乏,像个倒金字

上古与中古哲学,而尚无近古哲学也。他将子学时代对应于西方哲学史的上古时期,经学时代对应于西方哲学史的中古时期。其依据是:"盖西洋哲学史中,所谓中古哲学与近古哲学,除其产生所在之时代不同外,其精神面目亦有卓绝显著的差异。"而中国的"近古哲学则尚甫在萌芽也"。参见冯友兰:《中国哲学史》下册,第491—496页。
① 冯友兰:《中国哲学史》下册,第492页。
② 冯友兰:《中国哲学史》上册,第42页。
③ 谢无量:《中国哲学史》第二编,第3页。
④ [日]渡边秀方:《中国哲学史概论》,刘侃元译述,商务印书馆1926年版,第2页。

塔型"。①

其实在被作为标志性范式的冯著出版之前，对中国哲学史以及汉唐哲学特点的不同解读和书写方式已然存在，钟泰的《中国哲学史》就是一例。该书对中古汉唐哲学史的阐发，多有异于主流范式的独到见解。

一、主张将中国哲学史分四期

钟泰《哲学史》抛开与西方哲学史分期对应的思路，力图突出中国哲学思想本身的历史轨迹。他将先秦至清代的中国哲学史分四个时期：自有史以迄嬴秦，是为上古史；自汉迄唐，是为中古史；自宋迄明，是为近古史；有清一代，是为近世史。② 这种划分方式在早期中国哲学史写作中尚属首例。由于不受西方哲学史分期方式的制约，虽然对汉唐哲学的定名与三分法相同称为"中古哲学"，但钟著所解读和阐发的中古汉唐哲学不再是"守成""依傍"和"衰熄不振"的黑暗时代，而是呈现出一种新的气象和思想繁荣的局面。

二、突出汉唐哲学的思想融合特征

与认为汉唐哲学是中国哲学的衰落时期的主流观念不同，钟泰把汉唐哲学理解为中国哲学思想融合的繁荣时期，并以此为主线展开思想演进的脉络。该书对中古汉唐哲学史的具体阐述分四部分，分别以"两汉儒学之盛""魏晋谈玄之风""南北朝儒释道三教之争"和"隋唐佛教之宗派"为主题，在概论各阶段哲学思想变迁特点的基础上，突出汉唐哲

---

① 景海峰：《中国哲学的现代诠释》，第 191 页。
② 钟泰将宋明哲学史称"近古史"，有清一代称为"近世史"。此一区分的意图，作者是这样表述的："或谓汉学盛而宋学衰，宋学衰而中国无复有自有之哲学，未为过也。"参见钟泰：《中国哲学史》卷下，第 118 页。

学对百家之学的思想融合特征。

汉代哲学是汉唐哲学史的开端。视汉唐哲学为衰落的一大原因肇始于汉儒学术的经学化、神学化趋向,特别是董仲舒的"罢黜"与"独尊"。翻开早期的几部中国哲学史著作,几乎都认为儒术的推行,带来了汉以后中国哲学的衰亡与黑暗。正如冯友兰所言,"董仲舒之主张行,而子学时代终;董仲舒之学说立,而经学时代始。""自此以后,孔子变而为神,儒家变而为儒教。"① 高濑武次郎更强调,"董生之于儒教之功,亦大矣。然自由研究之路,为之闭塞,则于学术界之罪,亦未有过于董子者。……非学术界之大罪人而何。"②

那么,究竟汉代经学仅仅是僵化烦琐,还是其中包含着学术贡献?汉以来诸子之学被终结了,还是在与汉代儒学的融合中得到了发展?汉以后的哲学思想衰微了,还是别有一番气象?钟泰的结论是,汉代儒学是在融汇百家之说基础上,实现了中国学术的振兴。他说:"汉以前,儒为九流之一;汉以后,儒为百家之宗。向使无儒,则中国学术之亡久矣"。"儒既汇众流而为一,而儒之道乃益大。"这一论断的得出是建立在对汉代儒学兴盛的学理性原因的分析和对汉代学术思想的全局性考察的基础上的。

钟泰将汉代儒学兴盛的学理性原因概括为三:"语近功,则儒不及百家;言长效,则百家不及儒。此儒之得兴于汉者,一也。""汉兴,惩秦之亡,故不得不反秦之弊。此儒之得兴于汉者,二也。""三代古籍之存而不失,一皆儒者之力,而他家不与焉。此儒之得兴于汉者,三也。""不独六艺由儒者而复显,即诸子亦赖儒者而后传。"而观汉代学术思想之大局,作者列举大量史籍所载,说明不仅武帝以后黄老之学,申、韩刑名之学,纵横之学,杂家之学皆存。且汉儒中治阴阳、法、道

---

① 冯友兰:《中国哲学史》上册,第40页。
② [日]高濑武次郎:《中国哲学史》第2卷,赵兰坪编译,上海国立暨南学校出版社1925年版,第7页。

者皆有。所以说"盖自汉以来,儒者不必皆治道德、名、法,而治名、法、道德无不儒。"①

站在融汇百家的思路下解读汉代哲学,不独儒家能够"汇众流而为一"。贾谊"莫精于论道术之分,盖合儒、道两家而一之者也"。② 王充在言命、言性上亦有取于儒家。就是道家专言修炼的《参同契》,在阐发长生久视之主旨时,亦结合了儒家存心养性之理。连倡导佛教于天下的牟融,"虽役志于佛,而亦兼通儒道各家之言"。③ 汉代哲学的丰富性和融汇性为汉唐时期文化哲学的更广泛融合创造了条件。

由汉代哲学开辟的思想学术融合之路,到魏晋得到更全面而深层的发展。于是魏晋哲学呈现出"引老庄之说,释孔圣之经"的坦易之风;出现了"说经者无不杂以老庄""谈玄者往往喜与释子周旋"的融会之势。"故玄学之行,而佛教遂盛,上夺汉儒守经之席,下作齐梁事佛之阶"。④ 经南北朝儒释道三教分合消长之大势,到隋唐终成三教鼎立之局。钟泰给我们展现的是汉唐哲学纷繁壮观的局面。

显然,是套用西方哲学的发展线索还是按照中国哲学本身的发展实际,是从各种思想的表象看还是深入分析理论实质,对汉唐哲学的认识和结论大不相同。

三、探寻汉唐哲学的方法原则

与早期中国哲学史书写范式把汉唐哲学方法简单归之为"依傍古代哲学"的观点不同。钟泰认为,汉唐哲学的思想融合局面与汉唐哲学家在方法论上的自觉是密切关联的,那就是"有所自得"与"有所宗"相

---

① 钟泰:《中国哲学史》卷上,第90—91页。
② 同上书,第95页。
③ 同上书,第131页。
④ 同上书,第141—147页。

统一,"通变"与"执方"相协调的方法原则。

例如,扬雄是汉代儒家的一个典型代表,他"虽言必称孔子,而亦非墨守孔子之道而不知变者"。钟泰总结其贯通儒道之学的理论方法时指出:"大抵古之学者,于道必有所宗,而于学必有所自得。其所宗,不敢与前人违;其所自得,亦不嫌与前人异。此所以能成一家之学,而不同人云亦云也欤!"① 再比如,伴随儒释道三教之间的论争,王通提出"夫通变之谓道,执方之谓器。通其变,天下无弊法;执其方,天下无善教"的方法论原则。坦言"安得圆机之士,与之共言九流哉!安得皇极之主,与之共叙九畴哉"!② 主张通过兼收并蓄实现儒释道思想学术的融合发展。钟泰认为王通正是本此方法原则开创了"上结六朝谈玄之局,下开宋儒心学之端"的学术新局面。如果我们将这种"通其变,天下无弊法"的观念推及到这个时期开放、包容的政治文化理念中去解读,就更能体会汉唐哲学思想方法对于汉唐时代的价值所在。

四、在唐代哲学史书写中的开拓性成绩

在早期中国哲学史书写中,对唐代哲学的阐发是一弱项。从当时主要的哲学史著作章节和内容的安排可以发现,它与汉魏六朝不成比例。谢无量的《中国哲学史》汉代12章、魏晋六朝6章、唐代4章。唐代4章之中重点是"佛教略述"和"韩愈"两章,其他内容一带而过,篇幅都很小。渡边秀方的《中国哲学史概论》汉代哲学13章,六朝哲学10章,唐代哲学3章。唐代3章中除韩愈、李翱外,就是对佛教作一概况。钟泰的《中国哲学史》虽然也有类似情况(两汉11章,魏晋南北朝9章,唐代3章),但在对唐代哲学思想内容的阐发上有着明显的变化。

---

① 钟泰:《中国哲学史》卷上,第115页。
② 同上书,第172—173页。

首先,将柳宗元、刘禹锡设专章讨论其哲学思想,在早期书写文本中尚属首次。钟泰认为,唐代哲学中与韩、李论性同样具有理论价值的是柳、刘论天。特别是刘禹锡的"天人交相胜"说对天道规律与必然性的揭示,是荀子、王充都难以企及的理论贡献。所以他以相当的篇幅揭示其论天的思想。

其次,针对其他著作普遍存在的对韩愈理论的过高评价[1],钟泰提出异议。认为,"盖愈平生所致力,于文为多,于学则浅。故其言矜气而不能平情,多如此。"就是韩愈为后世称道的性情说,钟泰认为其理论深度不及李翱,"愈之为说也,执于一;而翱之为说也,通乎无方矣。""言学则愈不如翱"。[2] 钟泰如此持论的用意在于弱化唐代哲学史书写对韩愈的过度依赖,以展示唐代哲学思想的丰富性。

最后,对佛教宗派哲学的理论阐发较同时著作最为详尽。与其他著作在唐代佛教哲学的书写上采用概论、略述的方式不同,钟泰以"隋唐佛教之宗派"为题,对天台、华严、禅宗的核心思想——天台止观法门、华严法界玄门和禅宗之参究予以阐释。认为"三宗虽门户不同,而约之法界一心,未尝分隔"。并指出"禅者诸门之究竟,而止观乃禅之工夫,法界乃禅之作用。由工夫而得究竟,由究竟而起作用。能会乎此,斯于如来之教无遗蕴矣。"[3] 强调这是认识佛教哲学的根本和方法学启示。

唐代哲学史书写的单一、贫乏直到当今仍受到学者们的质疑。[4] 钟

---

[1] 谢无量认为,唐代"其能宗儒者之义,本性命之本者,数百年间,惟韩愈李翱而已"。谢无量:《中国哲学史》第二编,第18页;高濑武次郎亦讲,与唐代数百年不衰的好学者相比,"哲学界,惟有韩愈李翱二人"。[日]高濑武次郎:《中国哲学史》第2卷,第118页。
[2] 钟泰:《中国哲学史》卷上,第176、178页。
[3] 同上书,第178—179页。
[4] 如葛兆光认为,由于哲学史写作的"系谱化",使以往关于唐代的哲学史表现出诸多缺失和问题。详参其《系谱,还是历史——以唐代哲学史或思想史为例》,《文汇报》2004年4月18日。

泰的特色在于发人之所未发,言人之所少言。于是我们看到,历来以文见盛的柳宗元,钟泰却发其论旨;一向以儒扬名的韩愈,钟泰则言其学浅。而贯通佛教各宗派旨意,探究佛学方法意识,均体现了钟泰在唐代哲学史书写上的独特贡献。

钟泰和冯友兰的《中国哲学史》在阐发宋代哲学的开局景象时分别有一个形象的比喻,钟泰讲:

> 宋儒与汉儒,其有取于孔子之经虽一,而其所以取于孔子之经者则有间矣。是故譬之于谷,孔子植之,汉人收获之,而宋儒则播之舂之,淅之炊之,且以自食者也。①

冯友兰说:

> 至北宋之初,思想界各方面之发展,均已至相当之程度;各派思想之混合,亦已有相当之成功。惟待有伟大的天才,组织整齐的系统。如演戏然,至北宋之初,戏台设备,均已就绪,所待者惟名角之登场耳。②

两个比喻直观地反映了双方对汉以来哲学之意义和价值的不同理解。那么,汉唐哲学究竟是"收获了的五谷",还是"就绪了的设备",它为未来的哲学准备好的是"可以享用的粮食",还是"名角登场的戏台"?站在依傍西方哲学的立足点还是回到中国本位的叙事原则,是从差异性看待百家之说还是从内在联系性对待诸子之学,应该是造成这种认识差别的根本所在。当然怎样回到中国本位的叙事方式?多大程度上借鉴西方

---

① 钟泰:《中国哲学史》卷下,第2页。
② 冯友兰:《中国哲学史》下册,第819页。

哲学？如何准确领会诸子百家（包括释道二教）的深层意蕴？是早期中国哲学书写者探索和论争的问题，也是留给后人的艰巨工作。

郭齐勇在其近著《中国哲学史》中，通过反思中国哲学学科形成过程中借鉴西方哲学的经验教训和拒斥西方哲学的错误观念，表达了重要的思想："中国哲学学科的生存与发展，必须保持世界性与本土化之间的必要的张力。""需要我们在与西方哲学的比照、对话中，超越西方哲学的体系、框架、范畴的束缚，确立起我们中华民族的哲学传统、哲学智慧与哲学思维的自主性或主体性。"[①] 正是在其所达成的对中国哲学建构方法的这种清醒理性的认识基础上，作者阐发了对汉唐哲学的如下见解："为什么要把这千余年哲学发展的历程归为一个大的时段——汉唐时代？这是因为中国哲学在这一宏大的历史进程中表现出了一些共同的特征，与之前的先秦哲学以及之后的宋元明清哲学讨论不同的主题，有着不同的特征。表面上看，儒、道争胜，经学独尊，玄学勃兴，三教鼎盛。而在这背后涌动的却是各家思想、学说，各种文化交汇融合的时代巨潮。""这一时期的哲学在实质上呈现出了更广泛意义上的'百家争鸣'与'百家融合'的局面。"[②] 从当代学者的汉唐哲学观念中我们有理由相信，钟泰关于汉唐哲学的思想融合特点的把握和早期探索，是丰富和深化汉唐哲学研究重要的思想资源。

第六节　钟泰《中国哲学史》的得失见弊

考察钟泰思想的得失见弊必须放到特定的历史情境，同中国哲学

---

① 郭齐勇：《中国哲学史》，高等教育出版社2006年版，第5页。
② 同上书，第242页。

史学科建设的现代化要求结合起来看。因为 20 世纪初期中国哲学史的写作和学科创制是在中国学术文化发展的大趋势下进行的。陈来指出："中国近代文化的发展的总趋向是，以西方学术的分类为标准，而全盘承受之，通过建立哲学、文学、史学、法学、政治学等学科概念而形成中国近代化的学术体系，建立这些学科概念的作用：一是本原于西方学术的分途，可以有条理地了解西方学术的内容；二是便于引进西方教育体制，以这些学科概念为支柱，建立近代中国大学教育的分科体系；三是与世界文化的接轨，使中国现代文化依照这些学科概念的分工加以发展；四是以这些学科概念来分类整理中国固有的传统文化和学术体系。"[①] 显然中国哲学学科建立的意义关涉着中国学术体系的现代化以及与世界文化的接轨。在这种学科体系建设要求下，探讨中国哲学史的早期写作，问题才可清晰化。况且从谢无量《中国哲学史》，到胡适《大纲》、钟泰《中国哲学史》，再到冯友兰《中国哲学史》，中国哲学史的早期写作无一例外都是在中国哲学学科体系的框架之内，受制于近代中国大学教育体制和学科概念的。明确了上述背景和趋向，也就找到了评价钟泰思想得失的基本参照系。

一、主体性思考与学科化要求

钟泰试图建立中国本位叙事的中国哲学史统系，在本土化与世界性之间确立中国文化哲学的地位，体现了对中国哲学主体意识的觉醒。带着变"在中国的哲学史"为"中国哲学的史"的目的，钟泰一方面彰明中西学术统系的不同；另一方面挖掘提炼中国哲学以本天、尽人、首孝、用中、上民、大天下为基础的独特的天人之学，架构出系统完整的中国哲学史。其中的价值意义：从学术层面看，体现了钟泰辨识

---

① 陈来：《现代中国哲学的追寻》，人民出版社 2001 年版，第 358 页。

中西方哲学异同的敏锐学术眼光和维护民族哲学、文化地位的强烈责任意识；从实质上看，是对中国文化哲学主体意识的觉醒。在钟泰看来，中西学术统系不同，只有回归中国本位的叙事方式，才能反映中国哲学的本然面貌，体现中国哲学的精神实质，导引中国人的民族精神方向。钟泰的这种认识是在反思依傍西方哲学致使中国思想统系遭到严重破坏的事实中得出的，其中包含着深刻的民族文化生存意识。但鉴于钟泰《中国哲学史》影响面的有限，又不得不让我们追问其中的原因。

其中一个重要原因是，钟泰对如下事实估量不足，就是在他《中国哲学史》写作和出版的时期，传统学术面临全面挑战，"从20世纪20年代始，在渐具规模的新学术形态（以大学为本营）之中，儒学已成为真正的历史名词"①。现实说明，传统学术要想生存必须改弦更张，向现代学术体系靠拢。而钟泰的《中国哲学史》实难胜任这一学科化要求。

我们看到，20世纪30年代先后出版的冯友兰的《中国哲学史》和张岱年的《中国哲学大纲》，则都是在首先依照西方哲学标准建构中国哲学史，使其获得现代知识形态必需的条件。再采取折中方式，解决西方哲学标准与中国哲学独特性的关系，力图为中国哲学赢得生存和发展空间。冯友兰承认中国有义理之学与西方之哲学相当，但内容和研究方法与之不同。认为在原则上讲，可以义理之学为主体，作出中国义理之学史。而事实上，近代学问起于西洋，学科体系更是如此，因此实际中只能写出以西洋哲学为标准的中国哲学史来。②为了在以西洋哲学为标准的中国哲学史中能一定程度地体现中国义理之学特色，冯友兰提出讲哲学史有"形式上的系统"与"实质上的系统"之分，主张要在形式上无系统的哲学中找出其实质的系统，为其《中国哲学史》中民族性原则

---

① 景海峰：《中国哲学的现代诠释》，第168页。
② 冯友兰：《中国哲学史》上册，第7—8页。

的体现寻求可能性。张岱年则通过对"哲学"概念的辨析,试图将中国哲学纳入"哲学"概念系统,他说:"我们也可以将哲学看作一种类称,而非专指西洋哲学。可以说,有一类学问,其一特例是西洋哲学,这一类学问之总名是哲学。如此,凡与西洋哲学有相似点,而可归入此类者,都可叫做哲学。以此意义看哲学,则中国旧日那些关于宇宙人生的思想理论,便非不可名为哲学。"①冯、张的主张被此后中国哲学史界普遍接受,成为中国哲学史合法性的基本理由。

二、自我更新与对话沟通

钟泰肯定中国哲学有自我更新的能力,主张摆脱西方哲学范式的束缚,体现了对中国哲学主体能动作用的确认。面对当时新学勃兴,西方哲学文化的强势影响,钟泰指出:"旧学何可尽废哉?要在取精华,去糟粕,因时以制宜耳。"强调中国哲学有自我更新的能力。他认为宋儒通过吸收佛学智慧达到超越古人,就是中国文化自我更新能力的完美体现。宋明儒学吸收佛教哲学文化的成功经验在于,具有转化佛学的内在能力。"宋儒善用佛、老之长,而无佛、老之弊。"②"宋明诸儒,虽有异同,而其源要出于佛氏,盖风之所被,未有不与俱化者也。"③不独宋明儒学,中国哲学早在起源之时,就意识到"尽人之性,则可参天地育万物"。强调人的重要在于"人可代天助天",④具有主体能动作用。而中国哲学的确立,就是由周公、孔子,诸子百家对三代以来思想的不断损益变革得来。大量的事实证明,中国哲学思想内含着自我更新能力。所以面对中国哲学史写作过程中出现的依傍西方哲学,特别是强为比附西

---

① 张岱年:《中国哲学大纲》,中国社会科学出版社1982年版,第2页。
② 钟泰:《中国哲学史》卷下,第5页。
③ 同上书,第118页。
④ 同上书,第2页。

方哲学的方法，钟泰持鲜明的反对态度。

其实自 20 世纪 80 年代来，在海内外中国思想、中国哲学研究互动的大背景下，中国大陆的中国哲学史研究中一个重要的转变就是，从各种西方化或泛西方化的范型中挣脱出来，求得中国哲学自身精神与特点的把握与阐扬。学人们逐渐认识到，中国哲学是不能用狭隘的某一时空的西方哲学的观念来规定和范围的。如何"体认"传统，建设不以西方范型为框架的中国人文学方法，破除将西方社会科学与哲学方法作为普遍方法的迷信，理解中国哲学意境、价值的真义及安身立命之道，成为一个重大的课题。[①]

钟泰要求中国哲学史写作与研究回到中国本位叙事方式，肯定中国哲学有自我更新能力，并架构了体系完整的中国哲学史。但其内容并没有离开传统学术的基本框架，没有理会近代西方哲学的强势影响，特别是没有关注在现代视野下对中国哲学怎样重新定位。或许正如作者在书中"凡例"所言，对杂糅了新说的近代学术"未睹旨归"，不宜轻率断言的缘故。然而正像吴根友所言："在全球化时代，任何谈论自己民族哲学精神或特征的话题，都无法避免或明或暗的比较视角。没有作为'他者'存在的不同民族哲学作为参照系，任何谈论自己民族哲学精神或特点的话题都将是无意义的。在相当大的程度上，我们对'他者'了解的深浅度与清晰度，决定了我们对自己民族哲学认识的深浅度与清晰度。"[②]

三、历史积累与理论建构

钟泰强调书写中国哲学史的历史视野，主张知人论世是哲学史的重

---

① 郭齐勇：《近二十年中国哲学研究的三大转变》，《天津社会科学》1999 年第 3 期。
② 吴根友：《论中国哲学精神》，《江西社会科学》2008 年第 2 期。

要特点，肯定中国哲学史的重要作用在于准确揭示各家各流的思想旨趣。读钟泰《中国哲学史》给人非常深刻的印象就是具有鲜明的历史观念，如他所言"此书以史传之体裁，述流略之旨趣"。这里所说的历史观念，包括重视以往文献、关注哲学家或哲学体系出现的社会背景，重视思想与社会、史实与人物之间的互动关系。提出"述一家之言，则著其人；总一代之变，则标其事"的著述原则，并运用这一原则对史事作出了恰切的分析。例如对"两汉儒学之盛"，人们往往归因于董仲舒的"罢黜百家，独尊儒术"。而钟泰认为，两汉儒学之盛首先在于形成了从民众层到知识层的广泛社会心理基础，"盖自七国之世，儒之道虽不见用，儒之说则深中于人心"；[①]"盖自汉以来，儒者不必皆治道德、名、法，而治名、法、道德则无不儒者"。于是"儒既汇众流而为一，而儒之道乃益大"。[②] 又如，对于秦灭古学，后人众口一词对秦的指责，钟泰在全面考察史实基础上提出，秦灭古学有着深刻的社会原因："盖自百家争鸣以来，尊己抑人，已成风气，而又昧于道术之全，不明损益之为用，骛空谈而遗实际，以是言多失中，往往缪戾于理。"他认为："此虽无始皇之焚坑，其亦不能不自躏灭矣。"从根本上说"皆势之所必然，非人力所得而为也"。[③] 这种历史的眼界和联系的观念，贯彻其著作始终，成为其著作的一大特色。为其客观地把握哲学家们的思想实质和思想全貌，准确地解读经典文本，驳正同行们的学术观点失误，提供了方法上的保障。对纠正当时学术界"握今之錾以驭古之迹"的治学流弊，促进中国哲学史学科健康发展，具有重要的建设性意义。

钟泰《中国哲学史》所体现的鲜明的历史观念，对今天的中国哲学史学科建设仍有启示意义。杨国荣在谈到当代中国哲学的建设时曾说："当我们把中国哲学不仅理解为既成之'史'，而且也界定为处于生成过

---

① 钟泰：《中国哲学史》卷上，第90页。
② 同上书，第91—92页。
③ 同上书，第88页。

程的开放之'思'时,理论的建构和发展便是其题中应有之义。""中国哲学的以上内涵,从本源的层面规定着中国哲学的研究方式。以历史中的既成系统为存在形态,中国哲学的澄明、阐释离不开历史的观念。"① 从既成性上看,钟泰所主张的历史观念和方法,是哲学创造的前提和基础,对中国哲学的澄明和阐释意义重大。它提示我们不能忽视和偏废对"史"的积淀。然而从生成性上看,钟泰《中国哲学史》则显出较大的缺失。表现为缺乏鲜明的哲学立场和开放的理论视野。也不能准确定位作为现代学科概念的"哲学"及其学科分工,致使其著作给人有思想史的感觉。"哲学史与思想史的基本分际就是,思想史更多地关注思想与时代及社会环境之间的互动,而哲学史则注重思想本身的意义,概念命题的分析,学派、观念的流变传衍。"②

继钟泰之后,冯友兰的《中国哲学史》则发生明显变化,冯友兰在其《中国哲学史》自序首先标明"吾非历史学家,此哲学史对于'哲学'方面较为注重。"③ 强调中国哲学史的建构重在重构古代文化遗产的意义解释系统。这就为中国哲学史建构向现代学科体制的转换创造了必要条件,也为中国哲学的现代性转化及其理论建构与发展开拓了道路。从此后钟、冯二人的治学看,钟泰以《荀注订补》《国学概论》《庄子发微》偏重诠释方法的探索;冯友兰以其"贞元六书"等着眼新理学体系的构筑。上述两种思路的启示意义是:不论对于当代中国哲学史的学术研究还是学科建设,既要注重必要的历史积累和理论准备,又要关注哲学理论的构建与发展。要在总结以往哲学家的思维成果的基础上,探索中国哲学的转化、创新和发展之路。

---

① 杨国荣:《中国哲学:一种诠释》,《天津社会科学》2004 年第 1 期。
② 陈来:《现代中国哲学的追寻》,第 302 页。
③ 冯友兰:《中国哲学史》上册,"自序一"第 1 页。

第三章　国学观与方法学特色

如果说钟泰致力于中国哲学的本土化叙述和建构，直接诱发于由西学东渐引发的东西文化论争，以及学科化和专业化的现代学术体系对传统学术的冲击和解构的话，那么钟泰的国学研究则进一步回归中国传统文化，在他看来东西文化之争与"中学"特别是儒学内部在近代发生的变迁密切相关：自清道、咸以来的汉宋之争、今古文之辩直至子学复兴，儒学就是伴随着经学的衰落逐渐丧失其地位和影响的。如何通过破除门户之见和学术壁垒来整合传统文化资源，阐发国学精神；怎样超越汉宋、今古文和经子之争，寻找传统文化和儒家思想发展的内在动力，构成了钟泰国学研究的思想前提和问题意识。而他《国学概论》问世的直接原因是契合20世纪30年代的国学教育和研究，阐发治国学的基本方法和原则。

第一节　20世纪前期国学研究概观

"国学"在中国古代是指设在京师的国家官学，而作为学问体系的

"国学"则是指中国传统文化体系以及近代以来形成的研究传统文化的学术体系,目的是要处理在西方思想文化和生产方式的冲击下,"本国"思想文化和价值体系的地位和作用的问题。①

20世纪前期的国学研究可以根据其突出特点概括为以下三阶段:一是20世纪初的国粹思潮;二是"五四"新文化运动以来的整理国故运动;三是20世纪二三十年代的国学教育与研究。从概念的演变看,经历了"国粹""国故""国故学""国学"等的观念变换与认同过程。②尽管不同阶段对于"国学"的意义和内涵的理解有所不同,但从主流文化观念的角度看,体现为由文化自救、文化清理到文化传播的过程。从学术层面看是近代研究传统文化的学术体系的形成与对这一学术体系的反思。

一、国粹思潮是国学研究的肇始和发动

国粹思潮是20世纪初传统文化危机深化和文化自救的产物。甲午战争之后,西化思潮加速,传统文化受到全面挑战,民族危机进一步深化。出现了主张"保种、爱国、存学"的国粹思潮。1905年初,邓实、黄节在上海创立国学保存会,发行机关刊物《国粹学报》,掀起了国粹思潮。代表人物为章太炎、刘师培等。研究领域涉及经学、诸子学、史学。国粹派的基本口号是"学亡则亡国,国亡则亡族",基本思路是以保文化来救国家、救民族,以国粹为立国之根本。国粹派对社会进化、工业化与文化价值和道德理性的悖反,表示了困惑和不安。他们从历史、语言、文化与种族的具体而特殊的关系出发,界定"中国性",探

---

① 参见陈来:《90年代步履维艰的"国学"研究》,《传统与现代——人文主义的视界》,北京大学出版社2006年版。干春松:《国学:国家认同与学科反思》,《中国社会科学》2009年第3期。两文都站在当代视角对"国学"概念作了解析。
② 关于"国学"概念的复杂变迁,可参见罗志田:《国家与学术:清季民初关于"国学"的思想论争》,第八章"'国学'的学科定位与认同危机",三联书店2003年版。

寻文化价值之源。① 他们的思考，启发了中国近代史上国学研究热潮的出现。

二、20 年代是国学研究的鼎盛期

进入 20 世纪 20 年代，国学研究进入鼎盛期。突出表现是以知识形态的学科化和专业化置换为特点，传统文化和儒家经学按照西方学科体制分别成为哲学、历史学、语言学等研究的对象。作为这一时期的标志性事件，1922 年北京大学成立文科研究所"国学门"，成为国学研究的中心（国学门在刊行《国学季刊》、整理明清档案资料、进行考古调查、收集古籍、编纂学术工具书等方面成效显著）。自北京大学成立"国学门"之后，清华、厦门、燕京、齐鲁和东南大学等校相继组建国学研究所或国学院。辅仁、厦门、东北、西北、大夏、中国、齐鲁、正风等大专院校成立或改建了国学系或国学专修科。② 透过学科化和专业化置换，20 年代出现国学研究热潮与"五四"文化思潮特别是东西文化论争紧密相关。以陈独秀、胡适等为代表的主流派从西方文化的自由、平等观念出发，认为现代中国落后的根源在于传统中国建立在专制和迷信基础上的文化观念制约着中国社会的发展，主张对传统文化进行清理，发动了"整理国故运动"。而与主流派相对的观点认为，中国制度变革的失误导致民间社会道德沦丧，试图通过提倡传统价值来重建社会道德系统。③ 他们的出发点虽然不同，但最后的落脚点都是传统文化。于是 20 年代形成了出于不同目的对传统文化的研究，促成国学研究的热潮。正如有学者分析指出："与 20 世纪初产生的国粹思潮的文化保守性质不同，国学热潮是一种庞杂的学术潮流，不仅没有统一的文化思路，而且

---

① 郭齐勇：《试论文化保守主义思潮》，《学习与探索》1990 年第 1 期。
② 参见桑兵：《晚清民国时期的国学研究与西学》，《历史研究》1996 年第 5 期。
③ 参见干春松：《国学：国家认同与学科反思》，《中国社会科学》2009 年第 3 期。

热潮之中各派纷争不断,莫衷一是。比如,胡适研究国学,是公认的成就突出者,但研究的目的却是为了'打鬼'——批判传统;而柳诒徵等人的研究目的则是为了保存传统;王国维、钱玄同一类学者则是新旧交织、古今杂陈,其学术思想是复杂的;而有些研究者甚至可以说是别有用心,如有人借提倡传统来维护专制、反共。"①

三、20 年代末至 30 年代适应国学教育要求的国学研究

20 世纪 20 年代末至 30 年代的国学研究是继 20 年代的学科化和专业化置换之后国学在教育领域的展开,其独特性在于此时的国学研究更加借助教育手段并以普及性为特点,所以我们今天看到的这一时期的国学著述大都与教材相关。这就决定了探讨这一时期的国学研究必须依托国学教育来展开。②

从国学教育的角度看,首先国民政府对国学教育的强调,学科化、新学制课程颁行的客观要求,使"国学"概念广泛普及。例如,在 1928 年召开的全国教育会议上,甘肃教育厅提出《融合并发扬中华民族文化案》,要求从融合五族文化入手,巩固共和。其八项办法中的两条分别为:一是大学院设立国学研究所,以整理国故;二是全国各大学均设国学专科。③ 不仅像北京大学、清华大学、燕京大学、中央大学等一流高校有国学课,教会大学,甚至大量中学也有国学课程。在国学教育普及的背景下,国内教会大学亦出现了国学研究热潮。有研究者指

---

① 参见喻大华:《晚清文化保守思潮研究》,人民出版社 2001 年版,第 225 页。
② 笔者认为 20 世纪 30 年代以国学教育为目的的国学研究与 20 年代的国学研究有所不同。20 年代国学研究的特点体现为现代学术研究机构的兴起。例如,北京大学研究所国学门、清华研究院国学门的设立,它们设立的目的是"必须有高深之学术机关"。参见吴学昭:《吴宓与陈寅恪》,清华大学出版社 1992 年版,第 29—30 页。
③ 中华民国大学院编:《全国教育会议报告》,第 182—184 页。转引自桑兵:《晚清民国时期的国学研究与西学》。

出:"第一次世界大战后,西方中心和基督教文明优越的观念遭受重创,对东方文明的兴趣与爱好增强。而中国本土在教育领域掀起了非基督教运动,教会与非教会大学的欧化教育受到猛烈冲击,清华学校学生因此感到很大的社会压力,该校增设国学研究院,目的之一,就是为了改变形象,收效明显。"① 有鉴于此,由燕京大学校长司徒雷登发起中国化改革,加强国学研究,1928 年利用霍尔基金专门资助国学教育与研究,由此带动了整个教会大学的国学研究,形成 30 年代教会大学国学研究的热潮。② 正如有研究者所说,"在'五四'以来民族主义不断高涨的形势下,对任何一所大学来说,没有像样的国学系科就等于不重视中华文化,所以,研究国学也成为大学在社会上立足并赢得名望的重要条件。"③ 与此相关,30 年代的国学研究以出现一批以"国学"命名的著述为一大特点。笔者查阅《民国时期总书目(1911—1949):综合性图书》收录的 30 年代出版的仅"国学概论"类著作就有 16 部。④ 钟少华《试论近代之"国学"研究》一文考察了 40 多部国学著作,多数出版于 20 世纪 30 年代。⑤ 钟泰的《国学概论》直观看无疑是契合 20 世纪 30 年代国学教育需要的产物。

第二节 20 世纪前期国学研究的文化透视和学术契机

中国近代学术的开局是在否定以孔子儒家思想为核心的经学传统的

---

① 桑兵:《晚清民国时期的国学研究与西学》,《历史研究》1996 年第 5 期。
② 参见本书第一章第四节中关于教会大学的国学教育情况分析。
③ 陶飞亚等:《基督教大学与国学研究》,福建教育出版社 1988 年版,第 186 页。
④ 参见北京图书馆编:《民国时期总书目(1911—1949):综合性图书》,书目文献出版社 1995 年版。
⑤ 参见钟少华:《试论近代之"国学"研究》,《学术研究》1999 年第 8 期。

基点上展开的。正像梁启超《清代学术概论》分析康有为代表的儒学批判思想对清末学术界的影响时所说，一是汉学宋学，皆所吐弃，为学术另辟新地；二是将孔子抽象化为一创造精神；三是彻底否定了儒家精神的神圣性，一切皆可怀疑批判；四是"移孔子于诸子之列"，别黑白定一尊的观念完全被打破。①20世纪前期国学研究背后的学术思想取向是这一局面的极端化。

一、古学复兴与儒学批判

晚清国粹派虽然提出"以国粹激励种姓"，提倡"古学复兴"，强调对传统文化的保守。但古学复兴的结果促成了中国传统文化内在结构和价值判断的变动，各种非正统的古学纷纷同正统的儒学立异，标志着儒学统治地位的动摇。"邓实等人提倡'古学复兴'，以'古学'（先秦诸子学）和汉以后的经学相对抗，通过论辩'真孔'问题，抨击两千年来的经术与儒学。他们更将经学与君主专制画上了等号，认为儒学在秦汉以后完全被腐化，成为专制帝王愚民的帮凶。""章太炎由经史研究转而考辩诸子，除了批判儒学之外，还将矛头直接指向孔子，其《订孔》、《论诸子学》等文'激而诋孔'，言辞之峻烈在当时无出其右者，实开了新文化运动时期'打倒孔家店'的先声。"②

二、全面性反传统对中国文化的根源性否定

"五四"时期的国学研究在治学方法和学术成果方面是值得肯定的。学者们应用和借鉴西方考古学、人类学、社会学、心理学等理论和方

---

① 参见梁启超：《清代学术概论》，上海古籍出版社1998年版，第72页。
② 景海峰：《中国哲学的现代诠释》，第161—162页。

法，在甲骨文、金文、青铜器、西北汉晋木简、敦煌遗书、清代档案方面以及中国古代史、中国近代史、中国哲学、中国文学等领域取得了一批极有价值的学术成果，受到国内外学术界的瞩目。

但国学研究中内含着全面性反传统的思想要求，把以儒家为代表的传统思想文化视为中国发展的阻碍性力量。例如，胡适贯穿于其"整理国故"中的基本主张，就是反对将国学作为安身立命的依据，而要把国学仅仅看成是客观研究的对象。他说："我们所提倡的'整理国故'，重在'整理'两个字。'国故'是'过去的'文物，是历史，是文化史；'整理'是用无成见的态度，精密的科学方法，去寻求那以往的文化变迁沿革的条理线索，去组成局部的或全部的中国文化史。不论国粹国渣，都是'国故'。我们不存什么'卫道'的态度，也不想从国故里求得什么天经地义来供我们安身立命。"①这就使国学与其赖以维系的文化基础和精神传统彻底割断。而"整理国故"运动积极配合了"五四"思想解放的潮流，对作为传统文化主体的儒家思想，特别是其中的思想核心内容如道德人伦、心性义理之学，进行了激烈攻击和彻底否定。加之随着现代学科体制的确立，传统学术按照现代西学分类相继独立，以经学为主导的传统学术格局最终解体。

三、对国学研究进行反思的机缘

有学者指出，20世纪的中国学术界，有两段时期的学术氛围和学术成果值得注意，一是80年代，二是抗战全面爆发前的10年，即1928—1937年。②的确，20世纪20年代末至30年代前期伴随社会的相对稳定，意识形态对国学研究的认可，新的研究方法的运用，

---

① 胡适：《研究所国学门第四次恳亲会纪事》，《北大国学门月刊》第1卷第1号。
② 参见罗新：《思想与境界：学术的生命——田余庆先生访谈录》，见《原学》第2辑，第8页。

史学、哲学、文学领域学术研究的开展，为国学研究的展开和反思提供了条件。对晚清以来的古学复兴，经子对抗，经学解体和儒学批判的原因剖判和学理性分析，成为钟泰《国学概论》叙事背后的学术工作。

第三节　钟泰《国学概论》的方法学特色

一、治国学的方法探讨

《国学概论》是钟泰执教于杭州之江大学国文系时所著，1936年6月由上海中华书局印行。统观全书强调治国学的方法原则主要有四点。

第一，治国学必须树立整体的国学观。此书是针对读古书治国学，提供可资依凭的必要工具和途径。钟泰自序："读书犹行路也，必有舟车图经之籍焉。""六书、声韵、章句者，读书之舟车也"；"六经、诸子、四部者，读书之图经也"。[①] 钟泰主要是通过全书的架构来体现其国学研究的整体观念和方法进路的。六书、声韵、章句是治国学的基础，六艺、诸子是国学之精义，再到汉宋异同和文章体制则阐发治国学的旨趣。将结构、方法、内容和宗旨贯通融合，既突出治国学的具体方法，又体现治国学的层级归趣，这在当时"概论"形式的国学著作中是非常独特的。笔者对比了当时的几部《国学概论》，发现大部分著作都是方法的阐释与结构、内容分离，而且所讲的治国学方法过于宽泛，很难突出国学研究本身的独特性。例如，章太炎《国学概论》治国学方法分五点：辨书籍的真伪、通小学、明地理、知古今人情的变迁、辨文学

[①] 钟泰：《国学概论》，"自序"第1页。

应用。内容则围绕"国学的派别"展开。① 马瀛《国学概论》虽然给出了"本书之分类",依次为经学、哲学、史学、文学、其他学术,但全书实际所讲乃"研究方法"和"研究工具"两部分。全书用三分之一篇幅详分 15 章述研究方法,包括:观察、会通、怀疑、辨伪、明诬、勘误、归纳、比较、分类、整理、辑补、统计、调查、发掘、评判,却没有对应的内容。他们的共同特点是方法的阐释独立于结构。② 王易《国学概论》言方法有"四端"之说(辨真伪,知轻重,明地理,通人情);论结构有"四编"之部(经学、小学、哲学、史学)③,方法与结构亦不相对应。

　　钟泰为何要强调树立整体的国学观?有鉴于学科体制规制下国学被打散并按照西学的结构方式重组,传统文化的自我圆融和体系的恰切性逐渐丧失。在钟泰看来,如果国学教育和研究不能强化传统文化体系的整体性特色,不能突出其体系的自足性,国学教育与研究就是失败的。

　　第二,治国学必以明义理为宗旨。钟泰指出,读书必有所依,然最终为明义理,"学至于义理,其至矣"。然而自清人标榜汉学以来,抑制宋儒,以言义理为禁忌,"于是穷经经不足以润身,治史史不足以平世;周章于训诂,彷徨于考据,乃至竭毕生之力,而不免为穷人之无所归,不亦悲乎?"④ 中国传统文化是一套讲求经世致用的学问,然而自清代汉学至"五四""整理国故"以来它逐渐被变成了一种客观描述的"知识",国学的精神归趣荡然无存,这无异于对文化传统的釜底抽薪。正是基于这种严重局面,钟泰提倡借鉴宋学重义理的方法。在他看来宋儒面对佛教的挑战,通过重建价值解释系统,重新确立起儒学自身价值体系的根源性意义,其中的成功经验和方法学意识最值得肯定和借鉴。

---

① 参见章太炎:《国学概论》,上海古籍出版社 1997 年版。
② 参见马瀛:《国学概论》,上海大华书局 1934 年版。
③ 参见王易:《国学概论》,神州国光社出版 1932 年版,"导言"第 6—7 页。
④ 钟泰:《国学概论》,"自序"第 1 页。

第三，治国学应以文化传统的继绝存世为目的。钟泰强调本书的写作目的是引导学习者"穷经史之奥，撷义理之精"，实现学术的继往开来。"学者有能因是以穷经史之奥，撷义理之精，上绍先民之泽于不坠，下开来世之学于不弊者乎？泰虽不肖，窃愿挟此书以为之先驱也已！"①钟泰主张治国学要有继往开来的责任意识，反对全盘否定传统文化的极端化方法和各种对国学研究的错误理解。马瀛的《国学概论》以"今人对于国学之态度"为题总结了当时四种错误的态度：迷信的态度，"迷信国学为救国之良药者也"。鄙弃的态度，"举凡我国历史上之恶因恶果，与夫现时社会之病理状态，皆由国学所造成；充其量，非将国学根本扫荡净尽，为秦始皇之焚书坑儒不可。"暧昧的态度，"喜将古书中一字一句用断章取义之法，以各科学附会之。"盲从的态度，作者认为，占社会之多数是如此之态度。他们往往"一旦闻章太炎提倡小学，乃取《说文》《尔雅》翻检一过；俄而闻梁启超提倡史学，又取《文史通义》《考信录》等书浏览数篇；俄而闻胡适提倡诸子哲学及白话文，又购《庄子》《老子》《水浒》《红楼梦》等书数帙；俄而闻陈独秀、吴稚晖等之言论，乃将六经当薪，三传束阁"。②从当时国学领域的现状我们可以看到，澄清治国学的宗旨和目的，避免国学研究的盲目性、随意性和简单粗暴态度，是国学教育和研究应承担的学术任务。

第四，治国学要讲求涵泳反复。读钟泰《国学概论》，会叹服他细究脉理、旁征博引的治学方法，书中有的篇章考证注释超过正文的篇幅（如"六艺篇"）。这应该是作者用自己研究国学的亲身体会现身说法。书中对后人治国学的疏失多有纠正。例如，在"声韵篇"针对后人对声韵规律的疏失指出学习和运用声律的原则，"盖自声律不讲，而诗文之道微矣。虽然天机启则律吕自调，六情滞则音律顿隔。造作以求工，不

---

① 钟泰：《国学概论》，"自序"第 2 页。
② 马瀛：《国学概论》，第 20—24 页。

如自然以合拍也。读书渐多，神将来告，但务畜之于平时，不在求之于临用耳。"①在"章句篇"提出"分析贯串，所以求通章句之术"。②强调"古书之文，有不可以后世文章之矩范之者"，列举大量后人错会古人的事例，其中不乏朱熹的失误。他指出：

如《诗·蓼莪》之篇曰"欲报之德，昊天罔极。"言父母之德之不可报，而忽及昊天者，盖痛极呼天之辞。"昊天"二字，初不与"罔极"相属也。后之解者乃曰："是言父母之恩，如天无穷"（朱子《诗集传·小雅·蓼莪》篇）添一如字，则后世之文，非《诗经》之文也。

又如：

《论语·阳货》一章，"怀其宝而迷其邦，可谓仁乎。曰不可。好从事而亟失时，可谓知乎。曰不可。"两曰不可，解者皆以为阳货问而孔子答，不知乃货自问自答。以问答代解说，此亦古人之例也。

他指出："今人执唐宋以后之文法论汉魏，与执汉魏以后之法论商周，皆不能无方凿圆枘之失。"③

钟泰之涵泳方法，其弟子在治学中深得其益。当代著名语言学家蒋礼鸿曾回忆："我在之江念书的时候，老师钟钟山（泰）先生的反复涵泳、细究文章脉理的读书方法，……对我有所熏陶、启发"。④笔者以为，

---

① 钟泰：《国学概论》，第44页。
② 同上书，第66页。
③ 同上书，第69—70页。
④ 蒋礼鸿：《自传》，载《中国当代社会科学家》第1辑，书目文献出版社1982年版，第341页。

钟泰讲求涵泳反复的方法同时也是表达了治国学应有的一种态度。

总之，正如其弟子在是书"卢序"中揭钟泰《国学概论》大义所言："世仅知吾师邃于老庄之学，不知其根本六经，洞明心性，未尝忘治平之术而以章句儒自囿也。故是编首小学、而经大义、而宋学，示初学以阶梯道归于圣域，明体达用，有条不紊，虽未足尽吾师素蕴，然为学之方，大略备是"。① 可见，钟泰《国学概论》的特色是阐释为学之方。它的主要目的是通过上述对治国学方法的探讨，揭示国学教育的方法和原则，强调国学教育的社会化功能和培育、传承文化传统的重要意义。

二、汉宋异同的方法学思考

近代中国学术思想和儒学的衰落，一个重要原因是国学内部汉宋、今古文、经子的论争与对抗的结果。梁启超在《清代学术概论》解读清学的流变为"以复古为解放"，他指出："第一步，复宋之古，对于王学而得解放。第二步，复汉唐之古，对于程朱而得解放。第三步，复西汉之古，对于郑许而得解放。第四步，复先秦之古，对于一切传注而得解放。夫既已复先秦之古，则非至对于孔孟而得解放焉不止矣。"② 这种局面到了 20 世纪逐渐演变为全面性反传统的结局。钟泰力图分析此中"两败俱伤"的原因，吸取其中的教训，走出汉宋、今古文、经子之学对抗和分裂的阴影，为传统文化和儒学思想寻找现代转化的途径。他借《国学概论》分析了汉学和宋学方法的利弊得失，提出"合汉宋而一之"的文化整合主张。

第一，通过对汉学方法的反思，提倡用"通方之论"看待诸子学的历史演变与发展。他针对古文经学家在诸子学研究上的崇古非今，特别

---

① 钟泰：《国学概论》，"卢序"第 1 页。
② 梁启超：《清代学术概论》，第 7 页。

是将先秦诸子学与汉代以后经学的对立，通过对百家之说在汉代及后世流变的总结指出："盖学术随时世为转移。有古胜而今衰，亦有古无而今有。若必谓周秦以后，百家渐微，学术远不逮古。此则拘墟之谈，而非通方之论也。"① 主张必须以"通方之论"的思路和方法理解经、子之学在中国学术思想中的地位和影响，肯定中国传统思想文化是由子学和经学共同构建完成的。钟泰指出，事实上不仅汉代百家之说有其重要影响，就是明清，百家之说在中国文化和学术之中仍占有重要地位。他说：

> （汉代）特不以百家取士，非谓尽禁天下百家之说也。观《汉书·艺文志》知儒家之《河间献王对》上下，以至《扬雄所序》，道家之《捷子》《曹羽》《郎中婴齐》，纵横家之《邹阳》《主父偃》《徐乐》《庄安》《待诏金马聊苍》②，杂家之《淮南》内外（笔者注：《淮南内》即今《淮南子》，原名《淮南鸿烈》）《东方朔》《伯象先生》《臣说》，皆并武帝时，或在武帝后。而元朔五年，且诏诸子传说皆充秘府矣。是故诸子之学，汉时颇有可观。降至六朝，斯风未改。如王弼之注老，郭象向秀之注庄，梁武、简文之老庄讲疏（笔者注：《隋书·经籍志》载，梁武帝《老子讲疏》六卷、梁简文帝《庄子讲疏》十卷），鲁胜之《墨辩注》，皆超超玄著，不让作者。他若王充《论衡》、仲长《昌言》、荀悦《申鉴》、徐幹《中论》、葛洪《抱朴》、王通《中说》、之推《颜氏家训》、思勰《齐民要术》，亦皆能成一家之言，传之后世。
>
> 自是在宋，如濂溪之《通书》、横渠之《正蒙》、五峰之《知言》、

---

① 钟泰：《国学概论》，第113页。
② 此处钟泰自注曰：邹阳七篇，主父偃二十八篇，徐乐一篇，庄安一篇，待诏金马聊苍三篇，注曰：赵人，武帝时，今并不存。见钟泰：《国学概论》，第117页，注三一。

容斋之《随笔》(笔者注:洪迈,号容斋)、水心之《习学记言》(笔者注:叶适,号水心)、伯厚之《困学纪闻》(笔者注:王应麟,字伯厚);在明如阳明之《传习录》、心吾之《呻吟语》(笔者注:心吾乃吕坤,字叔简,号心吾)、庐山之《衡齐》(笔者注:胡直,字正甫,号庐山)、琼山之《学的》(笔者注:邱浚,字仲深,号深庵,琼山人);在清如亭林之《日知录》、梨洲之《待访录》、石庄之《绎志》(笔者注:胡承诺,字君信,号石庄)、船山之《黄书》,或精深而压理,或博瞻而切事。拟之于古,即何莫非诸子之俦乎。①

不仅理解诸子之学需要通方之论,理解六艺之学同样需要"通方"之法。②在"六艺篇"他通过对"礼"的演变过程的考察,分析了近人对"礼学"同时也是对传统经学的错误理解。"夫礼制虽代有变通,礼义则古今不易,故《礼记·郊特牲》曰:'礼之所尊,尊其义也。失其义,陈其数,祝史之事也。'""后之学者,不能推明古圣制作之精义,而惟争辩于器物度数之陈迹。于是礼者,在朝廷徒为聚讼之端,在民间亦只浮文之饰。迄于晚近,殚残圣法,尽抉隄防,遂乃并其迹之仅存者,一扫而尽之。几于返诸夏为蛮夷,同人道于鸟兽。是亦礼学不明之过也。"更有甚者,由于《周官·考工记》详于序器成物,近人多乐道之。"然亦仅剽其肤末,鲜能通其条贯。""《周官》体大思精,纲目毕举。今不于大分纲纪处求之,区区撷拾其一事一节之微,欲以见经纶天下之道。殆犹以指测河,以戈舂黍,乌能有得乎哉。"③在治史方面,钟泰主张"读史应以《通鉴》为主。"同样贯穿着他"通方"的

---

① 钟泰:《国学概论》,第111—113页。
② 钟泰指出:"六艺亦曰六经。""曰艺者,学者之所必习;曰经者,则言人道之所不易也。"(见钟泰:《国学概论》,第92页)
③ 钟泰:《国学概论》,第88—89页。

思路。①

　　钟泰特别区分了"经生之学"和"学人之学"的不同，指出"必守章句训诂者，经生之学也；通其义理者，学人之学也。"②强调对于中国传统的经子之学"勿附会，勿割裂"，超越汉学的局限性，走出汉宋之争的学术思想误区。

　　第二，"合汉宋为一"是整合国学资源的重要方法。钟泰认为，宋学因其对中国传统文化精神的掘发承传，其思想方法的价值不可低估。他说：

> 有宋程朱诸儒，本躬行之心得，发先圣之微旨。虽名物考据之细，容有未当，学者循其言而求之，亦内足以修身，外足以明理致用。曾子不云乎："君子所贵乎道者三：动容貌，斯远暴慢矣；出辞气，斯远鄙倍矣；正颜色，斯近信矣。笾豆之事，则有司存。"③（笔者注：《论语·泰伯》第四章，"正颜色"句在"出辞气"句之前）

　　针对清人对朱子及其所代表的宋学的批评，钟泰指出，"清人弃程朱之大善，而摘其小疵。"专尊朱子虽有过失，但如果因此否定朱子的贡献，就如同"以汉武之表章六经罢黜百氏，为孔子之咎者乎"。④钱穆也充分肯定了朱子所代表的理学对中国文化的重要价值，并主张汉宋学术的统一。他在《朱子学提纲》中总结朱熹学术思想时指出："惟朱子，一面固最能创新义，一面又最能守传统。其为注解，无论古今人书，皆务为句句而解，字字而求，此正是汉儒传经章句训诂工夫。……故经学之与理学，贵在相济，不在独申。合则两美，分则两损。朱子学之精神处

---

① 钟泰：《国学概论》，第 129 页。
② 同上书，第 151 页。
③ 同上。
④ 同上书，第 152 页。

正在此。"①

回顾历史,汉宋之学本非泾渭分明,其渊源共同构成了中国学术思想的发展。清代汉学其端绪是由宋学所开,钟泰举例指出:

> 清人推重许书,而始校定《说文》者,则徐鼎臣(铉);始为《说文》作传者,则徐楚金(锴)(笔者注:徐锴《说文解字系传》今仅存40卷)。二徐,宋人也。清人辨正古韵,而首言古今韵有别者,则吴才老(棫),棫亦宋人也(笔者注:吴棫《韵补》今存)。清人攻伪古文尚书,而辨古文之伪,自吴才老、朱晦翁始。清人考经传多语词,而释《诗》以"诞"为发语词,释《书》以"粤若"为发语词,亦自晦翁始。清人以金石校定文字,而金石之学,肇自宋之欧、赵(笔者注:欧阳修有《集古录》,赵明诚有《金石录》)。清人研求目录,而目录之学,首推宋之晁、陈(笔者注:晁公武有《郡斋读书志》,陈振孙有《直斋书录解题》)。清人论经,必存古本,而《易》之有《古周易》,则晁说之(笔者注:字以道)所录也。清人搜辑古注,而《易》之郑注,则王应麟所辑也。清人斥《河图》《洛书》,而不知欧公、薛士龙(笔者注:薛季宣,字士龙,号艮斋)即曾辨之。清人争《诗序》,而不知吕伯恭(笔者注:吕祖谦,字伯恭,有《吕氏家塾读诗记》)、马贵舆(笔者注:马瑞临,字贵舆,号竹洲,编撰有《文献通考》)已早发之。
>
> 然则世之尊清儒而卑宋学者,不独不知宋学,即于清人学术之所自出,亦未之考矣。②

可以肯定,合汉宋之学才是中国学术思想的合理走向。通过上述回

---

① 钱穆:《朱子学新案》上册,巴蜀书社1986年版,第25页。
② 钟泰:《国学概论》,第155页。

顾分析，钟泰得出结论说："要之上穷性命，反身为己者，宋学之长也。博稽名物，施于实用者，汉学之长也。孔子言博文约礼，汉得其博，宋得其约。学者苟能合汉宋而一之，撷其精英，去其支离，庶几有体有用，彬彬之君子矣。"① 由此可见，钟泰理解的汉学与宋学，除了就治学方法和途径而言的考据之学与义理之学，还象征着中国文化的体与用的两面。汉、宋之学是中国思想文化历史发展的结晶和精华，它们既是两种相得益彰的学术方法，又是人生境界的两个组成部分。宋学的特点在于把握万物的本质和人类的终极追求，使个体获得超越的生命境界和目标。汉学的特点重在认识具体事物及其规律性，使人获得现实的体认和落实人生的追求。"合汉宋而一之"的意义就是要突出汉学和宋学各自的优长，使中国文化获得从精神内涵到方法意识的全面体现。只有这样，才能凸显国学的中国性特征。

三、对钟泰"合汉宋而一之"的学术方法的评析

在本节，笔者着意从两方面阐发钟泰《国学概论》的方法学特色，一方面是针对当时国学研究的现状，钟泰提出了治国学的原则和方法；另一方面是针对汉、宋之学在近现代的演变，钟泰进行反思，提出"合汉宋为一"的学术原则和方法。把上述两个问题归结起来，在钟泰看来，传统文化和国学的现实危机，深层根源与中学特别是儒学内部学术方法的偏失密切相关。

的确，清代儒学内部的"汉学专制"、清末引发的汉宋之争、今古文之辩、经学子学之别的学术思想演变，在否定宋学权威的同时，也从根本上冲击了儒学本身。到了 20 世纪，西学输入在学术领域展开的学科化方法，使儒学隶属于历史学科，成为历史研究的资料。儒学作为文

---

① 钟泰：《国学概论》，第 155—156 页。

化精神的价值意义被消解。对清代学术的反思,梁启超的《清代学术概论》《中国近三百年学术史》以及钱穆的《中国近三百年学术史》都有过系统的阐述。梁启超从内、外两方面分析了清学分裂的原因。从内因看,考据之学的拘迂、汉学的专制导致异端思想涌现;从外因看,人心渐获解放,百学中落,西学输入引发学术的变革的到来。① 有鉴于此,钟泰的国学研究又特重对清以来学术方法的纠偏。同时倡导宋明理学的方法学价值,以实现"合汉宋为一"的学术主张。

钟泰倡导宋明理学的方法,主张汉宋合一,是否意味着他是承继清后期的复宋思潮,甚至是一种调和汉宋的主张?这个问题早在熊十力与钟泰的交往中已被熊十力质疑。熊十力1957年在写给钟泰的信中回顾说,"昔养疴于杭州,以兄为诗文、考覆而兼谈义理,如陈兰父诸人而已。"(笔者注:陈兰父即陈兰甫,名澧,1810—1882年,字兰甫,属岭南学派,主汉宋调和)当然,最终熊十力否定了他的质疑。因为从学理上讲,陈兰甫是站在清代汉学的立场主张汉宋调和的。钱穆在其《中国近三百年学术史》中评论陈澧学术时曾指出:"其浸沉于汉学者深且久,乃有以灼知其弊而谋为转变。"② 钟泰则是立足于当代问题从总体上反思传统学术方法,提出"合汉宋为一"原则的。所以,钟泰与汉宋调和主张有着较大的差别。

汉宋之争问题是由清代汉学引发的学术思想问题,也是20世纪以来仍然延续着的重要问题。"'五四'新文化时期的思想学术界日新月异,但仍不免受到清学流风余韵的影响甚至制约,经今古文和汉宋问题,一直是学人议论的中心。"③ 钱穆甚至认为,清季民国以来的学术从根本上看仍然是汉宋之争的延续。"此数十年来,中国学术界,不断有一争议,若追溯渊源,亦可谓仍是汉宋之争之变相。一方面高抬考据,轻视义

---

① 梁启超:《清代学术概论》,第63—65页。
② 钱穆:《中国近三百年学术史》(下),商务印书馆1997年版,第680页。
③ 桑兵:《晚清民国的学人与学术》,中华书局2008年版,第90页。

理。其最先口号，厥为以科学方法整理国故，继之有窄而深的提倡。此派重视专门，并主张为学术而学术。反之者，提倡通学，遂有通才与专家之争。又主明体达用，谓学术将以济世。因此菲薄考据，谓学术最高标帜，乃当属于义理之探究。此两派，虽不见有坚明之壁垒与分野，而显然有此争议，则事实不可掩。"①的确，20年代以来的学术思想，例如，1923年发生的科学与人生观论战，透过表面的论题之争，实质上正是科学与玄学、考据与义理、汉学方法与宋学方法在思想学术和方法上的碰撞和论争。正是由整理国故的科学方法倡导和引领下形成以科学是史学为主流的学术倾向，使中国传统学术研究涌向史学领域。六经都被看成只是供人研究的史料，而不是让人寻求治国平天下的道理之所在。由此可见，钟泰的问题意识是针对20世纪二三十年代的学术现状而发。

首先，钟泰在《国学概论》中突出宋明理学义理方法的价值，强调治国学以明义理为宗旨。有鉴于当时儒学涌向历史学领域的倾向，他认为由于史学方法的局限性，纯史学的路向必将进一步丧失儒学思想的精神内涵。钱穆在其《国史大纲》中针对近世史学中的科学派指出："震于'科学方法'之美名，往往割裂史实，为局部窄狭之追究。以活的人事，换为死的材料。治史譬如治岩矿，治电力，既无以见前人整段之活动，亦于先民文化精神，漠然无所用其情。彼惟尚实证，夸创获，号客观，既无意于成体之全史，亦不论自己民族国家之文化成绩也。"②因此钟泰要突出宋明理学的义理方法，强调通经以致用的重要意义。

其次，钟泰认为通经以致用的实现，需要建立在完善的方法学之上，这就是"合汉宋而一之"的方法原则。有鉴于清学流风在新文化运动以来的持续蔓延，加之当时学术领域过强的学科分化现状，特别是在现代学科体系下因史学与哲学的画地为牢，对儒学和传统文化的进一步

---

① 钱穆：《〈新亚学报〉发刊辞》，《新亚学报》1955年第1卷第1期。
② 钱穆：《国史大纲》（修订本）上册，商务印书馆1996年版，第3页。

冲击，钟泰从学术思想方法的角度特别强调"合汉宋而一之"的意义。"五四"以来汉宋方法之争的典型事例是史学与哲学的对立。我们从"整理国故"的重要代表人物顾颉刚的主张，就可领会当时的状况。他曾说："我治经学之目的，乃在化经学为史料学，并不以哲学眼光治经典。"[①] 这种倾向也突出反映在"整理国故"的另一代表人物傅斯年身上。傅曾在 1927 年的书信中说："五年前在欧时，见到中国之大兴国学、大谈其所谓文化，思著一小书，姑名为'斯文扫地'论，其中章四：一，绝国故，二，废哲学，三，放文人，四，存野化。"[②] 至于胡适将其《中国哲学史大纲》的后续著作名曰"思想史"，同样体现了学术思想的史学化倾向。可见这种由崇尚考据，到推崇纯史学的方法，再到对哲学方法的排斥，"整理国故"的主流思想及其方法，根本上仍落于汉学方法的窠臼之中。在钟泰看来，史学和哲学的方法融合是新的学术条件下的汉宋方法融合。"合汉宋而一之"是使儒学进入现代性语境的重要途径。他的《中国哲学史》就是通过知人论世的历史关照揭示中国历代哲学家的思想旨趣，也是他"合汉宋而一之"主张的理论尝试。

有必要指出的是，钟泰寻求"合汉宋而一之"方法原则的理论依据，主要是回到儒学发展的历史中寻找的。他指出汉代儒学地位的确立，是儒学"汇众流而为一"（钟泰语），在吸收诸子思想精华的基础上实现的。汉唐中国文化的繁荣局面，同样是得益于百家思想的融合（参见本书第二章第五节"钟泰《中国哲学史》书写的特色——以汉唐哲学为例"）。由此推断，现代中国学术和儒学要走出困境，中学内部必须消除对垒和争端，才能实现学术方法的自我整合和学术思想的融合发展。但钟泰这种回溯历史的方法有其局限性，特别容易陷入纯经学的思路之内看问

---

① 顾颉刚：《致杨向奎》，载王学典、孙廷杰：《顾颉刚和他的弟子们》，山东画报出版社 2000 年版，第 353 页。
② 朱家骅、傅斯年：《致李石曾、吴稚晖书》，《傅斯年全集》第 7 册，台湾联经出版公司 1980 年版，第 101 页。

题。在 20 世纪二三十年代经学被现代学术体制严重消解的局面下,其论据的说服力就显得单薄。另外,钟泰强调宋明之义理,主要是就程朱理学而言。对作为宋明哲学重要组成部分的陆王之学不欲言。其实"上穷性命,反身为己"的心性之学是宋明时期哲学家共同建构完成的。特别是当钟泰站在体用关系的高度诠释汉宋之学时,作为本体与主体相统一的中国哲学之重要组成部分的心学,是对程朱之学的重要补充,其价值不应忽略。还有,在钟泰的观念中,把以朱熹为代表的宋明理学及其精神价值系统视为中国思想文化的完备体系,是达到其"合汉宋而一之"的学术目的重要依据。那么,我们很难理解"对于宋明理学一大反动"(梁启超语)的汉学,其反动的意义何在?

第四节 钟泰与章太炎《国学概论》比较

钟泰国学观的立足点——打破门户观念,合理建构中国传统文化。中国文化能够继续成为民族精神的凝聚力,重在其自身的完善和创造性转化。这就需要对传统文化的整合。而门户观念是制约中国文化内在转化和合理整合的重要因素。笔者以为钟泰正是从这样的思路出发解读中国文化,构筑其阐发国学宗旨的理路和内容的。体现在《国学概论》的突出特点就是主张国学研究应超越流派的局限,打破门户观念。这恰与章太炎《国学概论》以"派别"为进入国学门径的观点形成鲜明对比。本节就此对两著作一比较。

一、钟泰与章太炎二著异同的简要对比

钟泰与章太炎(1869—1936 年,字枚叔,号太炎,名炳麟,浙江

余杭人)的著作同名之曰《国学概论》,字数都六万余,同属讲学类型。最为重要的是所述主要内容相近:章氏以经学、哲学、文学为主要阐述对象;钟著以六艺(钟泰谓:"六艺亦曰六经。")①、诸子、汉宋异同和文章体制为阐释核心。两者之异表现在:其一,出版时间上相差14年。章著刊行于1922年11月(该书为章太炎1922年4月至6月在上海讲授国学的记录,由曹聚仁整理,上海泰东图书馆出版。另有张冥飞笔述的《章太炎先生国学讲演集》,1924年平民出版局出版)。钟著出版于1936年6月。其二,影响的范围和程度不同。章氏作为近代著名思想家和国粹思潮的开创和引领人,其著作在当时和后世的声誉广泛深远(曹聚仁1925年在《国故学大纲》"自序"言:"我记录的《国学概论》,两年间已是九版,并且有许多学校采为课本")。② 钟泰作为普通学者和教师,其著作的影响相对有限。当然从台北广文书局有限公司20世纪80年代仍在重印钟泰之书,亦说明它的独特价值始终存在。

对于这样两部时间不同、影响差异较大的著作,笔者比较的兴趣点重在其中的核心观念和方法论之上,并力图透过比较,探原双方国学观的差别。

二、史学方法在国学中的地位问题

章著基本上分两部分,"概论"和"国学的派别"。虽然没有专门讲史,但由于古文经学"六经皆史"的观念,作者认为国学其实就是史学。但耐人寻味的是汤志钧在导读章氏《国学概论》中,对其史学部分的缺失还是表示了遗憾:"古文经学以六经只是'先王'经典的历史记录,所以重史,以孔子为史学家。但史学也有自己发展的迹象和特点,也有

---

① 关于"六艺"与"六经"的关系,还可参见蒋国保:《汉儒称"六艺"为"六经"考》,《中国哲学史》2006年第4期。
② 曹聚仁:《国故学大纲》卷上,梁溪图书馆1925年版,"自序"第2页。

其'附于经'而'独立'的趋向,《国学概论》没有把史学单独列出,经、史、子、集四部中似乎缺了一角。"① 钟泰的《国学概论》也仅只在"目录篇"谈及史书,全文则以"根本六经,洞明心性"("卢序"言)为宗旨。直观看两著都有史学的缺憾,其实不然,章太炎是以国学为史学,是20世纪国学向史学靠拢的学思路向的反映。正如有研究者指出,"新文化运动前后,解体飘散了的儒学最易落脚谋生的领域是历史学科。在历史学中,儒学作为丰厚的文献资料被切割整理和做着现代的转述,成为对应和比照即在生存境况的某种资具"②。而钟泰《国学概论》的轻史学倾向,明显是对史学路向的回避,特别是对因史学方法对传统资源和文化精神的消解的担忧。

三、"流派"观念在国学中的影响问题

二人的主要区别是,章氏强调"派别"在研究国学中的重要性,开章申明"讲'国学'而不明派别,将有望洋兴叹,无所适从之感。"③ 所以特别用整个讲座的主要三章,阐发了"经学的派别""哲学的派别"和"文学之派别"。钟泰却明确指出"诸子之学,实有非流派可律者"。④

章氏强调派别为他讲国学的基本理路,是与他古文经学派的立场相统一的,梁启超有曰:"炳麟谨守家法之结习甚深,故门户之见,时不能免。"⑤ 当我们再结合其《国故论衡》"以语言为根基,以诸子为目标"的研究国学策略看⑥,可以说,章氏之强调派别也是以诸子学与儒家经

---

① 章太炎著,曹聚仁整理,汤志钧导读:《国学概论》,上海古籍出版社2011年版,第15页。
② 景海峰:《中国哲学的现代诠释》,第170页。
③ 章太炎著,曹聚仁整理,汤志钧导读:《国学概论》,第18页。
④ 钟泰:《国学概论》,第112页。
⑤ 梁启超:《清代学术概论》,第89页。
⑥ 章太炎著,陈平原导读:《国故论衡》,上海古籍出版社2003年版,第13页。

学相抗衡的需要决定的,是作为古文经学派强调家法的反映。

钟泰主张"诸子之学,实有非流派可律者"。且认为"诸子之学汉时颇有可观"。"诸子之歇,其在隋唐以后乎。"① 为此他在《国学概论》中对诸子的论述着重在唐代以前的诸子学变迁。这与学界大部分认为由罢黜而独尊,诸子学早在汉代已衰落的观点形成鲜明不同。为何"非流派可律"? 钟泰指出,看似简捷鲜明的流派观念,与诸子学说之间实际的复杂关系相去甚远。这是后人强立家法的结果。他说:

> 司马六家之称,刘班九种之论,扬榷流别,信乎秩然有纪。究不若庄周荀卿之论其人而不强立家法之为得当也。②

他列举指出:

> 韩非学于荀卿,而转入法家。归之墨法,则师传无得而见。归之于儒,则宗派则无以分。
>
> 屈原之骚,上称帝喾,下道齐桓,中述汤武之事,明道德之广崇,治乱之条贯靡不必具。此岂可仅以辞赋目之,使不得侪于九流之林哉。③

显然强立家法,终难把握诸子之学的全貌和丰富思想。

钟泰认为,合理把握诸子思想学说除以流派为研究方法之外,从诸子学说的分合得失关系入手,亦是一重要途径。他说:

> 盖天下之道,不分,则无以极其精微;不合,亦无以得其博

---

① 钟泰:《国学概论》,第112页。
② 同上书,第110页。
③ 同上书,第109页。

大。故班孟坚曰:"观九家之言,舍短取长,则可以通万方之略。"可谓明达之论者也。

是故言其分,则儒家务民义而远鬼神,与阴阳家之舍人事而任鬼神异。墨家之兼爱,与法家之伤恩薄厚异。杂家漫羡而无所归心,与道家秉要执本异。

以言其合,则墨之疆本节用,即百家弗能废。儒之列君臣父子之礼,序夫妇长幼之别,即百家弗能易。法家之尊主卑臣,分职不得相逾越,即百家弗能改。①

钱穆《国学概论》亦主张"不能拘泥于九流、六家之别",他在《先秦诸子》一章提出"故先秦诸子,截而言之,可分三期",并认为各期有相对一致的核心论题。言孔墨为初期,中心问题为"礼";陈许孟庄二期,中心问题为"士";以下为三期,中心问题是"治"。②

不仅诸子学非流派可律,就是清代汉学本身,也和宋学有着多方面的内在联系。钟泰指出:首先,开清代汉学之风的黄宗羲、顾炎武主要是针对南宋以后的空谈和明人末流的游谈无根,思以汉人朴实之学矫之,未尝必与宋学为敌。其次,清代汉学的端绪在许多方面是由宋人开辟。而最重要的是汉宋各自的优长只有通过合一,才能相得益彰促进学术思想和传统文化的发展(详见前文所述)。

钟泰主张不强立家法,于经子之学,超越门派;于汉宋之学,合而为一。这种观念与太谷学派的反对门户之见的主张一脉相承。太谷学派形成于清朝嘉道年间,是值清代汉宋之争激烈的时期。太谷之学从确立初期就是以"不取汉学之琐屑,排斥宋学之荒诞"为指归。强调超越门户之争、统系之别,是应对当时文化危机,实现本土文化融合发展的根

---

① 钟泰:《国学概论》,第110—111页。
② 钱穆:《国学概论》,商务印书馆1997年版,第52页。

本途径。

笔者以为，钟泰上述主张是对章氏国学观及其所代表的汉学传统中强化家法、强立门户观念的纠偏补正。可以说，钟、章各自的学派、学缘和不同的文化整合理路是导致他们《国学概论》差别的深层原因。

为了能够深入理解钟泰国学观所主张的破除门户观念的意义，有必要对门户观念的形成，特别是清代的门派意识与学术的关系作一简要回顾。

中国学术史上的门户意识和学派观念的形成，既有事实上的原因，也有人为的强化。在先秦论及学术思想的《庄子·天下》和《荀子·非十二子》中，庄周、荀卿都不以学派言学术，而主由人以论其学。到战国末期，《韩非子·显学》提出："故孔、墨之后，儒分为八，墨离为三，取舍相反不同，而皆自谓真孔、墨，孔、墨不可复生，将谁使定后世之学乎？"说明派分的观念和门户纷争明确起来。到汉代史学家那里，"强立家法"的现象已出现。钟泰在《国学概论》中批评指出："司马六家之称，刘班九种之论，扬榷流别，信乎秩然有纪。"这种强立家法的方式极有碍于对丰富的诸子之学的全面理解。而考察中国学术史上的学派观念，其起源与道统论密切相关。陈寅恪在《论韩愈》中指出，韩愈"建立道统，证明传授之渊源"。宋代已经出现了学派的概念，且门户观念逐渐加深。钟泰就批评了朱陆学术争端所导致的门户之争。在论述朱子与陆九渊学术的异同时他指出："两家皆自命为圣人之徒，而其强人从己，必欲道之出于一，乃深中佛氏之蔽。""两先生惟必不欲人之异于我，而必以我之同以律人，于是门户不得不分，而是非不得不起，是则两先生皆不能无过者也。"[①]

清代汉学，学派观念进一步强化。尤其到乾隆中叶，开始突出的汉宋门户之争，到嘉庆后期达到极端化。江藩刊行于嘉庆二十三年的《国

---

① 钟泰：《中国哲学史》卷下，第59—60页。

朝汉学师承记》不仅明确区分了汉学、宋学门户,在汉学内部,还划分吴、皖两派。而继江藩之后起的方东树的《汉学商兑》,书中对汉学家壁立门户描述曰"近世有为汉学考证者,著书以辟宋儒、攻朱子为本,首以言心、言性、言理为厉禁。海内名卿巨公,高才硕学,数十家递相祖述,膏唇拭舌,造作飞条,竟欲咀嚼。"①余嘉锡在《四库提要辨正》的《序录》中,针对纪昀的学风指出:"自名汉学,深恶性理,遂峻词丑诋,攻击宋儒,而不肯细读其书。"②这反映了汉学中强化汉宋门户观念者的特点,也说明清代学术中人为地强化门户观念的实情。20世纪以来,章太炎和梁启超都是承继其师门讲求学派渊源脉络的学风,并进一步用明确的派分方法对以往学术思想加以条理化、谱系化。过分的学派划分方法,造成与思想学术的历史事实严重不符。梁启超也意识到派分与事实是存在差距的。谈到先秦的九流十家,他说:"严格论之,诸家学说,交光互影,必以某氏限隶某家,欲其名实相适应,盖戛戛乎难。"③学派、门户观念不仅体现在学术上,也是现实政治变革要求的反映。清季革新人士提倡学派,凸显门户意识,有打破道统的取向。反道统意味着反正统,是借学术话题表达政治理想。梁启超甚至提出"国家分争而遂亡,学术分争而益盛",使学术问题带有强烈的政治意图和色彩。

　　桑兵认为,学派意识由于章、梁在现代学术史上的倡导,被进一步人为地强化。他分析了用派分看学术的流弊:其一,将彼此联系的人事人为割裂并使之对立。派分不仅误解各自的真实主张,甚至还将同一人肢解,戴震被"腰斩"即其显例。其二,无视多数不能纳入派分的学人。其三,忽略对学术本身的理解和把握,陷入门户之见和分科的狭隘而不

---

① 方东树:《汉学商兑》,上海商务印书馆民国二十六年(1937),"序例"第1页。
② 余嘉锡:《四库提要辨正》,中华书局1974年版,第54页。
③ 梁启超:《清代学术概论》,第183页。

自觉。其四，以主观的认识乃至杜撰造成历史的幻象或假象。①

通过上述回顾可以看到，家法、派分、道统、学派等门户意识既是学术思想本身变迁发展的一种现象，也掺和着复杂的学术、政治、宗派等诸多因素。而晚近以来学术领域过强的门户观念，人为地造成忽略学术本身而囿于门户之见不能自拔的境地。以至于成为晚近中学内部严重的学术思想弊病和滋生危机的土壤。可见，钟泰主张破除门户之见的思想用意也正在此。但我们也必须看到，近代国学，特别是儒家思想的危机，其原因不是纯粹的文化、思想和学术问题，它与政治环境、制度建构和社会变迁诸方面有着深刻的关联性。②

本章通过对钟泰《国学概论》的解读，给我们留下深刻印象的是：第一，发掘和弘扬传统文化精神是钟泰国学观的文化立场。第二，改变清代以来传统学术的困局是钟泰国学观追求的学术目标。第三，突出传统文化本身的特色是钟泰国学观的旨趣。第四，普及性与学术性兼顾是钟泰《国学概论》的写作特色。一个突出的例子是他将自己的许多研究成果放到《概论》内。例如，第一章"六书篇"，不仅对古代文字学的变迁作了梳理，还特将自己的研究成果《说文解字部首略笺》附于文末，对《说文》在部首方面的缺陷予以订正，主张对多余部首合并、省略，以使其更合理和适用。③而书中大量的、详尽的注释，不仅大大扩充了文本的知识量，也拓展了治国学的方法和途径。

20世纪90年代，伴随中国改革开放，经济社会的快速发展，以及国力的增加和民族自信心的增强，国学经过近半个世纪的沉寂再一次受到思想学术界乃至社会的关注。21世纪，面对全球化背景下身份认同和国家、民族之间相互沟通了解的必要，国学在确认中国的民族身份和

---

① 参见桑兵：《晚清民国的学人与学术》，第98页。
② 艾尔曼的《经学、政治与宗族——中华帝国晚期常州今文学派研究》一书，就是通过勾勒经学、政治和宗族三者交织相连的关系，以证明他们彼此间的不可分割性。
③ 参见钟泰：《国学概论》，第14—34页。

文化价值方面显得尤为重要。与之相应，学术刊物和学术机构不断涌现，北京大学编辑出版了《国学研究》，武汉大学设立了中国传统文化研究中心和国学专业，中国人民大学成立了国学研究所，等等。

笔者认为，国学在当代的意义不仅是学科层面的建构问题，深层地说它更关涉着中国的人文重建。在经历了"五四"反传统到"文化大革命"的洗礼之后，加之全球化背景下西方思想文化的严重冲击，当代社会生活方式的巨大变化，中国人精神世界的空虚、信仰的缺失、文化认同的盲目、价值认同的虚无，都对当代中国的人文重建提出了极为迫切的要求。以弘扬人文精神见长的中国传统文化和国学恰是重要的思想资源。充分调动国学中丰富的人文文化资源，合理转化这些思想宝藏，通过国学教育传播国学精神，都是当代国学研究应承担的重要职责。这也是钟泰国学研究对于当代国学教育和研究的重要借鉴意义。

考察当今学术界对近代国学的研究，就笔者所见多集中在清末国粹思潮，抑或20世纪20年代的国故运动的范围，而对20世纪30年代往往简单带过。刘梦溪在《论国学》中列举了20世纪30年代出版的一些国学著作后认为，"立名虽多，学术含量及影响不过聊胜无耳，可不置论。"[1] 笔者不同意这种笼统的说法，事实上20世纪30年代国学教育和研究的价值与独特意义仍未受到当代学界的充分关注。第一，20世纪30年代国学著作具有鲜明的共识，其价值取向在于认同和弘扬中国传统文化。第二，20世纪30年代国学著作在国学观念的普及和传播方面贡献突出，仅从写作形式上看，概论、大纲、常识、表解、入门或以问题方式成书，都充分体现了国学教育的特色。可以说20世纪后期在传统文化受到彻底批判和几于沉寂的情况下，能够从事与国学相关的人文社会科学研究的知识分子，他们的学养多得益于当时的国学教育（毕业于之江大学国文系的钟泰弟子，新中国以后成为语言学专家的任铭善、

---

[1] 刘梦溪：《论国学》，上海人民出版社2008年版，第36页。

蒋礼鸿在语言学领域的学术成就和影响①,起码证明国学教育成就了学术传承)。第三,在20世纪30年代的国学著作中,不乏深厚功底和思想学术含量高的。钱穆的《国学概论》(成书于1928年,初版在1931年)、王易的《国学概论》、顾荩臣的《国学研究》(又名《经史子集概要》),包括钟泰的《国学概论》,都体现了广博深厚的国学学养,具有独到的国学见解。限于研究主题本文无法展开相关论述,但的确有置论的必要。

---

① 北京图书馆《文献》丛刊编辑部、吉林省图书馆学会会刊编辑部编:《中国当代社会科学家》第一、三辑,书目文献出版社1982、1983年版,第62、341页。

第四章 荀学新诠

钟泰是站在整合儒家思想资源的基点上展开其荀学研究的。他所著的《荀注订补》是继其《国学概论》中对清代汉学方法的反思之后,进一步从汉学家对《荀子》这个具体文本的诠释方法中纠发汉学方法之失。然而要全面理解钟泰的荀学研究,其文献整理只是一个方面,还必须结合其《中国哲学史》中对荀子哲学思想的阐发,才能理清其荀学研究的深层用意。笔者研究认为,钟泰的荀子研究是双向展开的,在诠释方法上纠汉学之偏,在理论形态上纠宋学之偏,最终达成其"合汉宋而一之"的学术思想主张,使荀子思想成为儒学体系的重要资源。钟泰的荀学研究同时还反映了在20世纪前期荀子研究的流行思潮(发掘荀学与西学的关系;以尊荀或黜荀来抗衡政治)之外另辟蹊径的一种思路。

第一节 20世纪前期的荀学研究

作为中国传统文化和儒学的重镇,荀子及其学说在20世纪前期受到学术和思想界的充分关注。清代乾嘉汉学的诸子学研究中荀学是重心；戊戌维新运动中荀子是今文经学批判的中心；"五四"新文化运动中荀子学说成为传统与现代、中学与西学沟通的重要桥梁。因此有论者说，20世纪前期出现了荀学研究热潮。

荀学研究依研究内容和方法大致可从两方面分析：一是对《荀子》文本的整理；二是对荀子学术思想的分析阐发。两方面的区分主要是从梳理和研究荀学的侧重面而言，实际上两方面不可截然分割。下面本文将从文本整理和学术思想阐发两方面对20世纪的荀学研究状况作一简要梳理，以明确钟泰《荀注订补》的学术前提和问题意识所在。

一、20世纪前期《荀子》文本整理的成果及面临的问题

正像钟泰在《荀注订补》的序中所言，20世纪初承接的是清代校书之风，《荀子》亦受到特别重视。

> 迨于有清，校书之风大盛。又经师于穷经之余，率好兼及丙部。……于荀书注释并有所订正发明，先后殆不下十数家。王益吾乃裒而辑之，时附己意，以为《荀子集解》一书焉。至是读《荀子》者无不庆，以为得善本。①

梁启超在《中国近三百年学术史》中对清代《荀子》的整理校释做了回顾后指出："最后乃有王益吾（先谦）著《荀子集解》二十卷，自

---

① 钟泰《荀注订补》涉及的《荀子》考释著作主要有：谢墉、卢文弨的《荀子笺释》，刘台拱的《荀子补注》，郝懿行的《荀子补注》，王念孙的《读荀子杂志》，俞樾的《荀子平议》，汪中的《荀卿子通论》，顾涧蘋的（顾千里）《荀子异同》，王先谦的《荀子集解》，孙诒让的《札迻·荀子杨惊注》，刘师培的《荀子词例举要》《荀子补释》《荀子斠补》。

杨倞至清儒诸家说网罗无遗，而间下己意，亦多善解。计对于此书下工夫整理的凡十五家，所得结果令我们十分满意。"①

《荀子集解》初刊于光绪十七年即1891年。从上述两说中不论是钟泰的"以为得善本"，还是梁启超的"令我们十分满意"，都可以说明到20世纪初，《荀子》整理、校释有了集大成之作。直到今天距《集解》首刊百余年后，在荀学研究领域学者们公认还未有全面超越《集解》的。廖名春认为"仍没有一部能与王先谦《荀子集解》比肩的注本。到现在为止，一百多年过去了，王先谦《荀子集解》仍是最好的注本。"②

当然在肯定王先谦《荀子集解》价值的同时，学者们还是发现了王著及清代整理《荀子》存在的问题。钟泰就指出："诸家喜纠发杨氏之误，即亦有杨本不误而自说实误者，亦有虽能正杨之误而所诠仍未当于荀恉者。"③ 高亨在为梁启雄《荀子柬释》作序时亦指出："王先谦《集解》称注《荀》善本；然近儒笺诂，散在方策；深文艰义，尤多滞疑"。④ 今人李中生曾以《集解》为例，总结了清代训诂学的得失。他在文中既指出了清儒校注《荀子》超越前人的五点成就，同时也指出了存在的缺陷与疏失：其一，疏于义理的考察分析；其二，欠缺通过全篇、全书来考察字词的阐释循环；其三，囿于文句的常例而忽略其异例；其四，忽略一字有数义，应根据不同语言环境区别对待；其五，对荀书词例缺乏了解，随意援引他书加以比附；其六，缺乏语法分析。⑤

显然，对《荀子》文本仍有整理的必要。20世纪前期，在《荀子》

---

① 梁启超：《中国近三百年学术史》，东方出版社1996年版，第254页。
② 廖名春：《20世纪后期大陆的荀子文献整理研究》，《邯郸学院学报》2007年第4期。
③ 钟泰：《荀注订补》，商务印书馆1936年版，"序"第2页。
④ 梁启雄：《荀子柬释》，商务印书馆1936年版，"高序"第5页。
⑤ 参见李中生：《从王先谦〈荀子集解〉看清代训诂学的得失》，《荀子校诂丛稿》，广东高等教育出版社2001年版。

整理方面出现了一批著述，其中以刘师培的系列《荀子》整理研究①，钟泰的《荀注订补》和梁启雄《荀子柬释》为代表，开启了21世纪《荀子》整理研究的序幕。②

二、20世纪前期对荀子学术思想的阐发和不足

其实，《荀子》文献整理研究并非孤立进行的，它是时代背景下对荀子思想学说需求的整体反映的一个部分。20世纪初，思想学术界承接清末以来通过古学复兴促动中国传统文化内在结构和价值判断变革之势，与"西学东渐"引发异质文化带来的巨大冲击之力汇合。这种思想学术的复杂局面突出地体现在对荀子思想学说的阐发研究之上。概括地看，20世纪前期的荀子思想研究可分两阶段：戊戌维新思潮阶段，以融贯中西的文化觉醒为特点，重在发掘荀子思想与西方政治、社会、自然等理论学说的异同。"五四"新文化运动时期，以全面彻底清算传统的文化启蒙为主流，重在将荀子思想纳入现代西方学术体制。我们分别以章太炎和胡适为代表略述之。

---

① 刘师培的整理研究包括《荀子词例举要》（1907年《国粹学报》三卷6—12期）、《荀子补释》（1908—1909年《国粹学报》四卷八—五卷十二期）、《荀子斠补》（1913年1—3月《中国学报》3—5期）。

② 20世纪前30余年，《荀子》考释研究除文中提到的刘师培、钟泰、梁启雄的著作外还出现了许多论文。例如，邵瑞彭：《荀子小笺》，《唯是》1920年7月第3期；陶鸿庆：《孙卿子札记》，《国学丛刊》1924年第2卷第2期；刘念亲：《荀子正名篇诂译》，《华国》1924年6月—1925年10月第一卷第10、11期，二卷第1、3、5、7、9期；刘盼遂：《荀子正名篇札记》，《清华周刊》1926年4月第25卷第10期；冯振：《荀子解蔽篇札记》，《暨大文学院集刊》1931年1月第1卷；谭戒甫：《荀子正名篇讲记》，《东方杂志》1935年7月第32卷第7期；王文蔚：《荀子札记》，《国专月刊》1935年9月第2卷第1期；邓夏鸣：《荀子札记》，《国专月刊》1935—1936年第2卷第1、2、5期；潘重规：《读王先谦荀子集解札记》，《制言》1936年3月第12期；章书简：《荀子札记》，《学风》1937年2月第7卷第2期。参见骆瑞鹤《荀子补正》"主要参考书目"第219页。

被侯外庐赞为诸子学术研究中"堪称近代科学整理的导师"的章太炎[1]，秉承清代汉学诸子学研究传统，强调孔子是先秦诸子之一，他通过《原儒》、《订孔》诸文，阐发荀学对孔子的超越，同时重视发掘荀学与西学的关系。事实上，章氏的诸子学研究"其思想成就大于学术成就，其研究对于打破传统，拆散偶像，重建近人眼光之下的古代思维世界，功绩重大"。[2] 值得治思想史的人深思的是，清代知识分子们对封建专制政治的批判揭露采取了两种迥然不同的方式。乾嘉朴学采取了"以尊荀来抗衡政治"的方式，清代思想文化界尊荀，其呼声之高在历史上是从未有过的，它鲜明地体现了知识分子们对当时的文化专制主义的反抗。清末的今文经学则出于维新变法的目的，采取了"以贬荀来抗衡政治"的方式，最根本的是以荀子为靶子来推翻整个封建专制。[3]

20世纪20—40年代伴随中国哲学史学科在现代学科体制意义上的建立和以西释中方法学的确立，一批中国哲学史、思想史著作问世，它们和专门性的荀子思想学术研究著作相呼应。[4] 荀学研究的主流学术倾向按现代学术分类的政治、伦理、逻辑等被纳入文史哲等现代学科。例如，胡适《中国哲学史大纲》中的荀学研究带着"截断众流"的方法和批判怀疑的眼光，认为荀学是"专制的一尊主义"，提出荀书除《正名》等几篇外均为后人杂凑；阐发荀学中的论天、性、礼乐和名学思想，并以西方教育、心理学说来诠释。

如果说戊戌维新思潮阶段所代表的是对传统政治的批判反省，

---

[1] 侯外庐：《中国近代启蒙思想史》，人民出版社1993年版，第186页。
[2] 喻大华：《晚清文化保守思潮研究》，人民出版社2001年版，第107页。
[3] 杨海文：《解读荀子的学术命运》，《读书》1997年第2期。
[4] 主要有如下著作：陶师承：《荀子研究》，大东书局1926年版。陈登元：《荀子哲学》，商务印书馆1928年版。熊公哲：《荀卿学案》，商务印书馆1931年版。杨筠茹：《荀子研究》，商务印书馆1931年版。余家菊：《荀子教育学说》，中华书局1935年版。杨大膺：《荀子学说研究》，中华书局1936年版。刘子静：《荀子哲学纲要》，商务印书馆1938年版。

"五四"新文化运动则转向对传统文化的剖判,荀学研究游走于政治、文化和学术之间,徘徊于中西、新旧的论辩之中,对其思想学说众说纷纭,任意裁剪、过渡发挥屡有发生。究竟应该如何分析阐发和重新估价荀学?荀学的时代价值和意义何在?是当时面临的理论问题。钟泰《中国哲学史》中的荀子研究以及他《荀注订补》中所体现出来的注荀意旨,都反映了他对当时荀子思想研究的问题回应、理论主张和现实思考。

第二节 钟泰《荀注订补》的文献学特色

钟泰1936年8月由上海商务印书馆出版的《荀注订补》是上述荀子研究背景下,20世纪前期《荀子》文献考释研究仅有的几部著作之一。下面将从三方面阐发《荀注订补》(以下亦简称《订补》)对《荀子》文献整理的意义。

一、《荀注订补》的主旨及特点

钟泰"自序"对其订补《荀子》的意旨做了交代,概而言之观点有四。

第一,主要围绕王先谦集清代注荀各家成果的《荀子集解》,通过"考之于文,揆之以理",对其中诸家注释《荀子》的失误和不当予以纠正。全书订补对象主要有两部分:一是针对杨倞注荀不当之处,有180余条,占全书的三分之一;二是针对清代学者纠正杨注过程中的失误和不当,占全书的近三分之二,涉及注荀大家15人。

第二,提出文献考释的四点原则并举例予以说明。"大抵书有疑义,所以决之不出四端:一曰训诂之相通,二曰他书之所引,三曰文势之相接，四曰义理之所安。"[①] 能够上升到原则的高度总结文献考释方法，反映了作者在文献考释研究方面具备了相对成熟的理论水平和实践经验。

第三，该书是作者在读书札记基础上整理而成，作者自道"讲论之余，则复劄而记之，积以时日，不觉盈帙"。的确，钟泰执教之江大学十余年，从事中国哲学及诸子学的教学和研究，作者曾自述其治学境况"钱塘坐青毡，前后十寒暑"。由此可以知道钟泰治荀学的积累之厚。

第四，指出清代"屏斥义理不欲言"的注荀方法必然会导致其失误。其弊端"不独有违一书本意，且贻害心术"，这是最须警惕的学术问题。

概括钟泰全书特点：一是对《荀子》作全面订补。依传世本《荀子》的32篇列目录，实际订补31篇，因"子道第二十九无说"。共出校文540条。笔者考察了20世纪20—40年代《荀子》文献整理的著作，钟泰《订补》所考释条目是最多最全的，说明作者研究《荀子》文本的全面系统。其考释体例及特点举例如下：其体例采用先摘出《荀子》原文词句顶格列出，另起一行退一格列出认为有疑义的某家注释，再另起一行用案语出己意以辨证或提出新说。如无针对某家之说则直接以"案"抒发己见。其考释特点和风格由作者自序可见一斑。例如：

《不苟》篇"不诚则不独，不独则不形"。俞荫甫曰："上文云致诚则无他事矣。所谓独者，即无他事之谓。"解独为无他事，此古所未闻也。且上文方言"顺命以慎其独"，慎独可谓之慎其无他事乎？《天论》篇"君子敬其在己者"。俞荫甫曰："敬当为苟。《说文》：苟，自急敕也，经典通作亟。"若是则《易》之"敬以直内"、《论语》之"修己以敬"，亦当谓"亟以直内"、"修己以亟"乎？此无他，不欲如宋儒之言慎独、言持敬。故持论不复顾夫义理之安否也。《非相》篇"观人以言美于黼黻文章"。王怀祖曰："观当作劝。劝人以

---

① 钟泰：《荀注订补》，"序"第2页。

言,谓以善言劝人也。"则何为以黼黻、文章相喻乎。《正论》篇"是非以圣王为师"。王伯申曰:"是非当作莫非。"不知上文言"无隆正,则是非不分",又言"天下之大隆,是非之分界",此云是非,即承上文而言,谓是与非必以圣王为师也,岂得率尔改字乎?推此所由以致误,则又于前后文势承接不加细考之过也。①

二是本书的订补多能言之有理,持之有故,且多有创说之处,其成果得到了学术界的普遍认同。

在荀子文献研究方面有独到见解的今人王天海,在其《荀子校释》一书中指出,钟泰《荀注订补》"可以说是卢文弨、王念孙、刘师培、王先谦之后校释荀书最勤的著作"。②

钟泰《荀注订补》的学术价值,早在其著作出版的当时就已受到学者的关注和评价。时任清华大学国文系和历史系教授的杨树达(1885—1956年,字遇夫,号积微翁,湖南长沙人),在1937年《清华大学学报》(自然科学版)第1期专门就钟泰《荀注订补》发表了长篇书评,其中说道:

> 昨偶有事过商务印书馆,见新出版诸书中有是书,随取而观之。首览其《自序》,于《不苟篇》:"不诚则不独,不独则不形",俞荫甫释独为无他事,《天论篇》:"君子敬其在己者",俞荫甫校敬当为苟,《非相篇》:"观人以言,美于黼黻、文章",王怀祖说,观当作劝,《正论篇》:"是非以圣王为师",王伯申说,是非当作莫非,皆加以纠驳,颇能独伸己见。而《非相篇》一条适与余读《荀子札记》一说暗合,(余有读《荀子札记》若干条,新会梁启雄先

---

① 钟泰:《荀注订补》,"序"第2页。
② 王天海:《荀子校释》上册,上海古籍出版社2005年版,第7页。

生著《荀子柬释》，向余索稿，曾以付之。闻梁君书最近已出版，惜余未得一读耳。）因购取一册归读之，觉卷中胜义颇多。知著者于《荀卿》书用力颇深，非漫然从事著述者可比。在今日学术界沉寂之空气中，青年人有一种较可信赖之诸子注释一读，亦可喜之事也。①

杨树达文章具体从钟著"纠驳杨倞注之得失""驳高邮王氏父子之得失""纠诸家之得失""对于旧说之失择"和"著者立说之得失"五点，进行了全面分析评述后得出结论：

> 综而论之，此书有极佳处，亦间有极谬处。要之著者于荀子书为曾用心力者，殆可断言。又衡量得失之量，胜义终较误处为多，要为近时未可多得之作。于荀子书有兴趣者，不可不一读也。②

探讨钟著的文献学特色，杨树达的书评是一个重要的佐证资料。

二、文献考释原则的提出、运用及其意义

作者提出了文献考释应依循的一般原则："大抵书有疑义，所以决之不出四端：一曰训诂之相通，二曰他书之所引，三曰文势之相接，四曰义理之所安。"③《荀注订补》就是对这些原则的具体运用。下面举例说明：

---

① 杨树达：《钟泰〈荀注订补〉书评》，《清华大学学报》（自然科学版）1937年第1期。
② 同上。
③ 钟泰：《荀注订补》，"序"第2页。

(一) 关于"训诂之相通"

《正论》篇：夫今子宋子不能解人之恶侮。

杨注："解，达也。不知人情恶侮而使见侮不辱。"

(钟) 案：解犹释也，谓解去，释去也。注训达失之。

《性恶》篇：众者暴寡而哗之。

杨注："众者陵暴以寡而喧哗之，使不得发言也。"俞樾曰："《礼记·曲礼》篇：'为国君华之。'郑注曰：'华中裂之。'此文'哗'字当读为华，而从'中裂'之训。"刘师培曰："哗当作跨，《说文》：'跨，踞也。'跨与胯同，加人上者谓之跨。《国语·晋语》云：'不跨其国。'注云：跨犹据也，据义亦与踞同。《列子·杨朱》篇：'而欲尊礼义以跨人'，跨人者即《左传》之上人。则此文之哗，即假跨字之义言众者，据寡者之上而使之出己下也。"

(钟) 案：众之所以夺寡者，正是在喧哗，哗字殆不可易。孟子曰：'一齐人传之，众楚人咻之'，咻亦哗也。俞、刘之说皆不免穿凿。①

王天海对钟泰的阐发给予肯定，并进一步训解曰：

哗，喧嚣也。《国语·晋语六》"夫众闻哗则必惧"，韦昭注："哗，嚣也。"《战国策·赵策一》"微谏而不哗"，鲍彪注："哗，喧也。"此谓众者以喧嚣之势而暴寡，杨注、钟说是。②

---

① 钟泰：《荀注订补》，第171—172页。
② 王天海：《荀子校释》下册，第948—949页。

(二) 关于"他书之所引"

《解蔽》篇：故曰心容，其择也无禁必自见，其物也杂博，其情之至也不贰。

杨注："容，受也。言心能容受万物。若其选择无所禁止，则见杂博不精，所以贵夫虚一而静也。"王先谦曰："此承上文'心者形之君也'云云，而引古言以明之。心自禁使，自夺取，自行止，是容其自择也。《正名》篇亦云：'离道而内自择。'容训如。《非十二子》篇'容辨异'之'容'。无所受令，是无禁也。神明之主出令，是必自见也。物虽杂博，精至则不二。'心容其择也'句，'无禁必自见'句。杨失其读。"

（钟）案：王说亦未是。心容二字为句。《庄子·天下》篇言宋钘尹文，"语心之容，命之曰：心之行，以脶合驩，以调海内"，则心容二字，当时固有是句，犹言心之情状也。

又案：《洪范》"思曰睿"，今文作思心曰容。《春秋繁露·五行五事》篇云："王曰思，思心曰容。容者，言无不容。容作圣，圣者设也。王者心宽大无不容，则圣能施设，事各得其宜也。"心容二字，或即用《洪范》之说。然终当于容字句绝，不得属下读。盖其择也，其物也，其精之至也，文皆相俪。心容二字，乃下文各句之总提耳。①

杨树达亦认同钟泰此解，"故曰心容。杨注释容为受，著者则谓：心容言心之情状，以《庄子·天下篇》宋钘尹文语心之容为证"②。

---

① 钟泰：《荀注订补》，第 140—141 页。
② 杨树达：《钟泰〈荀注订补〉书评》，第 222 页。

(三) 关于"文势之相接"

《富国》篇：故君国长民者，欲趋时遂功，则和调累解，速乎急疾，忠信均辨，说乎赏庆矣。必先修正其在我者，然后徐责其在人者，威乎刑罚矣。

杨注："自'故君国长民'已下，其义未详，亦恐脱误。或曰：累解，婴累解释也。言君国长人，欲趋时遂功者，若和调而使婴累解释，则民速乎急疾。言效上之急，不后时也。若忠信均辨，则民悦乎庆赏；若先责己而后责人，则民畏乎刑罚。"俞樾曰："'累解'与'和调'，皆二字平列，训为婴累解释，非其义矣。《儒效》篇曰：'解果其冠'，杨注引《说苑》'蟹螺者宜禾'为证。窃谓'累解'与'蟹螺'一也。彼从虫而此否者，书有繁简耳。'蟹螺'倒为'累解'，犹'和调'亦可云'调和'也。《说苑》以'蟹螺''污邪'对文，则蟹螺之义，殆犹平正矣。"

（钟）案："和调累解，速乎急疾"者，谓急疾不如调和也。"忠信均辨，说乎赏庆"者，谓赏庆不如忠信也。"先修正其在我者，然后徐责其在人者，威乎刑罚"，谓刑罚不如先正己后责人也，义自分明。注乃言未详，又疑有脱误。盖未寻上下文理，而又深求之，是以惑耳。

又案："累解"皆有缓义。观"速乎急疾"之文，明与急疾相对，作宽缓解为是。即《儒效》篇"解果其冠"亦然，故与"逢衣浅带"并言。逢、浅解果，义并相近。①

钟泰意在说明，读通《荀子》文义，贯通领会，杨注之惑方可迎刃而解。

---

① 钟泰：《荀注订补》，第66—67页。

(四)关于"义理之所安"

《解蔽》篇:庄子蔽于天而不知人。

杨注:"天谓无为自然之道。庄子但推治乱于天,而不知在人也。"

(钟)案:庄子言因任自然,故以为"蔽于天而不知人"。人者人为也,此与荀子之道最舛。注谓但推治乱在天而不知在人,此不独失荀旨,且亦未解庄书。①

又例:

《劝学》篇:天见其明,地见其光,君子贵其全也。

俞樾曰:"按两'见'字并当作'贵'。"

(钟)案:"天见其明",高明配天之义也;"地见其光",博厚配地之义也;君子德配天地之谓全,故言君子贵全。先举天地以发之,如俞说改见为贵,文则顺矣,而意则浅矣。②

在文献校勘学中,关于校书的主要方法,陈垣《元典章校补释例·校法四例》提出对校法、他校法、本校法和理校法,具有较为普遍的方法学意义。③ 钟泰的上述四法(一曰训诂之相通;二曰他书之所引;三曰文势之相接;四曰义理之所安)与之旨趣相通,但细究其理,还是各有侧重,特别是陈垣的"理校法"与钟泰的"义理之所安",在运用中存在着较大差异。陈垣解释其"理校法"说:"段玉裁曰'校书之难,

---

① 钟泰:《荀注订补》,第135页。
② 同上书,第5页。
③ 参见陈垣:《元典章校补释例》,后名为《校勘学释例》,中华书局1959年版,第144—150页。

非照本改字不讹不漏之难，定其是非之难。'所谓理校法也。遇无古本可据，或数本互异，而无所适从之时，则须用此法。此法须通识为之，否则卤莽灭裂，以不误为误，而纠纷愈甚矣。"① 合观书中的实例可以看出，陈垣的理校法强调根据文字音韵训诂以及历史文化知识来判断是非，强调校释者的素养和功力。而钟泰"义理之所安"更注重对所校释文本思想主旨的把握。他反对的是那种"逞其私臆，变易义理"，曲解、割裂学术思想内涵的方法。如上文笔者所引，钟泰针对杨倞把"庄子蔽于天而不知人"一句解为"庄子但推治乱于天，而不知在人也"，明确指出其实荀子批评庄子的是因任自然而忽略人为，并非"推治乱在天"亦非"不知在人"。因为不论从庄子还是荀子的理论宗旨看，这种诠释都有失偏颇。可见，钟泰的考释原则有其独到的见解和借鉴价值。尤其是针对承接清代校书巨大成果的近、当代学人，注重义理的贯通是弥补、修正和完善清代校书方法缺失的重要方面。所以钟泰坦言其《订补》就是倡导要通过"考之于文，揆之以理"的方法来考释荀书。

三、钟泰对《荀子》文献整理的补正

下面将从订补杨注之误、订正清代诸家之失、有独特之创说者三方面对钟泰在《荀子》文献整理上的贡献作一总结。

（一）订补杨注之误，力图更加贴近《荀子》原貌

杨倞，《新唐书·艺文志》对其名有记载，是唐元和时人，刑部尚书杨汝士之子，官大理评事。《全唐文》记载《荀子注》20卷为其著作。在《荀子》文献整理的历史上，杨注的开创之功和注释成果，是后来者进一步研究的基础。杨注是西汉刘向整理《孙卿子》文本32篇近800

---

① 陈垣：《校勘学释例》，第148页。

年之后，重新全面整理《荀子》的第一书。面对"编简烂脱，传写谬误"，他重新编次和校注，在荀学发展史上，具有筚路蓝缕之功。杨注也是由唐到明代整理《荀子》的代表之作。① 因此探讨杨注的得失正误，是后人荀书整理研究的重要环节，对还原早期《荀子》文献意义重大。

笔者统计钟泰《订补》单独针对杨注的条目共有186条，主要订补杨注在训释注解过程中的失误和不当，也不乏音读、辨误等。现举例如下：

其一，注释不当者。

例如：

《荣辱》篇：政令法，举措时，听公断。

杨注："举措时谓兴力役，不夺农时也。"

（钟）案：举措时，谓举措得其时宜也，非使民以时不违农时之谓。杨注误。②

北京大学《荀子新注》本释义同钟，曰"举措时，措施适时。"③ 又例：

《仲尼》篇：其霸也宜哉，非幸也，数也。

杨注："其术数可霸，非为幸遇也。"

（钟）案：言数，犹言礼、言势，非术数之谓，注误。④

其二，文势不接者。

---

① 参见骆瑞鹤：《荀子补正》，武汉大学出版社1997年版，"前言"第5—6页。
② 钟泰：《荀注订补》，第16页。
③ 北京大学《荀子》注释组：《荀子新注》，中华书局1979年版，第41页。
④ 钟泰：《荀注订补》，第33页。

《儒效》：执神而固。

杨注："执持精神坚固。"

（钟）案：神者不测之谓也，非言精神也，观下尽善挟治之解可见。杨注执持精神，大误。①

其三，对荀子全书思想贯通有误者。

例如，针对杨倞将荀子作《性恶》篇的原因解释为"故激愤而著此论"，钟泰引用《尚书》并分析指出：

书曰："惟天生民有欲，无主乃乱。惟聪昜时乂，亦与此义同也。"

又案之曰：

性恶之说，实荀子所见如此，非激愤而故为此言也。如宋人说气质之性，亦是实见有此理。杨注特欲为荀子迴护，而不知非荀子之意也。②

又例：

《儒效》："法先王。"

杨注："先王当为后王。"

（钟）案：荀书言先王，言后王，辞异而义实同。盖自当时言之，则谓之先王；自上古言之，则谓之后王，皆指三代或周而言也。

---

① 钟泰：《荀注订补》，第41页。
② 同上书，第165页。

《劝学》篇曰:"将原先王,本仁义,则礼正其经纬蹊径也。"《非相》篇曰:"言不合先王,不顺礼义,谓之奸言,虽辩,君子不听。"此篇亦曰:"先王之道,仁之隆也。"则此云法先王未为误。杨注谓当为后王,非也。荀书先王后王,非为相对之辞。前言俗儒"略法先王而足乱世术",与《非十二子》篇言"略法先王而不知统",语意正相似。讥其略而不知统,非讥其法先王也。后人误认先王后王为对立,遂有荀子法后王不法先王之谬说。盖未尝检《荀子》全书而通阅之也。①

钟泰对杨注的订补,总体看是确当的,也得到了其他学者的认同。我们从杨树达《书评》可以看出:杨文列举钟氏"纠驳杨倞注之得失"共50条,其中认为得当者44条,并评价说:"以上纠驳杨注之说,大都犁然涣然,实足以正前人之误,固非好为立异者可比也。"②

(二)订正清代诸家之失,力图更加贴近荀子旨意

《荀注订补》是以王先谦《集解》为基础进行考释的,其中既有针对诸家纠发杨注之误和未尽当的补正,也有针对诸家对荀子本身诠释之误的订正,本文将两种情况合起来说明。

清代《荀子》文献整理的成就世所公认,一个重要原因是得益于汉学家的朴学方法。有研究者指出:自唐至明,《荀子》的校注,包括明人那些节本、评点本,总共不过7种,而仅清代就有25种之多,不但数量陡增,而且版本考订、文字校勘、词义训释等各方面,都取得了相当可观的成绩。③ 如何在清人成绩的基础上进一步完善《荀子》文献整理,是后人面对的问题。钟泰《订补》认为,清人注荀的最大失误是"摒弃

---

① 钟泰:《荀注订补》,第43页。
② 杨树达:《钟泰〈荀注订补〉书评》,第224页。
③ 参见郭志坤:《荀学论稿》,三联书店1991年版。

义理不欲言",这势必造成严重的学术失误。正如钟泰所说:"若夫逞其私臆,变易义理,学者不察,或乐其浅易,或喜其新奇,则不独有违一书本意,亦且贻害心术。"① 笔者只想侧重于钟泰如何纠发诸家的义理缺失,举例说明《订补》的特色所在。

其一,纠发"以后世之见测古人之言"的失误。例如:

《非十二子》篇:乐富贵者也。

杨注:"乐其道也。"俞樾曰:"乐富贵岂得谓乐其道,正文'乐'字疑涉注文而误。"王先谦曰:"'富'字当是'可'字之误。正文言'乐可贵者也',故注以'乐其道'释之,惟道为可贵也。"刘师培曰:"'富贵'二字系'良贵'之讹。"

(钟)案:"富贵"字不误,其曰"乐富贵"者,根上"仕士"来。《孟子》亦曰:"中天下而立,定四海之民,君子乐之。"杨注乐其道者,非解本文,乃因本文而推言之以足其意。若曰乐富贵者,非果以富贵为乐,亦乐其道之得行于天下耳。不得因注遽断本文之有误也。……古人未尝以富贵为讳,以其不徒富贵也。后世无可以富贵之实,而顾徼富贵以自荣,其究或反至贼害于天下。于是富贵乃为汙恶之名,群避之而不敢道。如俞王刘三氏疑"富贵"为讹字,皆以后世之见测古人之言也。②

王天海《荀子校释》中针对杨注案曰:"乐富贵,杨注'乐其道也',似与正文不切,故致歧说纷起。或疑正文有误,或说不误。"③ 这显然是与钟泰有所共识的。

其二,指出不能通观荀书意旨造成的失误。例如:

---

① 钟泰:《荀注订补》,"序"第3页。
② 同上书,第29—30页。
③ 王天海:《荀子校释》,第224页。

《解蔽》篇：宋子蔽于欲而不知得。

杨注："宋子以人之情欲寡而不欲多，但任其所欲则自治也，蔽于此说而不知得欲之道也。"俞樾曰："古得德字通用，'蔽于欲而不知德'，正与下句'慎子蔽于法而不知贤'一律。注失之。"

（钟）案：得不得训德。宋子曰："人之情欲寡"，是宋子本主寡欲，非贪欲之徒。岂得以欲德相对而曰不知德乎。《正论》篇驳宋子见侮不辱使民不斗之说，曰斗在恶而不在辱。此意盖云，人之所求亦在得而不仅在欲。彼以恶字破辱字，一也。

又案：《正名》篇曰："欲不待可得，而求者，从所可。"又曰："欲虽不可去，所求不得律者，欲节求也。"然则"欲"是一字，"得"又是一字。欲但在心，而得者涉于物。涉于物者，有可求不可求，可得不可得。人之所争者，亦在得之合义与否，不在欲之多寡也，彼亦辨正宋子之说者。以彼此合观之，作得不作德明矣。杨注不知得欲之道，意为近之。

又案：宋子虽曰人之情欲寡，而其所以说秦楚之王者，仍不免以利言，是其立论终堕于欲之一边也。固孟子以仁义救之，即其不知仁义，则亦可曰'蔽于欲而不知德'。有主俞氏之说者，或当以此申之。①

梁启超在其"读荀示例"也对该句作了分析，指出："得，即《论语》'戒之在得'之'得'。宋子言人之情有寡欲的一面，而不知其更有贪得的一面。即'有见于少，无见于多'之义。"②

钟泰纠发注荀各家因轻视义理造成的失误，是其《荀注订补》的一大特色。这不仅与他《荀子》整理的功力有关，更与他的荀子思想研究

---

① 钟泰：《荀注订补》，第134—135页。
② 梁启超：《荀子评诸子语汇释》，《中国古代学术流变研究》，中华书局1947年版，第7页。

有深层关联，本章的第三节将进一步深入探讨此问题。

（三）提出独特的创说，力图促进荀书文献整理研究

《荀子》文献整理需要继往开来，钟泰《订补》在这方面有不少创说新意和独到之处，杨树达《书评》对此作了比较全面的总结：

> 其有旧注无说，而著者创说者，胜意颇多。如《儒效》篇云："行礼要节而安之，若生四枝。"著者谓："而"字疑衍，"安之"当作"之安"，与下文"要时立功之巧，若诏四时，平正和民之善，亿万之众而搏若一人"，语例相同。《富国》篇云："执同而知异"，著者云：句属上读，上文"皆有可也，知愚同"，所谓"执同"也；"所可异也，知愚分"，所谓"知异"也。同篇又云："上以法取焉，而下以礼节用之。"著者谓"以法取，以礼节用"，皆在上之事，文不当有下字，当删。同篇又云："若夫兼而爱之，兼而制之。"著者校"制"当为"利"，兼爱兼利语本墨子。《王霸》篇云："尺寸寻丈，莫得不循乎制度数量然后行。"著者谓：得字衍文。《君道》篇云："四统者俱而天下归之"，著者校俱当为具。《臣道》篇："过而通情，和而无经。"著者校通、过二字当互易。《正论》篇云："今人或入其央渎。"著者校"央"为"穴"字之误。《性恶》篇云："习伪故。"著者谓"故"与《庄子·达生》篇"生于陵而安于陵，故也"之故同，谓惯习。《成相》篇云："尧不德，舜不辞。"著者释"不德"为不自以为德。皆立说之善者也。[1]

观杨树达上述概括之意，钟泰能够有所创说主要是因为其考释中注重上下文思路和语例的统一，注重先秦诸子学说宗旨的融会贯通和准确把握。

---

[1] 杨树达：《钟泰〈荀注订补〉书评》，第233—234页。

笔者认为，这更得益于他深厚的诸子学素养，"合汉宋而一之"的治学方法，"学至于义理其至矣"的为学宗旨，因此他能够合理吸取清人注荀的经验教训。这也是钟泰在荀书整理领域的重要贡献和诠释经验。

除此之外，钟泰《订补》也有立说巧妙，为人称道者。杨树达谓：

> 《王制》篇云："天下无王霸主则常胜矣。"王念孙以文为说霸者之事，校删霸字，著者则谓：天下有王，霸者固不能常胜；天下有二霸，霸者亦不能常胜。如春秋时晋楚并霸时事，可见也。霸非衍文，不可删。案此条立说甚巧，虽不必为定论，固自可存。①

当然，对于钟著，后人也有存疑者。例如：

> 《修身》篇云："扁善之度。"
> 钟泰案：卢、郝训扁为平是也，而意尚未尽。平者中也，《礼论》曰："礼者，断长续短，损有余益不足"，无余无不足之谓中。观用度字可见也。②

杨树达修正曰：

> 著者从卢文弨、郝懿行之说训扁为平，又训平为中，则失其标题之意义矣。又云：观用度字可见，意似认为度量程度之度，不知此度当训法度，不谓程度度量也。③

王天海《〈荀子·修身篇〉校释订补五则》案：

---

① 杨树达：《钟泰〈荀注订补〉书评》，第 226 页。
② 钟泰：《荀注订补》，第 6—7 页。
③ 杨树达：《钟泰〈荀注订补〉书评》，第 277 页。

扁，通徧。《庄子·知北游》："扁然万物，自古以固存。"成玄英疏"扁然，徧生之皃儿也。"徧，又同遍。德明《释文》："徧，古遍字。"秦汉古籍，徧、辩字常通用，故《韩诗外传》又作"辩善之度"。徧，全也；度，法也。《书·大禹谟》："罔失法度"，《左传》昭公四年"度不可改"。故知"度"可引伸为方法、法术、法度。扁善之度，即全善之法。①

骆瑞鹤《荀子补正》按：

钟氏又转训为中，失之益远。……扁善之度，即全善之法，谓由礼而行。②

分析钟泰致误的原因是对文意理解不当导致训释错误。杨树达《书评》从"著者误驳者""对于旧说之失择"和"考之未周而误说者"等方面指出了钟著的失误，其中不乏合理的批评和纠正。笔者以为，不论钟著的得还是失，对《荀子》文献整理都具有借鉴价值。当然正像杨树达评价钟泰《订补》所言，"衡量得失之量，胜义终较误处为多"，"要之著者于荀子书为曾用心力者，殆可断言。"

第三节　钟泰《荀子》文献整理的思想依据

笔者设本节意在说明，钟泰《荀注订补》纠发清人注荀"摒弃义理

---

① 王天海：《〈荀子·修身篇〉校释订补五则》，《贵州文史丛刊》2003 年第 2 期。
② 骆瑞鹤：《荀子补正》，第 9 页。

不欲言",主张"考之以文,揆之以理"的文献整理方法,提出由"训诂之相通"到"义理之所安"的考释原则,是建立在他对荀子思想学说全面把握和深刻领会的基础之上的。同时也说明文献整理研究如果能够与思想学术分析相结合,是更合理的学术研究方法,也更有益于《荀子》研究的深化。

一、钟泰荀学观的主导倾向

钟泰在其《中国哲学史》第一编"上古哲学史"的第 11 章对荀子哲学作了阐发。全章分六部分:性恶、礼论、解蔽、正名、天论和法先王。读钟泰的荀子一章给人最深刻印象是,特别注重通过荀、孟对比来阐发荀子哲学思想,并试图阐发孟荀学说的一致性和互补性。以彰显荀学对于儒学的意义。综观钟泰的荀学观有如下要点。

(一)荀子与孟子共同构成对孔子思想的传承

钟泰说:"盖自孔子没而儒术分散,能振其业者,在前惟孟子,在后惟荀子。言虽不同,而其粹然为圣人之传则一也。"[1] 李泽厚在谈到荀子的学派归属时曾说,"因为传统的说法是儒家自己的,便经常突出他与孔孟正统特别是孟子的岐异和对立。其实,荀与孔孟的共同点,其一脉相承处是更为基本和主要的。荀子可说上承孔孟,下接易庸,旁收诸子,开启汉儒,是中国思想史从先秦到汉代的一个关键。"[2] 钟泰认为荀子之学出于孔门仲弓(小孔子 9 岁,以德行称,并长于政事),因"荀子书每道仲尼、子弓"。

---

[1] 钟泰:《中国哲学史》卷上,商务印书馆 1929 年版,第 68 页。
[2] 李泽厚:《荀易庸记要》,《文史哲》1985 年第 1 期。

(二) 荀子之持论与被奉为儒家经典的《大学》之旨、《中庸》之愿、《孟子》之功,旨趣相通

钟泰指出:

> 其言"君子养心莫善于诚,顺命以慎其独",一《大学》慎独诚意之旨也。其言"自知者不怨人,知命者不怨天",一《中庸》居易俟命之愿也。其言"君子之学,入乎耳,箸乎心,布乎四体,形乎动静。端而言,蝡而动,一可以为法则,一《孟子》睟面盎背之功也。"①

我们知道,《学》《庸》《论》《孟》乃朱熹四书之大体也。钟泰将荀子思想学说与《学》《庸》《论》《孟》建立联系,有肯定荀学与程朱理学存在内在联系的意图。清代学者在对宋明理学的反思中已注意到孟荀学说的一致性以及荀学对理学的影响,钱大昕云:

> 宋儒所昔议者,惟《性恶》一篇。愚谓孟言性善,欲人之尽性而乐于善;荀言性恶,欲人之化性而勉于善;立言虽殊,其教人以善则一也。宋儒言性,虽主孟氏,然必分义理与气质而二之,则已兼取孟、荀二义,至其教人以变化气质为先,实暗用荀子"化性"之说。②

(三) 通过荀孟对比阐发荀子哲学,并揭示荀孟思想的一致性和互补性是贯穿钟泰荀子研究的主线

其中"性恶""解蔽""天论"和"法先王"各节都用较大篇幅分析

---

① 钟泰:《中国哲学史》卷上,第68页。
② 钱大昕:《跋荀子》,载谢墉:《笺释》,江苏古籍出版社1997年版。

了荀子与孟子思想的内在关联性。

其一,在论性方面,钟泰指出,直观地看,"荀子与孟子不同者,厥为性恶之说。"事实上孟荀所言之性,盖各有所指。孟子曰:"人之学者,其性善。"荀子谓:"不可学不可事而在人者,谓之性。可学而能可事而成之在人者,谓之伪。""孟子之所谓性,并荀子之伪在其中。而荀子之所谓性,则孟子之所云'性也,有命焉,君子不谓之性'者也。"①荀子有别于孟子的原因,是鉴于当时学者之纵情性,安恣睢,而慢于礼义,欲以矫饰扰化为教,故不以为性而以为伪。孟荀人性论是相反相成的。他说:

> 荀子之所以谓人之性恶者,为人之不肯为善而发,非为人之不可为善而发。其贬性也,正所以反性也。是故于孟子而得性善,则君子有不敢以自诬者矣;于荀子而得性恶,则君子有不敢以自恃者矣。天下之言,有相反而实相成者,若孟、荀之论性是也。②

其二,在论礼方面,钟泰指出:"孟子言性善,故有扩充而已矣。荀子言性恶,则取矫饰扰化。而矫饰扰化之用,莫大于礼。"他说:

> 荀子之于礼,可谓至矣。
> "天地者,生之始也。礼义者,治之始也。"(《王制》)且其言富国也,必归于节用裕民(见《富国》篇)。言强国也,必归为节威反文(见《强国》篇)。言乐,则曰谨为之文(见《乐论》篇)。言兵,则曰妙之以节(见《议兵》篇)。③

---

① 钟泰:《中国哲学史》卷上,第70页。
② 同上书,第71页。
③ 同上书,第72页。

其三，在论心方面，钟泰指出："夫言性，则荀子与孟子有不同也；而言心，则无不同。"他从心对欲的调节功能，心对五官的统帅功能和心对事物是非的权衡功能三方面揭示了孟、荀言心的相同点。他说：

> 荀子曰："人之所欲生，甚矣。人之所恶死，甚矣。然而人有从生成死者，非不欲生而欲死也；不可以生，而可以死也。故欲过之，而动不及，心止之也。心之所可中理，则欲虽多，奚伤于治。欲不及，而动过之，心使之也。心之所可失理，则欲虽寡，奚止于乱。故治乱在于心之所可，亡于情之所欲。"（《正名》）而孟子固曰："所欲有甚于生者，所恶有甚于死者，非独贤者有是心也，人皆有之。贤者能无丧耳。"此其同者一也。荀子曰："耳目口鼻形能，各有接，而不相能。夫是之谓天官。心居中虚，以治五官。夫是之谓天君。"（《天论》）而孟子固曰："耳目之官，不思而蔽于物。物交物，则引之而已矣。心之官则思。思则得之，不思则不得也。"此其同者二也。荀子曰："凡人之取也，所欲未尝粹而来也。其去也，所欲未尝粹而往也。故人无动而可以不与权俱。"（《正名》）而孟子固曰："权然后知轻重，度然后知长短。物皆然，心为甚。"此其同者三也。①

于是，得出结论说：

> 夫性而善也，则思何以率其性，舍心，而性不达也；性而恶也，则思何以矫其性，舍心，而性不节也。性之途歧，而心之用一。此孟、荀之所以不得不同也。②

---

① 钟泰：《中国哲学史》卷上，第73—74页。
② 同上书，第74页。

其四，在论天方面，钟泰指出，"荀子之言天，犹其言性也。言性，不重性而重伪，故曰性恶。言天，不重天而重人，故曰惟圣人不求知天。然重伪，而未始以为伪之可以灭性也。……重人而未始以为人之可以敌天也。""今人自不信天，乃假此以攻孔孟天命之说。不知人之命在天（见《天论》篇），荀子固自言之。"① 肯定"尽人知命"是荀子与孔孟在论天思想上的共识。

其五，在论法先王与法后王方面，钟泰指出：

> 荀子之言后王，与孟子之言先王，曾无以异。盖自战国言之，则谓之先王；自上古言之，则谓之后王。其实皆指周也。
>
> 言先王，言后王，随宜而言之，非有定也。是故其非子思、孟子也，曰："略法先王，而不知其统。"（《非十二子》篇）亦过其略而不知其统，非过其法先王也。其讥俗儒也，曰："呼先王以欺愚者，而求衣食焉。"（《儒效》篇）亦责其欺愚者求衣食，非责其呼先王也。不然其称大儒，乃亦以法先王统礼义一制度为言，何哉？后人不察，以为荀子之法后王，为对孟子之法先王，则何不于荀子全书而熟考之？②

对荀子法先王与法后王之说，李中生指出"荀子既法先王又法后王的学说，可以概括为一句话，即：道法先王，法法后王。"认同两者并不对立，但认为法先王与法后王是有区别的。③

---

① 钟泰：《中国哲学史》卷上，第76—77页。
② 同上书，第77—78页。
③ 李中生：《〈荀子〉训诂小札》，载《〈荀子〉校诂丛稿》，广东高等教育出版社2001年版，第64页。

二、钟泰荀子思想研究的动因分析

值得分析的问题是钟泰为什么如此重视荀学与孔孟儒家的一致性和互补性？为什么在荀子哲学的阐发中要荀孟对比？钟泰的荀子思想研究目的何在？笔者从下述四点作出分析。

其一，钟泰的荀子思想研究是针对近代思潮的，目的是使荀子思想回归儒家传统。

前面我们提到，概括地看，20世纪前期的荀子思想研究是由融贯中西文化到彻底清算传统文化为背景的，伴随经学的衰落、儒学的式微，贬荀、抑荀或尊荀都与社会思潮和政治要求密切相关，荀子思想和荀书面目有必要正本清源。钟泰的《中国哲学史》就是针对近人将中西学术强为比附造成对传统误读的学术流弊而作，体现了他将荀子思想学说纳入儒学体系理解和诠释的学术思想整合意图。反映了钟泰试图在20世纪前期荀子研究的流行思潮（例如，发掘荀学与西学的关系；以尊荀或黜荀来抗衡政治）之外另辟蹊径的荀子研究思路。

其二，钟泰的荀子思想研究是针对清代汉学的，目的是打通汉学与宋学方法。

当然，由于钟泰治学的时代直接承继清代学术，调整清代荀学研究的偏向是当务之急。马积高的《荀学源流》总结清代荀学衍变的特点时指出："因推崇荀子的多为经学家、考据学家，且有不同程度的反理学倾向，故其对荀子的肯定和吸收集中于他在传经方面的贡献及其人性论中的合理因素。"[①]

有鉴于清代荀学研究的局限性，钟泰的荀子研究力图贯穿汉宋合一的思想方法。"打破门户之见，合汉宋而一之"，是钟泰整合传统文化和儒家思想的重要方法原则，他的《中国哲学史》和《国学概论》

---

① 马积高：《荀学源流》，上海古籍出版社2000年版，第297—298页。

都突出体现了这一学术主张。先秦学术本为殊途同归，然自汉起今古文之争，门户观念遂愈益突出，至宋明不仅儒释道分明，就是对于儒家内部也特重孔孟与荀卿的区别，极有害于中学传统和儒学体系的完善。而明清以来的汉宋之争，更加速了儒学的裂解。于是发掘孔孟荀儒学的整体价值，既是完整阐发儒家思想的需要，又有利于中学传统的恢复与重建。

其三，钟泰的荀子思想研究也是针对宋明理学的，目的是弥补宋学的理论缺失。

从儒学发展的历史看，唐宋发生了由以"六经"为诠释核心向以"四书"为诠释中心的转移，形成了以注重文本义理发挥、重树儒学价值解释系统的理学思想体系，《论》《孟》《学》《庸》及《易传》成为理学的诠释中心。然而荀子因其以"性恶论"为核心的学说与理学建立在孔孟"性善说"基础上的心性修养理论有龃龉之处，被理学家排斥于儒学之外。"只一句'性恶'，大本已失。"[①]"不须理会荀卿，且理会孟子性善。渠分明不识道理。"[②] 钟泰荀子哲学观则认为，"盖自孔子没而儒术分散，能振其业者，在前惟孟子，在后惟荀子。言虽不同，而其粹然为圣人之传则一也"。[③] 他批评朱熹说："朱子曰：'气质之说，起自张程，极有功圣门，有补后学，前此未曾说到。'然以今观之，即未始不由荀子而出。"[④] 的确，理学以天命之性与气质之性建构的人性论，在构思理路上起关键作用的恰恰是荀子的"化性起伪"之说。显然钟泰是要将荀子名正言顺地纳入理学思想体系，活化理学思想，增强其现代转化的能力。

其四，钟泰的荀子思想研究还是针对太谷学派的，目的是对太谷学

---

① 程颐：《河南程氏遗书》卷十九，《二程集》（上），中华书局1981年版，第262页。
② 黎靖德编：《朱子语类》卷一三七，中华书局1986年版，第3254页。
③ 钟泰：《中国哲学史》卷上，第68页。
④ 钟泰：《中国哲学史》卷下，第22页。

派思想的丰富。

《荀子》通过对"儒"的评判辨析（例如，他对"陋儒""散儒""腐儒""小儒""大儒""贱儒""雅儒""俗儒"的分析，见《荀子》的《劝学》《非相》《儒效》《非十二子》各篇），为后人合理理解和重新建构儒家精神特质提供了重要依据。而其"大儒"的品格契合了太谷之学的儒家理想。太谷学派的修养学说特别重视修身，视"内圣外王"为修身的最高境界。而荀子的"大儒"之说特别强调内外兼修，他指出："彼大儒者，虽隐于穷阎漏屋，无置锥之地，而王公不能与之争名；……用百里之地，而千里之国莫能与之争胜；笞棰暴国，齐一天下，而莫能倾也——是大儒之征也。其言有类，其行有礼，其举事无悔，其持险应变曲当；与时迁徙，与世偃仰，千举万变，其道一也——是大儒之稽也。其穷也，俗儒笑之；其通也，英杰化之，嵬琐逃之，邪说畏之，众人媿之。通则一天下，穷则独立贵名，天不能死，地不能埋，桀、跖之世不能污，非大儒莫之能立，仲尼、子弓是也。"[1]但受理学思想影响，太谷学派前辈学人很少涉及荀子思想。黄葆年已注意到学派的这一理论缺陷，强调重视荀子思想的合理阐发。钟泰的荀子研究在学理上是对其师黄葆年理论的延伸，亦是对太谷之学理论学说的丰富。

总之，荀子思想作为早期儒学内部自我反思批判和具有多元开放性特征的学说，不论尊荀还是黜荀，在中国思想、政治和学术的历史上，始终占有特殊的地位。正如有学者指出的，荀子在先秦的"古今"之争中，法先王的立场，以及"善言古者必有节于今"的历史观，加之重视发挥人力，表现了积极的进取精神。同近代中国人"进步"的观念确有接榫之处。[2]凡此种种都构成了儒学建构的宝贵资源。它对钟泰的儒学重建思考意义重大。

---

[1] 王先谦：《荀子集解》（上），中华书局1988年版，第137—138页。
[2] 参见高瑞泉：《中国现代精神传统——中国的现代性观念谱系》（增补本），上海古籍出版社2005年版。

在当代中国诠释学的建构中，对于中国古代经典注释传统的历史反思是其中一项重要内容。钟泰的荀学研究，钟泰《荀注订补》对清代汉学校注方法的批评反思以及对《荀子》文献整理的独特创说，都具有现实意义。

第五章　庄学再发现

钟泰的庄学研究是其学术人生的一个重点。钟泰从20世纪20年代前期开设老庄课程到60年代初期完成《庄子发微》，历经30余年。虽然期间钟泰的庄学观有一定变化，但他庄学研究的主旨是一致的。他申言庄子之学出于儒家，发庄子"内圣外王"之微旨，考释孔庄学说在义理上的相通，阐发庄子对孔孟的理论补充。笔者认为，钟泰庄学研究，特别是他的《庄子发微》是其儒学重建思想的根源性探索的反映，不论从钟泰学术人生的时间维度，还是从钟泰学术思考的学理维度看，都反映了他学思历程的终趣。

钟泰《庄子发微》（以下简称《发微》）写作缘起：读《发微》会有一种感觉，它是从《庄子》文本和历史上的庄学问题着眼，承唐宋以来庄子研究的理路解读《庄子》。然而笔者认为促使钟泰将积蓄已久的学术思考见诸纸端的直接原因主要有两点：一是华东师大开课的契机。1956年华东师范大学聘请其讲《庄子》等古典文学课程，钟泰曾记载说："前年师大开设古典文学研究班，邀我重行回校，兼任导师，我提供了课程上一点意见后，随即应聘，作为兼任。……讲了三个学期论孟庄老毛诗诸书。"[①]此后的1957年年初，钟泰就决定了注庄一事。（据《钟

[①] 钟泰1958年所写《交心书》。

泰日记》1957年1月19日所记:"饭后过十力处谈,将注庄子事告以大意,颇相合也。")到60年代初钟泰的《庄子发微》全部完成。二是学术环境方面具备了条件:它与新中国成立以来50年代后期出现的庄子研究局面有直接关系。此时期学术界关于庄子及其哲学思想的讨论出现了一个繁荣局面,冯友兰、刘文典、任继愈、关锋、汤一介等当时研究庄子和中国哲学的一些重要学者上阵;《文史哲》《哲学研究》《光明日报》《人民日报》《文汇报》等重要报刊相继关注和发文;北京大学还于1961年召开了庄子的专题学术研讨会。

有学者在对20世纪庄子研究的回顾和反思中指出,1950—1965年为现代庄学发展期。由于受当时意识形态强有力的干扰,这一时期庄学研究所取得的业绩不大,相比新中国成立前明显黯淡,不过,这一时期也有亮点:关锋等人出版了《庄子》研究专著①;几个专题论争也颇有特色,围绕庄子展开论争的论文大都收在中华书局1962年版的由《哲学研究》编辑部编写的《庄子哲学讨论集》里。该书收集了关锋、冯友兰、任继愈、汤一介等人的学术论争。论争主要围绕以下四个论题:一是庄子的阶级属性;二是庄子哲学的性质;三是庄子哲学体系结构;四是庄子与内、外、杂篇的关系。上述论争各方往往偏于一隅而成一曲之士,他们的观点并不可取,但所探讨的论题推动了庄学发展。1958年,古籍出版社出版了刘武的《庄子集解内篇补正》。1961年,中华书局出版了王孝鱼点校的郭庆藩的《庄子集释》。②

钟泰本人也是这场论争的参与者。他发表在1962年6月19日《文汇报》第3版的《谈研究庄子》一文与严北溟(1907—1990年,字渤侯,湖南湘潭人)的《从道家看庄子》出现在同一个版面上。本版的"编者记"道出了如此刊登的用意:"如何评价庄子哲学?是当

---

① 关锋以阶级论立场和扬今贬古态度解读《庄子》,写成《庄子内篇译解和批判》,中华书局1961年版。
② 参见包兆汇:《二十世纪庄子研究的回顾与反思》,《文艺理论研究》2003年第2期。

前学术界讨论比较热烈的一个问题。今天本版发表两篇文章。《从道家看庄子》一文，着重从先秦道家思想发展的总线索分析庄子哲学的性质；《谈研究庄子》一文，主张以《天下篇》中'内圣外王'四字作为探究庄子思想的要领。两文各从不同角度提出了作者的见解，可供研究、讨论庄子者参考。"确实，钟泰此文是他对此前完成的《庄子发微》全书宗旨的高度概括。而《发微》全书则力证"周之内圣外王之学乃宗于孔氏而为颜渊之传也"，实发"庄子之学出于儒"的诸多新见。

第一节 "庄子之学出于儒"论列

庄子与儒家的关系，是庄学史和儒学史上一个重要的话题。

首先，这个话题的提出源于《庄子》文本以儒家特别是孔子为重要写作对象，《庄子》是在借孔子阐发其思想意旨。怎样看待庄子眼中、心里的孔子？孔子对《庄子》究竟意味着什么？成为人们关注的问题。

其次，这个话题的深层原因是儒道关系问题。太史公用"其学无所不窥，然其要本归于老子"概括庄子学说。历史上老庄并称，庄子思想成为道家重镇。随着黄老政治思想和道教在历史上形成的重要影响力，汉初形成了儒道两个对立的显学格局。儒道关系成为学术和思想史上的重要问题。

最后，这个话题的现实成因是肇始于唐代儒学复兴的需要。在儒释道三教的论争中，《庄子》中"内圣外王"的理论论题和"道通为一"的哲学建构的重要理论价值，被儒学大家视为宝贵的思想资源。

由于庄子与儒家之间存在的深层和多重关系，在庄学史上出现了

"以儒解庄"的诠释路径①，形成了由唐代韩愈首倡，宋代王安石、苏轼、林希逸，清代章学诚、姚鼐、廖平，近现代章太炎、郭沫若、钟泰等为代表的诠释观点。

概括分析上述学者的主张可归纳为如下两类：一是认定庄子之学出于儒。其中韩愈、章学诚、姚鼐认为出于子夏门人；而章太炎、郭沫若、钟泰认为出于颜渊一派；廖平则认为庄子传孔子之"天学"（认为孔子六经之学分天学和人学）；童书业认为庄子学派源出儒家，后转向道家。二是认为庄子是站在儒家立场的思想家。苏轼认为"庄子盖助孔子者"；王安石认为庄子称道六经推崇儒家孔子思想为道术大观；林希逸持解庄的儒家立场；徐克谦认为庄子主要是从老年孔子的思想中接受了一些影响。后一种观点如果站在先秦儒道同源的背景下看，孔子学术比庄子形成早影响亦早，强调庄子思想受儒家孔子较多影响是比较接近事实的。但真正奠定"以儒解庄"的诠释路径和学术影响并因此引起学术争鸣的，则是以韩愈为代表的"庄子之学出于儒"的主张。所以，笔者认为对"以儒解庄"学术问题的澄清，主要应是针对前一种观点的分析。

一、"庄子之学出于儒"的提出

韩愈是历史上首先明确提出庄子之学渊源于儒家孔门弟子的。他说：

> 吾尝以为孔子之道大而能博，门弟子不能遍观而尽识也，故学焉而皆得其性之所近。其后离散分处诸侯之国，又各以其所能授弟

---

① 笔者以为"以儒解庄"这种说法太笼统。"儒道互补"是中国哲学和文化的一大特点，也是中国传统思想学术发展的主要特征。魏晋玄学的向、郭何尝不是以儒解庄？所以有必要突出论题的问题意识和准确含义，笔者认同崔大华"庄子之学出于儒"的说法（参见崔大华：《庄子研究》，人民出版社1992年版，第344页）。但由于"以儒解庄"已成为庄学研究中相对固定的术语，本文亦采用之。

子,原远而末益分。盖子夏之学,其后有田子方,子方之后流为庄周。故周之书喜称子方之为人。①

苏轼是在《庄子祠堂记》一文中阐发他的庄子儒学观的。他提出《史记》对庄子的记载仅知庄子之粗,事实上"庄子盖助孔子者"。他说:

> 谨按《史记》庄子与梁惠王、齐宣王同时,其学无所不窥,然要本归于老子之言,故其著书十余万言,大抵率寓言也。作《渔父》、《盗跖》、《胠箧》以诋訾孔子之徒,以明老子之术,此知庄子之粗者。余以为庄子盖助孔子者,要不可以为法耳。②

他指出庄子是采取"阳挤而阴助"的策略来助孔子的。他说:

> 故庄子之言皆实予而文不予,阳挤而阴助之,其正言盖无几。至于诋訾孔子,未尝不微见其意。其论天下道术,自墨翟、禽滑釐、彭蒙、慎到、田骈、关尹、老聃之徒,以至于其身,皆以为一家。而孔子不与,其尊之也至矣。③

清代章学诚在阐释经传的起源和关系时,引述了庄子对儒家六经的阐发观点,亦认为庄子乃孔门子夏门人。他说:

> 至于官师既分,处士横议,诸子纷纷著书立说,而文字始有私

---

① 韩愈:《送王秀才序》,钱仲联、马茂元校点:《韩愈全集》,上海古籍出版社1997年版,第212页。
② 苏轼:《庄子祠堂记》,孔凡礼点校:《苏轼文集》第二册,中华书局1986年版,第347页。
③ 同上。

家之言，不尽出于典章政教也。儒家者流乃尊六艺而奉以为经，则又不独对传为名也。荀子曰：夫学始于诵经，终于习礼。庄子曰：孔子言治《诗》、《书》、《礼》、《乐》、《易》、《春秋》六经。又曰：繙十二经，以见老子。荀庄皆出子夏门人，而所言如是，六经之名，起于孔门弟子亦明矣。①

章太炎亦提出"庄生传颜氏之儒，述其进学次第"。② 他在1922年讲国学时又明确指出：

> 孟子和荀子是儒家，记载颜子的话很少，并且很浅薄。庄子载孔子和颜回的谈论却很多。可见颜氏的学问，儒家没曾传，反传于道家了。庄子有极赞孔子处，也有极诽谤孔子处，对于颜回，只有赞无议，可见庄子对于颜回是极佩服的。庄子所以连孔子要加以抨击，也因战国时学者托于孔子的很多，不如把孔子也驳斥，免得他们借孔子作护符。照这样看来，道家传于孔子为儒家；孔子传颜回，再传至庄子，又入道家了。
>
> 庄子的"无我"和孔子的"毋我"、颜子的"克己复礼"也相同，即一己与万物同化，今人所谓融"小我"于"大我"之中。这种高深主张，孟、荀见不到此，原来孔子也只推许颜回是悟此道的。所以庄子面目上是道家，也可说是儒家。③

如果说前此学者们多是个别论点的话，郭沫若的《庄子的批判》则

---

① 章学诚：《文史通义》《经解》（上），叶瑛：《文史通义校注》，中华书局1985年版，第93—94页。
② 章太炎：《菿汉昌言》经言一，虞云国校点：《菿汉三言》，上海世纪出版集团、上海书店2011年版，第82页。
③ 章太炎：《国学概论》，上海古籍出版社1997年版，第32、35页。

可以看作是对上述观点的综合继承，并力图为其寻求合理的解释。（郭沫若《庄子的批判》写于1944年9月，收入《十批判书》，人民出版社1954年版）

其一，郭沫若指出庄子应是颜氏之儒，一个重要论据是"书中征引颜回与孔子的对话很多，而且差不多都是很关紧要的话"。他说：

> 韩愈疑庄子本是儒家。出于田子方之门，则仅据《外篇》有《田子方》篇以为说，这是武断。我怀疑他本是"颜氏之儒"（章太炎曾有此说，曾于坊间所传《章太炎先生白话文》一书中见之），书中征引颜回与孔子的对话很多，而且差不多都是很关紧要的话，以前的人大抵把它们当成"寓言"，便忽略过去了。那是根据后来所完成了的正统派的儒家观念所下的判断，事实上在孔门初一二代，儒家并不是那么纯正的，而儒家八派之中，过半数以上是已经完全消失了。①

其二，郭沫若强调，应合理看待《庄子》中菲薄儒家之言的用意，事实上庄书中认真称赞儒或孔子的地方则非常严肃。他指出：

> 《庄子》书中虽然很多地方在菲薄儒家，如像《杂篇》中的《盗跖》、《渔父》两篇更在痛骂孔子，但那些都是后学者的呵佛骂祖的游戏文字，而认真称赞儒或孔子的地方，则非常严肃。《天下》篇把儒术列为"内圣外王之道"的总要，而称道《诗》、《书》、《礼》、《乐》与邹鲁之士、搢绅先生，谓百家众技只是"一曲之士"，这态度不是很鲜明的吗？《天下》篇不是庄子本人所作，但如《齐物论》篇言

---

① 郭沫若：《庄子的批判》，胡道静主编：《十家论庄》，上海人民出版社2008年版，第90页。

"六合之外，圣人存而不论；六合之内，圣人论而不议；《春秋》经世，先王之志，圣人议而不辩"，这所谓"圣人"，很明显地是指仲尼。①

其三，郭沫若认为孔子、颜回是有出世倾向的，这种倾向被《庄子》进一步发展了。郭文讲：

> 颜回和孔子都是有些出世倾向的人。一位是"一箪食，一瓢饮，在陋巷……不改其乐"；一位是"饭疏食饮水，曲肱而枕之，乐亦在其中"。孔子曾对颜回说："用之则行，舍之则藏"，只有他们两个才能够。……于是在《庄子》里面便出现了孔子的"心斋"和颜回的"坐忘"之说（引《人间世》和《大宗师》原文）。这些不必就是孔、颜真正说过的话，但他们确实有过些这样的倾向，被他们的后人把它夸大而发展了，是无法否认的。②

二、对"庄子之学出于儒"论断的分析

（一）通过以上对历史上以儒解庄观点的回顾，可以得出如下结论

其一，以儒解庄的诠释观点出现于唐代，由倡导古文运动的著名儒者韩愈明确提出，反映了儒学在新形势下整合传统思想文化的愿望和需要。而庄子思想的博大包容、方法的独特、体系的精深、境界的超越，都是传统思想学术中珍贵的思想资源。

其二，试图揭发庄子与孔子及儒家思想学说深刻的内在联系。例如，都强调《天下篇》"《诗》以道志，《书》以道事，《礼》以道行，《乐》以道和，《易》以道阴阳，《春秋》以道名分"，是对六经和儒家思想的

---

① 郭沫若：《庄子的批判》，胡道静主编：《十家论庄》，第 90—91 页。
② 同上书，第 92—93 页。

精准理解和高度概括。强调从"庄子之意"把握《庄子》与儒家关系的解读方法。

其三，上述观点都仅仅是作者们的零散之见，出现在他们的分析文章或研究笔记之中，难以形成系统见解。

其四，不论主张庄子是子夏门人还是颜渊门人，都难以找到充分的史料论据。更重要的是，不论见解多么高明，都不能仅停留在表面的对比和观念上，而需要从孔门和庄学双方理论思想的深层，分析并揭示它们的关系。

钟泰的《庄子发微》是一部从《庄子》全书诠释疏通其儒学本质的著作，对前人的"以儒解庄"观点既有借鉴更有突破，是 20 世纪"以儒解庄"的重镇。

（二）对"庄子之学出于儒"，学界有反驳的观点

具有代表性的是崔大华在其《庄子研究——中国哲学一个观念渊源的历史考察》一书中，针对以郭沫若为代表的"庄子师承颜渊"和"颜回有出世倾向"的说法提出辨析。他详细列举对比了《论语》和《庄子》文本中对颜渊的记载内容后得出结论：说庄子本是颜氏之儒是"率尔之辞"。他的主要论据如下：

> 《庄子》中记述的孔子与颜渊的对话，多数是借孔子之口表述一种庄子的而不是儒家的观点，唯一的一次借颜渊之口表述的"坐忘"的观点，也显然是庄子特有的思想，而和《论语》中颜渊"请事斯语"的内容正相反对。……《庄子》对孔子、颜渊言行的记述多具有这种借外立论、借古人立论的"寓言"、"重言"性质。[1]

---

[1] 崔大华：《庄子研究》，第 347—349 页。

至于说颜回有出世倾向与庄周在思想上接近，崔反驳说：

> 孔子说自己"饭疏食、饮水，曲肱而枕之，乐亦在其中矣。不义而富且贵，于我如浮云"……颜渊也正是这样的人。这种快乐也是一种自由；这种由实践某种道德律令而经历的快乐和自由，性质上是属于康德所描述的那种意志自由。这和庄子要摆脱一切世俗束缚、返归自然而体验到的那种"逍遥"的情态自由和快乐是不同的。①

但崔大华也肯定"在庄子时代，孔子已经赢得广泛的尊崇，已为世人奉为师表。就庄子本人来说，他对孔子也是真诚地尊重的"。他举了《庄子·寓言》篇庄子谓惠施曰"孔子行年六十而六十化，始时所是，卒而非之，未知今之所谓是之非五十九非也"的对话，肯定在庄子心目中，孔子是个有极高德行的人。他认为："基于这样的背景，《庄子》中的孔子经常是以代道家立论的被尊崇的先贤、师长的形象出现的。"②

崔文还针对庄学研究中儒庄关系的辨析，提出应该区分学说或思想体系间的学术背景关系和理论渊源关系的不同。他指出渊源关系表现为较早的思想学说里的基本概念、命题、思想在其后出现的学说或思想体系里得到继承和发展；而背景关系则是指一种在先的学说思想所产生的理论环境、社会后果构成了一种激起新的学说思想形成的契机、条件。他认为对庄子思想来说，儒家思想学说只能构成一种学术的观念背景。

笔者虽不认同崔大华的结论，但认为他提出的识别理论学说之间渊源关系的观点，对深入研究庄子与儒家关系在方法上有启示意义。说明我们对于儒庄关系的深入探讨，需要更关注两者之间概念、命题、思想之间的深层联系。

---

① 崔大华：《庄子研究》，第349—350页。
② 同上书，第350—351页。

但崔著断言儒庄之间只能构成一种学术的观念背景，而非渊源关系，笔者认为这种观点是用后世儒道门户壁垒的眼光看待儒庄关系。事实上，儒道同源早在先秦和汉代就是公认的。《庄子》一书就明确表达了先秦学术同源的观点。《庄子·天下》篇曰："古之人其备乎！配神明，醇天地，育万物，和天下泽及百姓。明于本数，系于末度，六通四辟，大小精粗，其运无乎不在。……《诗》以道志，《书》以道事，《礼》以道行，《乐》以道和，《易》以道阴阳，《春秋》以道名分。其数散于天下而设于中国者，百家之学时或称而道之。"肯定百家渊源于王官六艺之学。汉代刘、班亦肯定，九流之学，皆出于古之某官。"合其要归，亦六经之支与流裔"。[①] 笔者认为，儒道的同源，还可以从他们理论学说所体现的共同的民族文化精神中反映出来。他们都是人文主义思想，关注人的精神生活，具有很强的人道主义关怀，主张和平反对战争，等等。崔著提出儒庄理论渊源不同的观点，显然是过于严苛的门户意识造成的。

第二节　钟泰的庄学研究概观

早在20世纪20年代初钟泰就开设过老庄讲座。1929年出版的《中国哲学史》第一编"上古哲学史"第八章"庄子"，设"大宗师""齐物论""养生主""应帝王"四部分，阐释了庄子哲学。他1962年在《文汇报》发表的《谈研究庄子》一文，主张以《天下篇》中"内圣外王"四字作为探究庄子思想的要领。20世纪60年代初完成《庄子发微》全

[①] 班固：《汉书·艺文志》，顾实：《汉书艺文志讲疏》，上海古籍出版社1987年版，第167页。

面系统阐发自己的庄学主张。下面本文将围绕其《中国哲学史》和《庄子发微》，分前后两阶段分析钟泰的庄学研究特点。

一、钟泰前期的庄子哲学思想研究

钟泰在《中国哲学史》中论庄子哲学，可视为其系统研究庄子思想学说的前期成果。下面对其主要观点做一概述。全文首先概括庄学特点说："其学贯孔、老二家，而又益之以恣肆。《天下》篇曰：'以天下为沉浊，不可与庄语。以卮言为曼衍，以重言为真，以寓言为广。'故其意颇难知。"并对后世评庄之说予以批评："《史记》谓周掊击儒、墨，而如《人间世》《德充符》诸篇，其所以推崇孔子者甚至，所为掊击者，岂其然乎？"魏晋援庄老入佛，谓庄子有出世思想，"然七篇终之以《应帝王》，而《天下》篇明明谓内圣外王之道，则与佛之出世固迥殊矣。"近人摭拾庄子"万物以不同形相禅"之一言，与达尔文《天演论》相比附，去庄子之真意益远。[①] 从上述论断可以看出，钟泰是要立足于反对传统的庄学之论和主流的论庄方式解读庄子哲学的，既有推翻《史记》谓庄"其学无所不窥，然其要本归于老子"的定论之意，又反对将庄子思想解读为像佛之出世或者附会进化论。那么钟泰理解的庄子哲学是怎样的？

钟泰分别以《庄子》中的四篇为题，从四个层面阐释庄子哲学的整体特征：

一、大宗师。庄子揭示了"道"是事物的本体，明道之人乃真人。钟泰指出："庄子之真实学问，在《大宗师》一篇。所谓'大宗师'者何也？曰：道也。""明道也，真人也，大宗师也，名虽有三，而所指则一也。特以其本体言之，则谓之道；以其在人言之，则谓之真人，谓之大宗师

[①] 钟泰：《中国哲学史》卷上，第42页。

耳。庄子惟得乎此，故能齐生死，一寿夭，而万物无足以撄其心者。"①钟泰认为，庄子哲学的宗旨是以"道"为本体展开的哲学思考，强调人要体道、得道，从而获得生命的超越理据。

二、齐物论。庄子揭示道的作用是齐"不齐"。钟泰说："夫囿于物我是非，则物我是非道之贼也。通于物我是非，则物我是非道之用也。""齐物论者，始于破物我是非之争，终于顺物我是非之应。""不齐之齐，'齐物论'之极轨也。"②钟泰认为，庄子哲学的方法是体道和得道，通过"破物我是非之争"进而达到"顺物我是非之应"的境界，实现生命的超越。

三、养生主。庄子揭示"生"是道的本性。钟泰指出："养生主者，主于养生也。养生奈何？欲知养生之说，当先知生之为何物。生者，大宗师之谓也。""是故生者，以其本来言之；大宗师者，以其宗主言之。其实一也。"然生何以须养？钟泰解释说，因为人对道的纯熟运用需要通过体认的工夫才能达到，正像庖丁解牛，"临之以专心，持之以慎意，理明而工夫熟，岂必解牛哉，固无往而不善矣"。至此庄子学说"可谓体明而用备者也"。③钟泰认为，在庄子哲学看来体道、得道的根本就是认识"道"之"生"的本性，把握生命的本质意义。

四、应帝王。庄子揭示了"为天下"乃养生之实。钟泰指出："《天下》篇言内圣外王之道，此庄子之真实语也。故其养生也，所以为己也，即以为天下也，以《人间世》入养生之樊，以《应帝王》既养生之实。其言曰：'圣人之治也，治外乎。正而后行，确乎能其事者而已矣。'"④钟泰同时指出，庄子虽言"应帝王"，却又不执着于帝王，因此可以独来独往，出入无旁。"今曰应帝王，则其视帝王曾不若蚊虻之过目，其

---

① 钟泰：《中国哲学史》卷上，第43页。
② 同上书，第44—45页。
③ 同上书，第45—46页。
④ 同上书，第46页。

不物于帝王明矣"。① 总之，庄子的哲学落实到现实层面，就是要引导人通过个体的修养体认，确立"为天下"的生命价值。

从钟泰对庄子哲学的架构和诠释可以看出，他将"其意颇难知"的庄子哲学，提炼升华为一个以"道"为本体的，以超越性为关照的，强调生命的本质意义和现实关怀的哲学。赋予庄子哲学清晰的逻辑结构和明确的思想旨意。强调庄子哲学的入世精神。而贯穿于庄子哲学中的对生命意义和价值的揭示，积极入世的人生态度，体现了钟泰对庄子哲学"其学贯孔、老二家"的解读本义。

二、《庄子发微》之大旨

钟泰的《庄子发微》成书于20世纪60年代初，1963年曾自费以石印行世，1988年值先生诞辰百年之际由上海古籍出版社正式出版。全书54万余字，分5卷对《庄子》内、外、杂共33篇进行全面诠释疏通。此书的酝酿和写作是在20世纪50年代后期，写成应该在1960年（根据是此书的"自序"落款为"庚子年秋九月"，即1960年9月）。

（一）《庄子发微》的基本情况

钟泰的弟子蒋礼鸿在《〈庄子发微〉引》中概括说：

> 先师钟钟山先生以邃于老庄闻，其于庄子之书沉潜盖数十年，以为庄子之书一溷于道家，再溷于神仙家而其旨晦。其溷于神仙家，学者能辨之；其溷于道家，鲜有能辨者。韩退之、苏子瞻，或以为周之学出于子夏，或以为周之于孔子阳挤而阴助，乃与世之论庄周者异。然亦但求之于文，未能会通庄书之蕴与其宗本，未知周

---

① 钟泰：《中国哲学史》卷上，第47页。

之内圣外王之学乃宗于孔氏而为颜渊之传也。即师之所见，亦尝以为周之学盖兼综儒老，晚乃知其不然，斯可谓学与年进，探本握枢者矣。既病解庄者之多失，乃比类六经之旨，较以苦县之书，以为《庄子发微》一书，沉吟篇章，反覆义旨，博考而详说之，其于阐发庄旨，粹然成一家之言，尚论者必不得而遗也。①

《〈庄子发微〉引》要点有三：其一，钟泰深邃老庄之学，认为庄书既非道家亦非神仙家之言；其二，钟泰是在"会通庄书之蕴与其宗本"基础上提出，庄子的内圣外王之学是"宗于孔氏而为颜渊之传"的儒家学说；其三，《庄子发微》的方法是通过比类六经之旨，较以《老子》来阐发庄子思想本旨的。上述概括的根据和理由，我们通过该书的《庄子发微序》（即钟泰自序）可以进一步明晰。

（二）钟泰"庄子之学出于儒"的基本理由

其一，庄子"宗于孔氏而为颜渊之传"的理由。钟泰认为，庄子何以推尊孔子如是其极，是其所愿学者孔子，并因此叙六经于百家之上。他指出：

> 抑《田子方篇》有云：庄子见鲁哀公，曰："鲁少儒。"哀公曰："举鲁国而儒服，何谓少乎？"庄子曰："公固以为不然。何不号于国中曰：'无此道而为此服者，其罪死！'"于是哀公号之，五日，而鲁国无敢儒服者。独有一丈夫儒服而立乎公门，公即召而问以国事，千转万变而不穷。庄子曰："以鲁国而儒者一人耳，可谓多乎？"注家于此皆言此一丈夫意指孔子，夫曰丈夫指孔子是已。然庄子何以推尊孔子如是其极？岂非以其所愿学者孔子，故托为此文

---

① 蒋礼鸿：《〈庄子发微〉引》，载钟泰：《庄子发微》，上海古籍出版社 1988 年版。

以自见其欤？是观于《天下篇》致嘅于内圣外王之道暗而不明，郁而不发，而特叙六经于百家之上，向往于邹鲁之士、搢绅先生犹能明之，不难比类而得。①

而说庄子之学乃孔门颜子之传的理由是庄书对颜子之言的引述"皆深微精粹不见于他书"。他说：

> 庄子之学，盖实渊源自孔子，而尤于孔子之门颜子之学为独契，故其书中颜子之言既屡见不一，而若"心斋"，若"坐忘"，若"亦步亦趋"，"奔轶绝尘，瞠若乎后"云云，皆深微精粹不见于他书。非庄子尝有所闻，即何从而识之？更何得言之亲切如此？故窃谓庄子为孔门颜子一派之传，与孟子之传自曾子一派者，虽同时不相闻，而学则足以并峙。②

其二，如何看待庄书的讥儒之言，这些言论也是导致后人断定庄子非儒的重要依据。钟泰解释说是庄子"盖欲存儒之真者，必绌儒之伪"。他说：

> 或曰：庄子信为儒而非道矣；则其数讥儒、墨之是非，且有儒以诗礼发冢之论，抑又何欤？曰：子不读《荀子》之言乎？《荀子·儒效篇》差儒之等为三，曰俗儒，曰雅儒，曰大儒，而《非十二子篇》则曰子张氏之贱儒，子游氏之贱儒，子夏氏之贱儒，破肆其丑诋。夫荀子岂非儒哉？盖欲存儒之真者，必绌儒之伪，孔子之所以恶似而非者也。庄子之意讵异于是？③

---

① 钟泰：《庄子发微》，"序"第2页。
② 同上书，第2—3页。
③ 同上书，"序"第3页。

（三）广泛运用孔孟思想疏解文意

全面发掘和疏通庄子与儒家的理论联系是钟泰《发微》的突出特点，也是在中国以儒解庄历史上独树一帜的。将《庄子》33篇疏通一过，从字句考辨、文义训释到义理会通，处处体现作者的深厚功力和良苦用心。由于钟泰把《庄子》内七篇认定为庄子自作，笔者对钟泰解庄的论析主要集中在《庄子发微》的内七篇。内七篇为庄子自作或者说内七篇基本能代表庄子的思想，是学术界普遍认同的。① 钟泰指出：

> 窃以为外、杂篇有可疑，而内七篇则无可疑；外、杂篇有非庄子自作，而内七篇则非庄子莫能为。……欲通《庄子》，当以内七篇为本经，而以外篇、杂篇为佐训。②

钟泰对内七篇的诠释一个鲜明的特点是广泛运用儒家特别是孔孟思想疏解文意。以下试举例说明：

对《庄子》中重要概念"逍遥"的诠释，注家一般都侧重《逍遥游》的境界意义解之。郭庆藩云："《逍遥游》者，篇名，义取闲放不拘，怡适自得。"③ 而钟泰则将"逍遥"解为"消摇"，以突出其功能的意义。他说：

> 盖消者，消其习心，摇者，动其真机，习心消而真机动，是之谓消摇。惟消摇而后能游，故曰"消摇游"也。④

钟泰解释说：

---

① 对内七篇的归属，学界也有不同看法。例如：任继愈认为，内篇为庄子后学所著。（参见任继愈：《庄子探源》，《北京大学学报》1961年第2期）
② 钟泰：《庄子发微》，第2页。
③ 郭庆藩：《庄子集释》，中华书局1961年版，第2页。
④ 钟泰：《庄子发微》，第3页。

"消摇"各本多作"逍遥";"游"多作"遊",实非其旧。《释文》云"亦作"者,是也。因正之。①

郭庆藩《庄子集释》云:"'逍'音销,亦作消。'遥'如字。亦作'摇'"。"'逍遥'二字,《说文》不收,作'消摇'者是也。《礼·檀弓》消摇于门,《汉书·司马相如传》消摇乎襄羊,……解消摇义,视诸儒为长。"②由此足见钟泰此解的儒学义蕴。

钟泰认为《齐物论》是对儒家"正名"思想的深化。他说:

不过当,不违则,此齐物、齐论之要旨也,故篇中特举《春秋》以为说,曰:"《春秋》经世,先王之志,圣人议而不辩。"《春秋》者,正名之书也。子曰:"名不正则言不顺,言不顺则事不成。"言之不顺,过其当也。事之不成,违其则也。过当在不能明,违则在不知因。故篇中特标"以明"、"因是"两端,反复言之。文虽极其变,义则极其平,要之曰正名而已矣。③

王先谦《庄子集解》曰:"天下之物之言,皆可齐一视之,不必致辩,守道而已。"④吴根友认为《齐物论》的主旨在于:通过"任物"达到"任论"。在"照之以天""休乎天钧""和之以天倪"等超越"边见"的真理性认识境界上,重估人间的是非、美丑之见和万物自身的价值。⑤这里的"重估"与钟泰的"正名"意义相近。

---

① 钟泰:《庄子发微》,第4页。
② 郭庆藩:《庄子集释》,第2页。
③ 钟泰:《庄子发微》,第26页。
④ 王先谦:《庄子集解》,中华书局1954年版,第6页。
⑤ 参见吴根友:《简论〈齐物论〉多元主义的真理观与包容主义的价值观》,熊铁基、麦子飞主编:《全真道与老庄学国际学术研讨会论文集》,华中师范大学出版社2009年版。

在《养生主》篇钟泰认为，庄子言"养生"，犹孟子言"养性"。他说：

> 庄子生有二义：一生死之生，如篇首第一句"吾生也有涯"是也；一生命之生，……此生不与死对，而与命对，言生犹言性也，如此曰"可以保身，可以全生"是也。……而《庚桑楚篇》有云："性者生之质也。"生之为性，犹为显然，故庄子言"养生"，犹孟子言"养性"，非世俗之所谓养生也。①

钟泰认为庄子《大宗师》所倡导的体道境界与儒家"圣人之于天道也"思想一致。他说：

> 《大宗师》，明内圣也。内圣之功，在通于天道。未有不通于天道而能为圣人者也，故孟子曰："圣人之于天道也。"子贡曰："夫子之言性与天道。"而孔子亦自言曰："下学而上达，知我者其天乎！"程子曰："下学，学人事；上达，达天理。"（天理即天道）②

可见，钟泰《庄子发微》一书的主旨是阐发《庄子》思想之儒学的微言大义。所以虽然《发微》全书以疏通诠释为特点，亦有文字、音韵、正误谬等的辨析，但其本义非文献整理之作。而且《庄子发微》这种写作方式充分体现了钟泰作为学问家类型的学者的功力，也是其治学方法的完美体现。当然《发微》也充分印证了他的治学方法。

虽然笔者指出《庄子发微》实非文献整理之作，但钟泰对《庄子》的阐发又是依托他深厚的文献整理功夫的。他本身的小学功力以及20世纪30年代《国学概论》和《荀注订补》在国学研究、训诂考据诸方

---

① 钟泰：《庄子发微》，第64页。
② 同上书，第128页。

面的积累,在他晚年的《庄子发微》中,都得到了全面的施展。直至今日,不论是否认同钟泰的"庄子之学出于儒"的主张,学者们都承认他著作的研究价值并经常引用钟泰《发微》的诠释见解。有研究者将其考释方法进行总结,指出:"运用群经治经的方法,会通大意","精于校诂,善于考辨,出以己说","为庄子学的杰构"。① 由于笔者的研究是侧重钟泰学术思想全貌和重在发掘其儒学重建的学术旨趣,限于主题和篇幅,对《发微》的文献整理方法在此不作讨论。

三、从"庄子哲学"到《庄子发微》

钟泰自1927年(39岁)写成《中国哲学史》阐发庄子哲学到1960年(72岁)完成《庄子发微》,事隔三十余年,可谓学与年进。可以说《发微》是钟泰在他前期思想的基础上,对庄学更成熟、深入和全面的思考,是作者几十年潜心庄学的结晶。对比前后两阶段,对庄子哲学的生命关怀主旨的认识未变,但论旨进行了必要的调整和修正。

第一,关于庄子哲学的渊源。前期认为"其学贯孔、老二家,而又益之以恣肆"。后期提出"庄子之学,盖实渊源自孔子,而尤于孔子之门颜子之学为独契"。②

第二,关于庄子哲学的主旨。前期肯定内圣外王之道是庄子哲学的真实意思,有别于佛家的出世思想。后期强调内圣外王之道,是庄子学术要领所在。

第三,关于庄子哲学的体系。前期阐发庄子哲学思想重点是围绕"道"和"体道"展开的强调生命的本质意义和现实关怀。后期则以"内圣外王之道"为核心和主线展开对庄子思想的诠释。提出:

---

① 参见蔡文锦:《论钟泰先生的〈庄子发微〉》,《扬州大学学报》(人文社会科学版)2004年第3期。
② 钟泰:《庄子发微》,第2—3页。

《天下篇》深致嘅于内圣外王之道暗而不明，郁而不发。而此内七篇，则所以反覆发明内圣外王之学者也。是故《逍遥游》之辨小大，为内圣外王之学标其趣也。《齐物论》之泯是非，为内圣外王之学会其通也。《养生主》，内圣外王之学之基也。《人间世》，内圣外王之学之验也。《德充符》，则其学之成，充实而形著于外也。若是，斯内可以圣，而外可以王矣。故以《大宗师》、《应帝王》二篇终之。①

　　分析这种变化的原因，笔者以为与钟泰晚年更加明晰的文化整合思路和儒学重建构想有密切关系。

第三节　钟泰解庄论析

　　钟泰对《庄子》的疏通诠释以义理相通为主要方式，正如他所言"学至于义理，其至矣"。笔者通过研读《发微》，详考其中内七篇的诠释思路，参之以钟泰论文，认为理解钟泰解庄的思想指归须重点把握他的三个观点：一是钟泰对庄子"内圣外王"的诠解；二是钟泰对《庄子》"发仲尼之微言"的诠释；三是钟泰对《庄子》"解周易之奥旨"的诠发。此三点最能反映钟泰所理解的《庄子》对儒家思想的继承和发展，是他欲从根本处说明"庄子之学出于儒"的体现。下面就这三个问题展开论析。

---

① 钟泰：《庄子发微》，第2页。

一、论《庄子发微》的"内圣外王"说

发"内圣外王"之旨是《庄子发微》的写作目的,钟泰概括本书特色和方法时指出:

> 予无似,其沉潜于是书者固有年矣。病夫旧注之多失也,因比附六经之义,亦兼采老子之说,为之疏通而诠释之,名之曰《庄子发微》。其有由是而上穷庄子之蕴以补予之不逮,使内圣外王之道不终湮没于世,此则区区之深望也夫。①

钟泰对《庄子》"内圣外王"的儒学意义的阐发,除见于他的《发微》外,还有《谈研究庄子》,这是钟泰对《庄子发微》诠释思想的高度概括,文章开宗明义提出,"《庄子·天下篇》提出内圣外王之道六个字,这正是庄子学术要领之所在。"他解释"内圣""外王"时说:"何谓内圣?何谓外王?若用《中庸》的话说,内圣即所以成己,外王即所以成物。""'成己'正是要成此'无己'之己。"②可见,钟泰是从儒家内在修养的角度来诠释"内圣外王"之义。

郭齐勇在解释儒家中庸之道时,对"成己""成物"有一段精辟的解释:

> 《中庸》的境界让我们成就自己,叫成己,还要成就他人、成就万物,叫成物。把主观和客观都结合起来,叫"合内外之道"。我们要实现自己,也要实现别人;我们要成就自己,也要成就他人。我们在成就他人的过程中来成就自己。我们爱自己,我们也爱

---

① 钟泰:《庄子发微》,第3页。
② 钟泰:《谈研究庄子》,《文汇报》1962年6月19日。

别人。我们在爱别人的过程中学会爱自己，在爱自己的过程中学会爱别人。我们成就别人、成就天下的事物。这就要求我们从自身个体的生命、从物质欲望中超脱出来，使万物各安其位，各遂其性，这样，我们就会提升自己的境界。①

笔者以为，钟泰恰恰是在这样一种人生修养境界的深刻意义上阐发庄子内圣外王之说的。钟泰又曰：

> 内圣外王之道大在何处呢？则又提出"圣人无名，神人无功，至人无己"三句话。尤其是"无己"二字最为切要。"无己"即孔子的"毋意、毋必、毋固、毋我"之毋我（见《论语·子罕篇》，"毋"与"无"通）。《天下篇》所谓小大精粗其运无乎不在是也。故以此意为七篇之首，亦即以此意直贯于七篇。
>
> 果明乎此，则知无己之人，不见己之大、人之小，亦不见己之是、人之非。因而即能取众人之小以成其大，取众人之非以成其是。所以《齐物论》深斥儒墨之是非，不是说儒墨两家都不是，正为着儒则是己而非墨，墨则是己而非儒，两家只见己而不见人，只见其一而不见其二，于是便自小了。《天下篇》慨叹："道术将为天下裂"。意正在此。②

在此钟泰认为庄子"内圣外王之道"的核心是阐发"无己"的人生境界和修养原则，通过对内圣外王之道的体认以实现"道术之全体大用"。

进而钟泰分别从内七篇概要阐发了"内圣外王"之旨在内篇中的逻辑展开：《逍遥游》通过小大之辨提出"无己"。《齐物论》批驳了儒墨

---

① 郭齐勇：《中国儒学之精神》，复旦大学出版社 2009 年版，第 231 页。
② 钟泰：《谈研究庄子》，《文汇报》1962 年 6 月 19 日。

各以自己的是非为是非，提出齐物、齐论主张。《养生主》提出养生乃内圣的工夫。《人间世》讲内圣功夫在事事物物上的磨炼。《德充符》讲德充实于内自然有所流露于外以获得符验。《大宗师》是说道术之体。《应帝王》是说道术之用。钟泰认为，内七篇是一个密切联系的逻辑关系，并由此层层展开对内圣外王之理的落实。钟泰形象地指出：

> 观内七篇的文字，真如钩锁相连，又如常山率然，击首则尾应，击尾则首应，击其中则首尾皆应。即此文字，亦足见《庄子》之六通四辟，变化无方。非深研熟玩，何从得其精蕴。①

钟泰认为"内圣外王之道"，是庄子对儒家人生境界和修养原则的高度概括，是儒家精神的体现。

我们知道，将老庄并称的内在根据是"然其要本归于老子"。什么是《庄子》之要？其实庄学研究者大都认同内圣外王之道是庄子学术思想的重要内容。所不同的是其"内圣""外王"的内涵究竟反映的是儒家诉求，还是体现道家的实质。陈鼓应指出："'内圣外王'一词，首见于《庄子·天下》篇，后人常误以为这只是儒家的主张，事实上诸子百家都有其'内圣外王'之道，只不过由于各自的思想体系有别，从而表现出不同的'内圣外王'理想。"②

萧汉明在《道家与长江文化》一书设专门一节"论庄子的内圣外王之道"，得出结论说：

> 庄子的内圣外王之道，是庄子有关道术之全体大用思想的完整体现。这一思想的形成有着清晰的逻辑发展过程，因而可以看作是

---

① 上述引文均见钟泰：《谈研究庄子》，《文汇报》1962年6月19日。
② 陈鼓应：《庄子的悲剧意识和自由精神》，载胡道静主编：《十家论庄》，上海人民出版社2008年版，第328页。

他晚年的思想定论。因此,笔者认定《庄子》中的内圣外王之说是庄子本人的思想,是庄子最为成熟的学术见解。①

萧作据《天道》篇提出庄子将道的全体大用分为九个逻辑层次:一天、二道德、三仁义、四分守、五形名、六因任、七原省、八是非、九赏罚。他分析指出:

> 这个逻辑次第以顺应自然(即"天")为最高层次,以通于道合于德为第二层次,实际上是以道家的最高思想境界为内圣外王之道的主体内容。然后采用儒家的仁义观为第三层次,将其视为通向道德境界的过渡阶段,同时也被作为稳定社会秩序的重要手段。②

他认为:"在庄子的内圣外王思想中,尽管汲取了儒家、法家与阴阳家的思想,但就其实质,他所说的内圣依然是道家之圣,外王亦是道家之王。""在庄子,虚静、恬淡、寂漠、无为,是天地万物的根本特征,人能体悟到这一根本特征,有位者则能成就帝王之业,无位者亦可堪称为人中之素王。""以'虚静恬淡寂漠无为'为标志,内修则为圣,外施则为王,从而实现了内圣与外王的贯通与统一。"③

对比钟泰与萧汉明对"内圣外王之道"的解读,钟泰着眼于《庄子》内篇本身的逻辑结构寻求论证;萧汉明则取《天道》篇加以互证。从其思考理路看,钟泰用《中庸》"成己""成物"之说释"内圣外王";萧汉明以《天道》篇中将"顺应自然"作为其逻辑架构的最高层次推论"内圣外王"是以道家的最高思想境界为主体内容。

从上述对庄子学术要领"内圣外王之道"的阐释我们可以发现,钟

---

① 萧汉明:《道家与长江文化》,湖北教育出版社2005年版,第156页。
② 同上书,第152页。
③ 同上书,第153、155页。

泰解读《庄子》的整个基调是人文主义的，是把庄子思想理解为关照人的修养和经世的哲学。这也就在根本点上与儒家的人文主义思想达成了一致。钟泰指出《庄子》一书：

> "内圣外王"之学，本于穷理尽性至命，出之以至精、至变、至神，发仲尼之微言，揭《周易》之奥旨，足以补《论》、《孟》之未及，树人道之大防者已。①

有鉴于此论，笔者将进一步论析《庄子发微》如何诠释庄子与孔子、庄子与《周易》的深层思想联系。

二、论钟泰关于《庄子》"发仲尼之微言"说

何为"仲尼之微言"？钟泰在其《中国哲学史》中概括孔子哲学思想曰：

> 知命之学，固圣人造道之极功，而亦君子修身之枢要。苟命之理有所未明，欲以臆测圣学之精微，奚以异于不由其户，而冀升其堂入其室哉！②

"知命之学"虽并非孔子思想所专有，但在孔子思想体系中占有重要地位。它体现了儒家对自然的必然性的确认和对生命意义的体认，并由此安顿人生。所以孔子"盖自五十而知天命之后，固无入而不自得者。是故九夷可居，饭疏食饮水可乐，曰'不怨天，不尤人。下学而上达，

---

① 钟泰：《庄子发微》，第75页。
② 钟泰：《中国哲学史》卷上，第25页。

知我者其天乎！'"①

钟泰认为关于"命"的思考是庄子与孔子哲学思想深刻的内在联系，也是构成"庄子之学出于儒"的重要佐证。他疏解《大宗师》中"子舆与子桑友"一节时，针对子桑对"命"的感叹②，作了如下阐发：

> 知命乐天，何怨之有！孟子曰："莫之为而为者，天也。莫之致而至者，命也。"此亦曰："求其为之者而不得也。然而至此极者，命也夫！"庄子、孟子之言何其合也！《论语》二十篇，终于"不知命无以为君子"，此篇明内圣，亦以言命终。《论语》、庄子之书又何其相合也！吾故曰：庄子之学出于孔、颜之传，岂为无据哉！③

概括钟泰对庄子关于"命"的思想的理解，可以有以下三层：

第一，庄子与儒家孔孟对"命"的理解是一致的。所谓"命"就是天道自然。《达生》篇："不知吾所以然而然，命也。"钟泰对此疏解说：

> 言自然而然，孔子所谓"安而行之"，孟子所谓"行所无事"也。此语与此文中为最精，而亦最要。一切学问，不至此境地，皆不得谓之成，《易传》所以言"尽性必以至于命也。"④

第二，庄子与儒家都以"通于天道"为人生修养的目标。所谓"通于天道"就是对天道之流行的根本体认。钟泰解释《大宗师》一篇的宗

---

① 钟泰：《中国哲学史》卷上，第 25 页。
② 子桑曰"吾思夫使我至此极者，而弗得也。父母岂欲吾贫哉？天无私覆，地无私载，天地岂思贫我哉？求其为之者而不得也。然而至此极者，命也夫！"（《庄子·大宗师》）
③ 钟泰：《庄子发微》，第 165—166 页。
④ 同上书，第 427—428 页。

旨时指出：

> 《大宗师》，明内圣也。内圣之功，在通于天道。未有不通于天道而能为圣人者也，故孟子曰："圣人之于天道也。"子贡曰："夫子之言性与天道。"而孔子亦曰："下学而上达，知我者其天乎！""本篇始言天，中言道，末言命。命者，天道之流行也。天道之流行，莫大于生死。惟乐天知命者，不以生死动其虑。"①

第三，庄子和儒家都以"合天人而一之"为人生修养的境界。所谓"合天人而一之"就是本体与工夫的统一。《大宗师》开篇曰："知天之所为，知人之所为，至矣。"钟泰解曰：

> "天之所为"，言本体也。"人之所为"，言功夫也。……不识本体，其所为功夫，将有非徒无益，而又害之者矣。
>
> 此数语与《孟子·尽心篇》首章亦极相似，试比而论之。"知天之所为"者，孟子之所谓尽心、知性、知天也。"知人之所为"者，孟子之所谓存心、养性、事天也。"终其天年而不中道夭"者，孟子之所谓夭寿不贰、修身立命也。然则此固孔门一脉之传。②

显然，钟泰是用孔孟的天命观念诠释庄子的知命之学。虽然他一定意义上揭示了庄孔学说的联系，但也有其牵强之处。如何看待钟泰对庄子与孔子知命之学的疏通？我们有必要知道孔子究竟是如何理解和阐发其知命之学的。

笔者认为，孔子继承并发展了西周以来的天命观念，并将天命从命

---

① 钟泰：《庄子发微》，第128页。
② 同上书，第129—130页。

定论意义向自然目的论意义延伸，得出人是"天命"之目的的体现者和实践者的结论。孔子要求人"知天命"，指出"不知命，无以为君子"。（《论语·尧曰》）所谓"知天命"首先是认识和把握自然的必然性，其次还包含着认识到人的行为的界限，并由此合理地安排自己的现实生活。也就是只有"知命"才能"安命"，体验到现实生命的本来意义。所以孔子说："不怨天，不尤人。"（《论语·宪问》）"乐天知命"。孔子理论的重要之处不仅在于提出人是天命赋予之目的的体现者，更重要的是肯定人还能够体验、体会，并最终能够实现、实践此目的。可以说人是自然目的的实现和实践者。这才是孔子由天命论导出的重要结论。人何以能实现和实践自然目的？孔子从自然界万物生生不息提出"仁"作为天命流行的"生"之目的的最集中体现，"生生之谓仁"，肯定"仁"是内在于每个被赋予者而存在的，同时也是道德实践主体的价值源泉，因此人依"仁"而行，就自然与天地万物若合符节、了无窒碍了。所以孔子说"仁者不忧""仁者乐"，"仁"也就成为人生的最高价值目标。庄子与孔子对天的认识，在"通于天道"，即"知命"的意义上是一致的，都强调对天道自然的认识和把握。但在"合天人而一之"的意义上，存在着较大差别。孔子更强调人是自然目的的实现和实践者，即主张合天人于"人"的方面；庄子则更强调人对自然目的的顺应，即合天人于"天"的方面。钟泰的上述庄儒会通，显然并未对此差别作出更合理的诠释。

在如何看待庄子的"安命"与孔子的"知命"的关系问题上，有研究者亦提出，庄子所谓"命"不同于孔子之"命"。孔子"五十而知天命"却仍然"知其不可而为之"，可见孔子之命并不废弃人事。孔子认为，人事已尽，不能强为，方可谓之命，命实以尽人事为条件。庄子所谓命却是绝对排斥人为的，所以孔子偶言命而不消极，庄子常言命而反人为。[①] 笔者认为，这种说法也有商榷的余地。庄子的"知命"之学，

---

① 参见刘笑敢：《庄子哲学及其演变》，中国社会科学出版社1988年版。

本质上是人文主义的。他将"知命"更多引向了精神境界意义之上。主张通过超越世俗的审美追求，使人获得一种超越的境界。所以不能简单认为庄子是反人文的。

还需要指出的是，在上文中钟泰以发现《论语》与庄子之书的相合之处，作为庄子之学出于孔、颜的论据。笔者认为，这种以他们之间观点的所同胜于所异，来判别其理论的渊源关系，未必站得住脚。合理的方法应该是通过察异观同，合理阐发其理论关系。

三、论钟泰关于《庄子》"揭《周易》之奥旨"说

钟泰言《庄子》"'内圣外王'之学，本于穷理尽性至命，出之以至精、至变、至神，发仲尼之微言，揭《周易》之奥旨"。[①]

（一）关于《周易》之奥旨

《说卦》谓："昔者圣人之作易也，将以顺性命之理。是以立天之道曰阴与阳，立地之道曰柔与刚，立人之道曰仁与义。""和顺于道德而理于义，穷理尽性以至于命。"由此可以说《周易》之奥旨在于揭示天—地—人之间内在的必然联系，阐明穷理—尽性—至命的天人统一世界观。

《易·系辞传》曰："非天下之至精，其孰能与于此。参伍以变，错综其数。通其变，遂成天下之文；极其数，遂定天下之象。非天下之至变，其孰能与于此。《易》无思也，无为也，寂然不动，感而遂通天下之故。非天下之至神，其孰能与于此。夫《易》，圣人之所以极深而研几也。"周易之奥旨又是对宇宙间错综复杂变化之规律的深刻揭示和全面把握。在钟泰看来，庄子的内圣外王之学就是本着天人统一的思想，将这种天人关系的世界观发挥到了至精、至变、至神的境地，所以庄子

[①] 钟泰：《庄子发微》，第75页。

对《周易》与儒家精义的贯通是对儒学的重大贡献,"足以补《论》、《孟》之未及,树人道之大防者已"①。

(二)关于历史上《周易》与《庄子》关系探讨的简述

《周易》与《庄子》不论在历史上、还是学术史上都有着复杂而重要的联系。战国时代随着哲学流派的形成和百家争鸣的开展,各学派都对《周易》思想有所解释。主要倾向是以阴阳变易来说明《周易》的原则。《庄子·天下》曰:"《易》以道阴阳。"汉代魏伯阳《周易参同契》多有与庄子的相通(钟泰《中国哲学史》第二编第八章,对《参同契》与庄子的关系有所揭示)。

魏晋三玄的贯通体现了《庄》与《易》的融合。典型的事例是王弼援用《庄子》中"得意忘言"的思想(见《天道》:"意之所随者,不可以言传也。"《外物》:"得鱼忘筌","得兔忘蹄"),在《周易略例·明象》中表达了得意忘象、得象忘言的方法论原则。而郭象《庄子序》可谓站在"三玄"思想的高度对《庄》旨的概括和发明。"夫庄子,可谓知本矣","通天地之统,序万物之性,达死生之变,而明内圣外王之道"。郭象在这一宗旨指导下完成的《庄子注》,更成为庄学史上的蓝本。汤用彤《向郭义之庄周与孔子》是一篇分析向、郭注《庄》特点的文章,指出向、郭注庄体现的是内圣外王之义:"内圣外王之义,乃向、郭解《庄》之整个看法,至为重要,且孔子贵名教,老、庄崇自然。名教所以治天下,自然所以养性命。《庄子注》之理想人格,合养性命、治天下为一事,以《逍遥游》《齐物论》与《应帝王》为一贯。于是自然名教乃相通而不相违。"②钟泰亦认为,魏晋老、庄盛时,相率而谈《易》,说明《易》

---

① 钟泰:《庄子发微》,第75页。
② 汤用彤:《向郭义之庄周与孔子》,载刘梦溪主编:《中国现代学术经典·汤用彤卷》,河北教育出版社1996年版,第745页。

与老庄之学宗旨的相通。①

宋明理学又冠以"道学"之称，与其吸收道家思想关系密切。开宋学之端的周敦颐，其《太极图说》多有运用老庄思想明《易》。张载《正蒙·太和篇》以气言易，"太虚"之名即取自《庄子》(《知北游》："通天下一气"，"不过乎昆仑，不游乎太虚")。可以说理学家正是"博之以老、释，所以成其广大也；约之以《易》，所以得其精微也"②。

明代方以智《药地炮庄》表现出明显的庄学易学化倾向，甚至提出"《庄》是《易》之变"的说法。他认为"《庄子》者，殆《易》之风而《中庸》之魂乎"，是《易经》至理之衍变。并用周易象数学会通《庄》、《易》。③

从上述回顾可见，不论学者是站在道家、玄学还是儒学立场，都肯定了《庄子》与《易》在体现中国哲人"通天地之统，序万物之性，达死生之变"的思考上有着深刻的联系。

(三) 钟泰明《易》以通《庄》的解庄方法

钟泰《庄子发微》不仅继承了前人的基本思路，而且明确指出《庄》"出于《易》"且"取象于《易》"，强调通过明《易》以通《庄》是解读《庄子》的重要方法。钟泰曰：

> 庄子之言，多取象于《易》，而取义于老。取义于老，人或知之；取象于《易》，则知之者鲜矣。兹故特为发之。又当知庄出于《易》，老亦出于《易》。苟不明《易》，不能通庄，即亦不能通老。④

---

① 参见钟泰：《中国哲学史》卷下，第31页。
② 同上书，第8—9页。
③ 参见方勇：《庄学史略》，巴蜀书社2008年版。
④ 钟泰：《庄子发微》，第6页。

《庄子发微》对《逍遥游》①一篇的疏解，就集中反映了他的上述思想。下面笔者将围绕钟泰对《逍遥游》的诠释分析其《易》《庄》贯通的思想和方法。

钟泰以《周易》诠释《逍遥游》着重从两个层面展开：一是将《逍遥游》开篇所描绘的广大无穷之宇宙用《周易》的八卦之象和义理解释，赋予其与《周易》宇宙观、变化观的内在联系；二是发明《逍遥游》的篇旨，指出："'至人无己'三句，则一篇之要旨。而'无己'，尤要中之要。"突出庄子之"至人无己"对《周易》之"穷理尽性致命"宗旨的深刻阐发。

《逍遥游》开篇曰："北冥有鱼，其名为鲲。鲲之大，不知其几千里也。化而为鸟，其名为鹏。鹏之背不知其几千里也；怒而飞，其翼若垂天之云。是鸟也，海运则将徙于南冥。南冥者，天池也。"怎样理解《逍遥游》展现给读者的广大无穷之宇宙？钟泰解曰：

> 北于《易》为坎之方，南为离之方。《说卦传》曰："离也者，明也。万物皆相见，南方之卦也。圣人南面而听天下，向明而治，盖取诸此也。"夫离南为明，则坎北为暗可知。鲲化为鹏，由北而南徙，象昭昭生于冥冥也。然南亦谓之冥者，名从其朔，且以见微显一源，非有二也。老子曰："此二者同出而异名，同谓之玄。"庄之言冥，犹老之言玄，……曰"鱼"者，取象于卦之中孚。《中孚》曰："遯鱼吉。"是也。"遯鱼"，从虞氏《易》。卦气起于中孚。郑康成（玄）曰："中孚为阳，贞于十一月子。"正坎之方也。"其名为鲲"者，"鲲"之为言混也。老子曰："有物混成，先天地生。"是也。继之曰："鲲之大不知其几千里"，则所谓"吾不知其名，字之曰道，强为之名

---

① 由于钟泰将《庄子·逍遥游》篇的"逍遥"解为"消摇"，所以《庄子发微》凡《消摇游》均为《消摇游》，笔者为解释的方便，在阐释《庄子发微》中关于《消摇游》篇的观点时，仍按惯例用《逍遥游》。

曰大"者也。并见老子书"化而为鸟"者，取象于卦之小过。《小过》曰："有飞鸟之象焉。"是也。中孚旁通小过，故鱼化而鸟。康成曰："小过为阴，贞于六月末。"则正离之方也。中孚阳而小过阴者，中孚之大象为离，而小过之大象为坎也。大象为离而居坎方，大象为坎而居离方，阴阳互根，是乃所以为《易》也。知夫阴阳互根之理，则知北称冥，而南亦可以曰冥矣。"其名为鹏"，"鹏"之为言朋也。《坤卦》曰："利西南得朋。"得朋犹得明也。详见虞氏《易》鹏言背，艮之止也。言"怒而飞"，震之动也。"海运"者风，巽也。"天池"者泽，兑也。盖于是坎离震巽艮兑，六子之卦，无不具备。六子之卦备，即六十四卦无不备，而总之者则为乾坤，故后有"乘天地之正，而御六气之辨"之言也。①

钟泰接着解释齐谐之言"抟扶摇而上者九万里。去以六月息者也"说：

"抟扶摇而上者九万里"，言其不轻举也。《易·升卦》曰："南征吉。"象曰："君子以顺德，积小以高大。"顺之为言渐也，即不轻举之义。下文言"水之积"、"风之积"盖根于此矣。……"上者九万里"《乾卦》九五飞龙之象也，后云"乘云气，御飞龙，而游乎四海之外"，即承此文而言。"去以六月息"者也，谐之言止此。"息"者，止也。六月而止，所以免于亢龙之悔。②

钟泰运用《周易》的基本卦象，由南北象征坎离、阴阳，揭示阴阳互为其根的本原之理。继而由鹏之背、怒而飞、海运、天池象征艮震巽兑，再合以乾坤，说明庄子以《易》象为创作素材和知识架构，将老子哲理

---

① 钟泰：《庄子发微》，第5—6页。
② 同上书，第7页。

化意境下对宏阔无穷之宇宙的思考，生动形象地展现给人们，引领读者通过《周易》宇宙观和变化观，认识庄子所描绘的广阔宇宙的根源性和无限性。并与儒家对人（圣人、君子）的思考相结合。赋予《逍遥游》同时也是赋予《庄子》一书强烈的文化哲学义蕴和多元化的解释空间。意图反映《庄子》文本融合易、老、儒思想的事实。

对《逍遥游》"若夫乘天地之正，而御六气之辨，以游无穷者，彼且恶乎待哉！故曰：至人无己，神人无功，圣人无名。"钟泰疏解曰：

> "乘天地之正"，"正"者，《易·既济卦象传》所谓"刚柔正而位当"也。"御六气之辨"，"辨"者，变也。见《释文》。古辨、变可通用。《乾卦象传》所谓"六位时成，时乘六龙以御天"也。"恶乎待"者，《礼·中庸篇》所谓"夫焉有所倚也"。惟无所倚，是以能游于无穷也。此节为一篇之正文。"至人无己"三句，则一篇之要旨。而"无己"，尤要中之要。盖非至"无己"不足以言"游"，更不足以言"逍摇"也。①

钟泰指出，庄子的"游无穷者"要以"无己"为前提条件；而"无己"的实现则要建立在"乘天地之正，而御六气之辨"的基础上。这里的"乘天地之正"和"御六气之辨"就是指要顺万物之性（郭象注），因应自然的变化。钟泰特别援用《象传》既济卦和乾卦象辞说明"正"和"变"之义，意在强调对万物之性和自然变化的恰当把握。既济卦和乾卦都是象征阴阳变化关系的当位。当人真正能够顺应自然了也就实现了"无己"，才可以游乎无穷实现逍遥。

然而人为什么能够恰当把握并顺乎自然和变化？按照《周易》对天人关系的理解，人本质上从属于天，因此穷理尽性致命是统一的。

---

① 钟泰：《庄子发微》，第14页。

"回溯到世间万物——人也是万物之一——的根源处，后来的生命与原初的天地精神合而为一，而后所谓'至人无己，神人无功，圣人无名'便都是题中应有之义。成玄英《庄子疏》解释说：'至言其体，神言其用，圣言其名。'王先谦《庄子集解》进而指出：'其实一也。'"①钟泰亦言：

> "至人"、"神人"、"圣人"，虽有三名，……其实皆圣人也。……"无名"者，不自有其名。"无功"者，不自有其功。不自有者，"无己"之渐也。故终归于"无己"而止焉。②

钟泰进一步解释说，庄子的"无己"与"无用"有着必然联系，所以《逍遥游》篇末通过惠施与庄子的对话，阐发"用大""无用"与"无己"的深意，即藏身于无用，以韬晦自全，以实现生命的意义。钟泰指出：

> 言无用而必先之以用大者，盖无用者，用而不自用，非实无用之谓也。是有二义：能用大而后可以用无，此一义；亦惟无用而后能用其大，此又一义也。《易·系辞传》曰："显诸仁，藏诸用，鼓万物而不与圣人同忧，盛德大业，至矣哉！"以"藏诸用"言，则"无用"矣。至人之所以为至，在于盛德大业。而德之所以盛，业之所以大，则在于鼓万物而不与圣人同忧。鼓万物而不与圣人同忧，非"无己"莫能望，此"无己"之所以为至。③

在钟泰看来，庄子肯定人能游乎无穷之宇宙实现逍遥游的思想，是对《周易》穷理—尽性—至命的天人统一世界观的阐发，《庄子·天地》

---

① 陈引驰：《庄子精读》，复旦大学出版社 2005 年版，第 49 页。
② 钟泰：《庄子发微》，第 14—15 页。
③ 同上书，第 22 页。

篇有云："泰初有无，无有无名。一之所起，有一而未形。物得以生谓之德；未形者有分，且然无间谓之命；留动而生物，物成生理谓之形；形体保神，各有仪则谓之性；性修反德，德至同于初。"庄子肯定人能认识和把握天道自然规律，并落实为以"至人无己，神人无功，圣人无名"为内容的内圣外王之道。

总之，钟泰发庄子之"微"的理由是，庄子之内圣外王之学"足以补《论》、《孟》之未及，树人道之大防者"，那么究竟什么是"《论》、《孟》之未及"？庄子又树起了怎样的"人道之大防者"？

一方面，以孔孟为代表的先秦儒家学说是一套以"仁"为核心的人文主义思想，主张通过"尽己"和"推己"的途径由"克己复礼"经由"推己及人"实现"兼善天下"的人类理想。其中包含着人从自然状态向文明形态的自我觉醒，体现了人类对自我价值意义的充分自信和高度确认。但人道原则的偏向，有可能导致天与人的紧张与对立，甚至引发人的异化。有必要调整和扩展孔孟儒家的思想内涵。在钟泰看来，庄子的内圣外王之学，通过吸收消化《周易》宇宙观、人生观和变化观的思想，能够站在天人关系的更广阔视野解读人文主义。将庄儒思想融合之后的儒家思想，将会赋予人文主义更深刻的内涵和终极意义。

另一方面，建筑在《周易》宇宙观、变化观基础之上，特别是吸收了《周易》道德哲学思想的庄子的"无己"之学，有利于孔孟"克己"的人道原则的重树，可以进一步丰富和完善孔孟儒家人道原则的终极性和超越性内涵。所以钟泰说庄子"内圣外王之道大在何处"？"尤其是'无己'二字最为切要"。笔者以为这应该是钟泰解庄的根本所在，也是本章题目"庄学再发现"的主要旨意所在。

第四节　从《庄子发微》看钟泰的学思终趣

笔者认为《庄子发微》不论从钟泰学术人生的时间维度，还是从钟泰学术思考的学理维度看，都体现了他学思历程的终趣。

一、承太谷学派之业，发《庄子》之心

太谷学派思想与老庄有着多重联系，据《太谷学派遗书》看，从其开创者周太谷到极盛时的黄葆年，都有对老庄学说的阐发。特别是归群草堂时期，"合儒道为一炉"成为学派的思想宗旨。钟泰《庄子发微》承载了对学派"合儒道为一炉"的宗旨。且周太谷有言："凡祈天永命者，须志曾子之志，戒达摩之戒，心庄子之心。"[①] 有研究者指出，太谷学派学脉中有较深的老庄学说根柢，具体表现：一是据太谷学派资料记载，周太谷出道前曾初事"治老氏之学"的福州人韩仰瑜，由此推断其学脉必定内含有老庄学说的深层文化影响；二是《周氏遗书》中有周太谷修治老庄学的痕迹；三是太谷学派遗书中的其他诸多史迹亦表明，其各代弟子在学术交往中对老庄学说都有过一定程度的修治，特别重视诠释老庄以体知生命存在、体证生命修养、体验生命境界为内容的思想。[②] 钟泰曾在其《中国哲学史》中将太谷学派的儒学事业喻为"潜龙之业"，光大学派未尽之业始终是钟泰的志业（参见本书第一章第二节之三"钟泰与太谷学派"）。晚年的钟泰深研熟玩以得庄子之精蕴，补《论》《孟》之未及，其拳拳之心自不待言。而从钟泰《发微》的特点看，重在发《庄

---

① 周太谷：《周氏遗书》卷十，《太谷学派》第一辑（一），第 607—608 页。
② 参见江峰：《太谷学派诠释老庄的生命本位特色》，载熊铁基、麦子飞主编：《全真道与老庄学国际学术研讨会论文集》。

子》"内圣外王之道"的"成己""成物"之修养方法和境界,是对太谷学派"圣功王道天人性命贞一之学"的光大。

二、完善宋明理学,成就未尽之业

宋明理学是钟泰治学的重要内容,但遗憾未留下专著。笔者以为,《庄子发微》同样寄托了钟泰治宋明理学的理想。特别是宋代特色鲜明的以儒解庄(或称庄学儒学化),是理学融合儒释道实现学术思想转型的重要环节。钟泰的《庄子发微》承继了这一思想传统。

钟泰因太谷学派的学缘,与宋明理学在学脉上多有联系(太谷学派创始人周太谷的得道与周敦颐思想密切相关)。王安石、苏轼是宋代以儒解庄之风的开创人。钟泰在其《中国哲学史》中指出,从王安石对庄子"存圣人之道"思想的肯定,可见庄学"上穷圣人之意,下推诸子之作"的重要价值,可以说庄子是沟通孔子与诸子的桥梁。钟泰指出:

> 夫庄周者,自汉以来,学者所不取。晋人虽谈之,而浸失其旨。安石独以为周有意于天下之弊,而存圣人之道。且由其说以上穷圣人之意,下推诸子之作。吾尝谓周之学出于孔子,而申、韩言形名,又得周之绪余。盖道固有相通者,即申、韩亦何尝尽悖于圣人。以今观之,若安石者,可谓先得我心者矣。[①]

从治学方法看,钟泰推崇宋儒义理之学的学术方法,他曾说:"有宋程朱诸儒,本躬行之心得,发先圣之微旨。虽名物考据之细,容有未当,学者循其言而求之,亦内足以修身,外足以明理致用。"[②] 他的治学

---

① 钟泰:《中国哲学史》卷下,第34—35页。
② 钟泰:《国学概论》,第151页。

始终强调以宋学方法纠清代以来汉学之偏,倡导"合汉宋为一"。他称赞朱熹的学问"朱子自通训诂,亦教人通训诂,但不如汉人以通训诂为事。更须进而反之身心,以求至当之归耳。夫以此为学,岂非合内外,赅体用之道哉"。① 钟泰曾写过一篇名为《朱子之诗》的文章,称道说"朱子的诗,最大的特色,便是能将理纳入情中,使情理熔成一片"。他举朱子诗"昨夜江边春水生,艨艟巨舰一毛轻,向来枉费推移力,此日中流自在行",曰:"把学道比作行舟,学未成时枉费推移之力,学成之后便能从心所欲不踰矩了。此全是穷理穷得分明,才说到此而又能将情景与理熔成一片,虽言理亦风趣盎然。"在其《中国哲学史》(卷下)第三编"近古哲学史"中,他共用31章的篇幅详述宋明哲学,盛赞"宋儒善用佛、老之长,而无佛、老之弊"。

关于朱熹对待庄学的态度,钟泰曾在阐释朱熹哲学思想时引朱熹之言说:

> 朱子曰:"道家有老、庄书,却不知看,尽为释氏窃而用之,却去仿效释氏经教之属。譬如巨室子弟,所有珍宝,悉为人所窃取,却去收拾破瓮破釜。"此非为道家言之,盖谓儒者言之也。又不独朱子之心若是也,宋儒之心,盖莫不若是。②

在钟泰看来,以朱熹为代表的理学家不仅充分肯定庄学的价值,还特别赋予了儒者们整合庄学资源为我所用的文化使命。

有研究者指出,朱熹一生博学多通,读书深透,议论往往能发前人所未发。他不仅写有《〈养生主〉说》这样平心静气讨论义理的文章,还在与门生后学的来往书信与交谈中屡屡涉及《庄子》。朱熹身后,曾

---

① 钟泰:《国学概论》,第153页。
② 同上书,第4页。

经有过一些理学人物尝试着完成朱熹未竟的注《庄》事业，比较有影响的先是赵以夫所作《庄子内篇注》，后又有林希逸撰《庄子口义》。两人虽然都是理学"学统"中人，研究思路却大异其趣。前者尚能谨守孔门遗教，往来穿梭于"六经"与《庄子》之间，却不免仍停留在掇拾语句、强作比附的阶段；后者则刻意袭取佛说，以融会贯通儒释道三家为务，颇喜以指点文章脉络为标榜。① 可见，宋明理学的庄学之业和文化使命仍需后继有人。

钟泰不仅强调整合庄学资源的儒学使命，还对宋明理学会通儒道的方法局限予以批评。他在盛赞苏辙（字子由）会通孔老之道的特点时，批评宋儒借鉴佛老而又拘于门户之见而缺乏坦宜的态度，他说：

> 宋儒之出入老佛，取其长而不欲受其弊，盖莫非此意，而顾不肯明白以道之。惟子由于此无所隐，岂不远愈于蒙头盖面，拘拘于门户之见者哉！而朱子《异学辩》，乃斥以为无忌惮。吾谓朱子得之于子瞻（笔者注：苏轼字子瞻），而失之于子由。②

可见，钟泰对宋明理学在庄子之学上的得失见蔽是看得非常清楚的，也因此可以扬长避短地继承发展宋明理学儒庄会通的未尽事业。这应该是钟泰内心承载的祈愿。难怪他说"若安石者，可谓先得我心者矣"。《庄子发微》实现了他的心愿。

三、重建儒学思想体系，抒发个人的儒学信仰

"崇奉孔子，皈依儒学"是钟泰的个人信仰，他坦言："我平生最

---

① 参见耿纪平：《略论宋代庄学的"儒学化"倾向》，《中州学刊》2000 年第 6 期。
② 钟泰：《中国哲学史》卷下，第 39 页。

崇奉孔子,虽不视同宗教,却以为中国之所以为文明立国,胥食孔子之赐。如无孔子结集诸经,今日何从知有尧舜禹汤文武。"这是钟泰20世纪50年代末在思想改造和传统文化受到批判的时代背景下写的一份《交心书》中所言。在那种特殊的年代,钟泰坦陈自己的信仰,足见他对孔子及其开创的文化思想传统的热爱。钟泰一生所从事的思想学术思考都与孔子、儒家和以儒家思想为核心的文化传统密切相关。面对20世纪以来新的时代条件,他主张整合儒学资源,重建儒学思想系统。《庄子》哲学的博大精深,庄子对儒家的合理定位("道术之全",见《庄子·天下》),庄子思想的批判反思特点(在《庄子》中既有对儒家、孔子的无情鞭笞又有对儒学的高度阐扬),庄学的开放性特点(内圣外王),等等,都是中国传统文化的瑰宝。儒庄会通是钟泰儒学整合和重建事业的重要环节和基础性工作。特别是站在"补《论》《孟》之未及,树人道之大防"(钟泰语)的根源处张明庄儒之关系,足见《庄子发微》对其儒学重建的理论构想意义重大。

熊十力曾致信钟泰,对其《庄子发微》予以高度肯定:"大著诚不朽之作。庄子之学,如后来有人研究,必不能忽视此书也。"(1964年7月29日熊十力与钟泰信)

当代的庄学研究中,学者也多有对钟泰《发微》的论及,包兆汇《20世纪庄子研究的回顾与反思》一文认为:1900—1949年为现代庄学的开创期;1950—1965年为现代庄学发展期;文化大革命结束是现代庄学复兴期。在庄学复兴期内,钟泰《庄子发微》既被作者看成是校勘注释的成果,又被列入综合性思想研究的著作之列(该文主要列举的著作有:张恒寿《庄子新探》、刘笑敢《庄子哲学及其演变》、崔大华《庄学研究》、钟泰《庄子发微》、崔宜明《生存与智慧——庄子哲学的现代阐释》)。作者对上面综合研究方面的学术作用给予了较积极的评价,"既照顾庄学思想的复杂性、系统性,又不失自己独到的理解,为后人庄学思想的整体研究提供了借鉴和奠定了基础"。① 当然，笔者以为钟泰《庄子发微》从完成时间看，其实应属于1950—1965年现代庄学的发展期。钟泰以其《庄子发微》的深沉厚重，着实预示着现代庄学复兴的到来。

《二十世纪中国庄学》一书评论说："钟泰站在儒学立场，推崇庄学内圣外王之道，以儒家积极进取的人生态度比拟、取代庄学的消极本意，在其本人反复涵泳、钻研儒术的学术精神之外，弘扬儒学以济世之志豁显无遗。"②

其实从现实层面看，《庄子发微》对20世纪五六十年代庄子学研究中强烈的阶级属性观念和政治批判意识，将庄子视为没落奴隶主阶级的思想代表等思想倾向，亦有拒斥和纠偏的作用。李维武在《20世纪中国哲学中的个性化失落与重建》一文中认为，20世纪50—70年代，形成了"中国哲学发展的大一统格局"。造成这一格局的外因是，"长期坚持以阶级斗争为纲，使得绝大多数以哲学为业者或不能或不敢对哲学作个性化的思考"。而从哲学之内看，是"政治化倾向的强化和放大，最终抹去了哲学的个性化特征"。③ 钟泰在1962年《文汇报》发表的《论研究庄子》一文明确指出"要批判《庄子》，先要研究《庄子》"。1962—1966年钟泰应邀讲学于长春东北文史研究所，期间自费石印《庄子发微》，力图伸张其研究庄学的独特主张，表明从文本出发研究《庄子》应是庄学研究的合理途径。总之，笔者以为，《庄子发微》应视为钟泰全部学术思想旨趣的集中体现。

---

① 包兆会：《20世纪庄子研究的回顾与反思》，《文艺理论研究》2003年第2期。
② 李宝红、康庆：《二十世纪中国庄学》，湖南人民出版社2006年版，第111页。
③ 李维武：《20世纪中国哲学中的个性化失落与重建》，载《中国哲学的现代转型》，中华书局2008年版，第452—453页。

第六章　钟泰的学术交往

钟泰先生与学术界有着广泛的交往，一生大部分的学术活动在南京、杭州、上海、长春等地。就笔者研究看，归群草堂的学友、学界同道、晚年沪上的友人是其交往密切的群体，影响了他人生和学术的形成与发展。

第一节　钟泰与王瀣

若论交谊早且厚，在为学为人上相互影响至深的，首先应属与钟泰有莫逆之交的王瀣[①]（1871—1944年，字伯沆，号冬饮）。早在两江师范学堂任教时，年轻的钟泰与时任学堂教习的王瀣就结为忘年之交。

[①] 王瀣，南京溧水人，清末至民国年间著名的国学大师。曾先后执教于南京陆师学堂、两江师范学堂、南京高等师范学校、东南大学、中央大学等。研究者指出："先生之学凡三变，弱冠肆力古文辞，壮岁兼治经世之学。四十以后出入佛老，及见黄先生，益信古圣贤之道。"参见王明发：《王伯沆先生与太谷学派传人》，《南京理工大学学报》（社会科学版）2004年第1期。

一、致思论学的益友

钟泰弟子王子慧指出:"盖先师之为学,受王伯沆老伯之熏陶最久且深,故持论躬行犹多涉入权示小乘见解境界。"①从王瀣给钟泰的一信可体会他们之间鞭辟入里的论学,为人处世上的相互砥砺,重视心性修养的学术共识。

  钟山老棣鉴:前惠书引亭林(笔者注:顾炎武,1613—1682年,学者称亭林先生,江苏崑山人,其学开清初儒学务实新风)论学语甚是。瀣与此公"博学于文,行己有耻"最为服膺。其言空讲危微精一者,必指当时阳明、心斋(笔者注:王艮,号心斋,王阳明弟子)一传二传弟子言之耳。若蕺山(笔者注:刘宗周,学者称蕺山先生,明末大儒,其学融汇朱子学与阳明学)、夏峰(笔者注:孙奇逢,学者称夏峰先生,清初儒者,其学得力阳明为多,而更和通朱子之学)诸贤,如大川乔岳长风殷雷,决非崑山非能望也。此篇要语在后幅,言有耻之事是下手处。弟所引仍是策帽。今人何尝不言"四海困穷",几于一开口一动笔都是此语,与亭林所言"自子臣弟友以至出入往来辞受取与之间,皆有耻之事"一语,何尝有一人检点到?此殊可唧叹。此语若不从心性理会更从何处理会?瀣想尧舜禹以平治天下为圣,未尝以儒为圣,危微精一至《虞书》始载之,此正治天下最切根本,原非以诏凡庸。崑山之意亦是令人先从治身入手,自可天下平治。非力诋危微精一也。似不宜误会。文中多驳心性正是榷说,于文中段可见也。至于"四海困穷",崑山即亦未有十分把握之建议。郡县论九篇,瀣十年前细读之已笑其说食

---

① 王继如整理:《马曹两先生一段论学公案》,上海社会科学院《传统中国研究集刊》编辑委员会:《传统中国研究集刊》第九、十合集,上海人民出版社2012年版,第626页。

难饱矣。大抵时世有变迁,制度自异。太史公曰:三皇不相袭,五帝不相复。唯人类之子臣弟友万世不能改,则一切出入往来辞受取与即不能改。此处不从崑山有耻之事着力,而空言郡县之制不良改为政治委员会岂遂良乎改?瀅意,言行二字无古今中外之别。仍不能离危微精一之主旨也。①

笔者注意到钟泰《中国哲学史》近世哲学史中,用"论学书"和"郡县论"两题概括顾亭林哲学,说明此信很可能是钟泰撰著过程中讨论亭林学术的记载。书中特别强调顾亭林哲学与宋儒心性之学的相通,盛赞亭林《郡县论》所包含的公私论思想的合理内涵。对比上述信中内容,或许就是他们经论学达成的共识。

二、寄情草堂的挚友

钟泰与王瀅因崇尚太谷学派,"其学无范围,无门户,刚健中正,博大精深,讲学大师,无出其右"(王瀅语),携手进入归群草堂,追求治学理想。

作为归群草堂重要弟子,20世纪20年代后期,面对其师黄葆年去世之后草堂的生存、学友的状况等问题,他们倾注心力、磋商对策,对草堂的未来寄予了诸多忧思与关切。通过他们的书信往来可略窥其拳拳之情②:

---

① 该信写于有题头"国立中央大学"的稿纸上,年代不详。钟泰《中国哲学史》(下)第311—314页即谈顾亭林的学术问题,此信或可是钟泰著述时二人的论学,若是,该信应写于1927年前后,因钟泰《中国哲学史》成书于1927年。
② 钟斌先生整理有《王瀅与钟泰书》共22封书信,未公开出版。下文所引书信均源于此。信的内容笔者总体的印象:忧学堂不振,砥砺向学,探讨读书方法,关爱对方生活。诚可感矣!

1927 年 3 月王瀣致钟泰信曰：

> 痛念先师殁未三年变局至此。私心所希望者唯在"尊所闻，行所知"二语。环顾诸友恐其传伪者多传真者少。瀣不肖亦愿与棣台交勉之也。……窃谓学之得力处先要气化，次要质化，方为切近。若一味酣嬉不知敬慎，究何异于未学哉。棣质性清灵，瀣所万不能企，但犹有一二刍荛相贡者，以为棣之清恐流于察则少汪汪之度；棣之灵恐易于变则少古黝之光。私揣其原唯"笃实"二字似对症之药，未知棣以为允否？

1929 年 8 月致钟泰书信曰：

> 先师当日设教，声光所被上及公卿。而来学之徒遂自忘向学之真伪，但以著录为荣者亦复甚多。今先师殁五年，承其教者遂不能自立，它日恐人有责言其何以堪！

1931 年王瀣写给钟泰的信涉及太谷学派归群草堂之行事，谈及钟泰欲为先师撑拄门户一事：

> 学通一事，须有万夫之禀，广博兼综之学，龙泉太阿之才，方为大器。其次则志意高远之狂，有所不为之狷，可得一门深入稍具体段。又次则略涉儒先之书，外观时变内检身心，不求遇人先求自立，亦可免于小人之归。

对草堂的未来"私心所属望者棣一人耳。"

王瀣先生去世，钟泰曾作《挽冬饮翁》诗三首，表达他对挚友的挽殇之情和高度赞扬：

药石交情重，兵戈别恨多，匪辰豺在邑，久病雉雁罗，空有青林梦，难为东海波，惊雷闻噩耗，争禁泪滂沱。

　　屈指师门彦，堂堂今子张，工夫就平实，文字有光芒，君子原无死，传经实可伤，盆兰与椀茗，从此不能芳。

　　八载口挂壁，一朝棺附身，庞婆留后死，左女托何人？乞米犹存帖，藏书欲化尘。及门多美士，应有报师恩。①

在笔者看来，与王瀣的结识、交往、论学，对钟泰步入学术道路起了推动作用，王瀣也是他切磋学问技艺的同道和伴侣，由此我们不难体会钟、王交谊的重要和深厚。

第二节　钟泰与马一浮

　　马一浮（1883—1967年），名浮，字一浮，号湛翁，浙江上虞人，近代著名学者。对于马一浮的学术地位和贡献，他的同代学者贺麟在其20世纪40年代年写成的《五十年来的中国哲学》一文中指出："马先生兼有中国正统儒者所应具备之诗教、礼教、理学三种学养，可谓为代表中国文化的仅存的硕果。"② 现代新儒家徐复观称其为"当代四大儒者"之一（包括熊十力、梁漱溟、张君劢）。梁漱溟称其为"一代儒宗"。质言之，马一浮是20世纪最具代表性的儒者。其学术兼容儒释道而归宗儒学，这与钟泰的学术追求不谋而合。钟泰与马一浮生前有着长久的交往、深厚的友谊、人格的认同和学术的契合。考察他们的关系，有利于

---

① 见民国出版物《南京文献》第21号中的"附录"。转引自王明发：《王伯沆先生与太谷学派传人》，《南京理工大学学报》（社会科学版）2004年第1期，第89页。

② 贺麟：《五十年来的中国哲学》，商务印书馆2002年版，第16页。

我们多视角认识钟泰的为人为学，深入理解钟泰学术实践的具体经历及其本质所在。

一、气类诉合的人生道友

笔者将钟泰与马一浮的交往经历概括为：文澜结缘，书院携手，诗教相通三方面，透过他们人生道路的诸多机缘、巧合，我们由衷地感慨两位先生实在是气类相亲、风格诉合的同道。这里的气类相亲主要是指他们精神气质上的相通相合，说到底是一种孔颜乐处的生活态度和人生境界。

（一）文澜结缘

钟泰与马一浮的交往始于他们的"不惑之年"1930年（此时马一浮45岁，钟泰42岁）。[①] 考察钟泰、马一浮的学术历程，笔者发现，对"文澜阁"的钟爱是钟泰与马一浮结缘的焦点。要说明这一点，必须从他们的学术转向说起。

钟泰与马一浮的学术兴趣转向都始于1906年前后，表现为由关注新学、西学转向几十年潜心钻研传统典籍，体认中国文化精神。钟泰早年留日学习自然科学，受日本汉学家的影响开始爱好中国哲学和文学。1906年留学归来，徜徉于经史子集的传统经典之中，加入民间儒家学派，立志以专经成名。1924年"杭州之江大學託人來聘，以可以閱覽文瀾閣所藏四庫殘本，遂去南京至杭州"。钟泰接受之江大学之聘的一个重要理由是"可以阅览文澜阁所藏四库残本"。马一浮早年游学美、

[①] 关于钟泰与马一浮结识的具体时间和经过，可通过钟泰弟子王子慧在回顾钟泰与马一浮的早期交往中得知其情，参见王继如：《马曹论学公案后语》，上海社会科学院《传统中国研究集刊》编委会：《传统中国研究集刊》第九、十合集，上海人民出版社2012年，第628页。亦可参见本书附录《钟泰先生生平简表》。

日，关注西学，1906年寄居杭州阅读文澜阁所藏《四库全书》。"是年起，先生治学的重点转向国学。他寄居在杭州外西湖广化寺，该寺与浙江图书馆'文澜阁'靠近，每天阅《四库全书》。共阅了三万六千四百余册《四库全书》，并做了大量的读书札记。"[①]笔者认为，文澜之缘标志着钟泰、马一浮在各自的人生和学术道路上的一个转折——以儒学为学术目标。看似他们是各自在探索的道路上选择了儒学，但这绝非偶然的巧合，是他们相似的经历、个性和相同的理想等诸多因素促成的。

就他们的求学、治学经历看，童年、青少年时期的经历，对他们未来的成长、发展有重要的意义，甚至决定着一生的生命态度和精神取向。钟泰、马一浮均出生于19世纪80年代的清末（钟泰1888出生，小马一浮5岁），成长于社会转型的动荡时期，有许多相近的成长经历：都经历过家塾的启蒙教育；青年时期都投身过办报刊宣传新思想（马一浮戊戌变法之后，在上海参与创办《二十世纪翻译世界》杂志，思以学术振兴国家；钟泰在辛亥革命后1912年到马来亚创办《光华日报》，宣传民主思想以鼓民志）；都有过通过留学或游学接受西学的经历（1903—1906年钟泰留学日本，马一浮1903年游学美国，1904—1906年转道日本）；都尝试过从政又短期内请辞（钟泰1912年和1928年先后参政，曾任广东省府秘书代秘书长；马一浮1912年应蔡元培之邀，出任教育部秘书长），在人生态度上表现出淡泊名利、不务世俗的狷者气质。1945年他们聚首乐山复性书院，共同执守传统文化的根脉。同样是在1953年，钟泰被聘为上海文史馆馆员，马一浮受聘浙江文史馆馆长。

就学术思想看，钟泰的学思路向与马一浮十分接近，特别是马一浮以明心复性为宗趣要旨，以六艺之道为主要内容，提倡书院讲学宗旨不分今古、不分汉宋、不分朱陆，打破门户偏见，以六艺为教授内容，统

---

① 马一浮：《复性书院讲录》附《马一浮先生年表》，江苏教育出版社2005年版，第342页。

摄一切学术的儒学思想主张，与钟泰的思想最为契合。这与钟泰所追随的太谷学派以圣功王道天人性命为内容的身心修养宗旨，倡导破除门户之见、合儒道为一炉的治学原则和通过民间讲学方式引导社会精神道德的人格教育方法多有相通。

钟泰和马一浮都有着超然的人生态度，以下诗句足以为证，1951年钟泰为自己生日赋诗曰：

三月九日为阴历二月二日余生日也赋四十字
卉服渐先进，楼居添上层。年增人减价，病去骨生棱。
真有喙三尺，才堪饭五升。何时容老佚，甘作住山僧。①

马一浮生前的绝笔诗《拟告别诸亲友》云：

乘化吾安适？虚空任所之。形神随聚散，视听总希夷。
沤灭全归海，花开正满枝。临崖挥手罢，落日下崦嵫。②

（二）书院携手

复兴书院是一所体现马一浮儒学教育理想的处所，是由马一浮主持，自由讲学的社会性学术团体，1939年在四川乐山乌尤寺设立，兼具讲学与刻书功能，1946年迁往杭州。马一浮解释办此书院的意旨说：

三十年来，学绝道丧，世之所以为教者，拾异邦殊俗之土苴以为宝，后生小子几不知圣贤为何人、经籍为何物。今因寇乱之余，当路诸贤一念之发，因得与现行学制之外，存此书院。思藉此略聚

---

① 参见钟斌整理：《钟泰诗选》。
② 马境泉等校点：《马一浮集》第三册，浙江教育出版社1996年版，第758页。

少数学子，导以经术，使反求诸义理，冀续先儒之坠绪于垂绝之交，此亦人心之同然，有不可泯灭者在也。①

虽然钟泰与马一浮在复性书院共事仅数月（1945年5月至1946年2月），但围绕书院他们所展开的情感交流、思想支援，对理解他们共同的儒学旨趣和以经术、义理为重点的学术主张，非常具有说服力。

马一浮视钟泰为同道和知己。主持复性书院时，他诚邀钟泰参与讲学和刻书工作，并久虚席位以待之，我们从马一浮致钟泰的书信可知其情。

1940年2月25日马一浮致钟泰信：

> 平日承兄见知之厚，有以察其用心，足补弟之阙失，亦使学子有所矜式，此其所以不敢有隐。其求助之切，不因兄之未能遽许而遂改。
> 尽其在己之诚，不迁就，不夹杂，做的一分是一分，庶几血脉不断。但求契理，不求契机，任人贬驳无恤也。②

1940年6月8日马一浮再致信钟泰，明确指出钟泰是"可以为书院之师"的良选，是可以共谋书院大略的相知，更重要的是以经术为志向的同道，他说：

> 书院所以异于学校者，学校造士，惟求适于时用之才，书院求师，乃在继此绝学之绪。在今日虽学校为重，书院为轻，然可以任学校之师者，尚不乏人，可以为书院之师者，实难其选，故虚席以待兄者为日久矣。

---

① 马境泉等校点：《马一浮集》第三册，第665页。
② 丁敬涵校点：《马一浮集》第二册，浙江古籍出版社、浙江教育出版社1996年版，第714页。

（书院）粗示治经途径，学子颇增于前，苟得兄来，施以法雨，茂厥灵根，未始不堪雕琢。

欲得兄来共同商略，某（谋）所以诱掖之之道。浮精力既衰，深俱多所阙失，尤赖兄辅益，庶免贻误后进。此其所以日夕仰望，幸兄一鉴其诚。

弟精力有限，不得不求助于友朋。然实苦相知者少，或鄙其固陋，或嗤其迂阔，或别作主张，欲根本不谈经术，以为不合时代，实有道孤之叹。此其所以仰望于兄者独至此。①

马一浮可谓推心置腹地邀请钟泰来复性书院，然因钟泰与湖南蓝田国立师范约期未满，加之多年避居山区身体欠佳的原因，未能及时成行。但我们从两先生往来的诗文中，可清楚感受到他们的惺惺相惜。

马一浮诗：

迟钟山不至寄简

栖栖缘梦事，踽踽益忧焚。恻恻忘南岳，迢迢礼白云。
巴山犹可度，羌笛不堪闻。应念峨眉月，清光独为君。②

钟泰和诗：

湛翁先生以书见招并賸佳章道其悬迟之意，读之惭感，率步原韵奉答
（1940年）

大道嗟芜塞，群生苦溺焚。谁能回永夜，我亦抉浮云。

---

① 丁敬涵校点：《马一浮集》第二册，第715—716页。
② 马境泉等校点：《马一浮集》第三册，第97页。

蜀道传新语，吴门念旧闻。衰顽仍感奋，早晚得从君。①

马一浮诗：

**得钟山上九日自重庆见寄诗，约春水生相即于乐山，
同日得希之贵阳人日见怀之作，喜而作此，寄答钟山，并示希之。**

山市元宵不看灯，诗来风解小池冰。有生都付忘年境，无事真同退院僧。黑豆摊书余蜀刻，黄梅题壁少卢能。门前春水如相见，应上峨眉最上层。

迟钟山不至

春水从天绕地流，佳人应在木兰舟。孤村立尽千帆影，绿树飞来双白鸥。②

钟泰答诗：

**湛翁先生用拙作此道题韵赋诗见怀，
敬答一律（仍依原韵）即乞郢正**

（1944年）

谁云道丧不传今，乌寺庭前柏正森。贯穴群言六艺学，恫瘝天下一家心。虽捐讲论存机用，俗有文辞黜丽淫。承教何时重奉手，积年浣我客尘侵。

---

① 本章所引钟泰诗，均选自钟斌整理：《钟泰诗选》，未公开出版。
② 以上二诗见丁敬涵校点：《马一浮集》第二册，第349、363页。

夜 读

老眼生花字作双，夜深相对一铜缸。也知此去无多得，且当吾心系马桩。

从马一浮的"仰望于兄"，"清光独为君"到钟泰的"早晚得从君"以及"且当吾心系马桩"，二先生心息相通的真情跃然笔端，走到一起是必然的归宿。

1945 年 5 月钟泰辗转至复性书院，当时马一浮在复兴书院遭遇困境"陷于泥淖"（马一浮语），钟泰努力助其一臂之力。钟泰日记记载了一些他们论学、共事的经历：

（1945 年）6 月 4 日　与湛翁各谈生平得力处，湛翁谓少时亦从滥而鲜归宿，自戊申年一变始专力于先儒之学。

6 月 5 日　湛翁出示《诸子会归》总目并序，例盖庚戌年所定，嘱为斟酌。此稿本后有与蒋再唐名麟振论儒佛义一文，为戊午正月作，其以六艺摄群言以五教判六艺正今时所常谈，乃知其发端已久矣。

7 月 31 日　湛翁来看，并借《白沙集》、《罗念庵集》、《蔡氏九儒书》、《金华四先生集》（不全者）与阅定。

钟泰的相助得到马一浮首肯，1945 年 10 月 2 日马一浮写给王敬仲信云：

钟山在此除商定编目外，于接引后学亦肯尽言，且其气象较弟为易亲近，此可告慰。

1946 年书院欲迁杭州，钟泰作为马一浮信赖的友人，先期到杭州联络搬迁的种种事宜。1946 年 2 月 13 日马一浮致信钟泰：

钟山先生左右：迭奉三书，知行旅甚劳，且喜已到杭州。虽残破之后举目荒芜，幸得省府指拨蒋庄暂用。又可希望拨余藩署旧址，此皆兄与李秘书长之力，闻之至为欣慰。

兄日与各方周旋，能为书院奠定基础，其功德亦不细也。①

笔者以"书院携手"回顾钟泰与马一浮这段共事情缘，最想突出的是他们在为道、为学上高度的认同和信赖。可以说，是马一浮的个人魅力感召着敬重他的钟泰，是书院自由的学术空间吸引着钟泰，是为往圣继绝学的使命感使钟泰最终与马一浮携手。

（三）诗教相通

提到钟泰与马一浮的交往，就不能不提他们之间以诗会友的交情。二位先生的契合与他们共同对诗尤其是古诗的爱好有关，诗是他们抒发情怀、联络感情、弘扬传统的重要方式，更与他们以诗为教的思想主张相契合。从中也体现了钟泰与马一浮儒雅的文化个性和生活品位。

马一浮曾说："古之所以为诗者，约有四端：一曰慕俦侣；二曰忧天下；三曰观无常；四曰乐自然。诗人之志，四者摄之略尽。"② 纵观钟泰与马一浮的诗交，正可谓"诗人之志，四者摄之略尽"。

首先，钟泰与马一浮的诗表达了他们之间"慕俦侣"的心声，从以下诗作我们便可窥其一斑。

马一浮赠诗：

赠钟山

笑谈不与世人邻，风格知于有道亲。南岳孤游常念旧，中霄危

---

① 丁敬涵校点：《马一浮集》第二册，第719—720页。
② 丁敬涵编著：《马一浮诗话》，学林出版社1999年版，第3页。

坐自凝神。泰州语好意皇近,横浦机圆鲁论新。(君见示近作《论语诗》百首)愧我衰迟长夏卧,看君高咏上峨眉。①

从这首诗可以看出马一浮对钟泰学术思想和渊源的认同与理解。

钟泰和曰:

感怀(与湛翁)
(1949年7月4日)

落落平生自有真,青毡敝尽不言贫。声名耻用文章著,气类偏于木石亲。万事无端云化狗,一机相禅马生人。等闲参得盈虚理,眼里何容着点尘。

不论是马一浮的"风格知于有道亲",还是钟泰的"气类偏于木石亲",都表达了他们相互的认同和欣赏。而这种认同和欣赏是建立在他们相互对对方人格、学识的高度赏识之上。马一浮用"泰州语好意皇近,横浦机圆鲁论新"称道钟泰的学术,钟泰以"落落平生自有真,青毡敝尽不言贫"赞赏马一浮的人格。

作为知己,他们也在通过诗作互述衷肠排解忧愁:

马一浮:

答钟山见怀并示心湛
(1949年)

---

① 此处的"泰州"应指代钟泰所皈依的太古学派,因其产生于泰州一代,被学者们以新泰州学派称。"横浦机圆鲁论新"一语,赞钟泰的《论语诗》。钟泰在其《论语诗》诗稿前的说明中有言:"向读张横浦集,爱其所为《论语诗》,虽杂禅解,足资启发。偶有所感,辄亦踵作。日月既多,篇帙遂积。因足成百首,粗为诠次。弃之行箧,留自省览。不知异时人以为视横浦何如也。"诗文见《马一浮集》第三册,第365页。

坐阅风轮转日车，心疑硕果等焦芽。池荷已灭秋晨露，岩桂还舒月下花。多难始愁书不尽，有情终逐智无涯。恻恻儒墨君休问，祗向城边式怒蛙。①

钟泰诗：

赠（马）湛翁
（1950 年 1 月 30 日）

湖山咫尺阻游从，梦绕南屏夜半钟。自愧索居生鄙吝，每吟高勿想春客。闭门岂便忘横目，酬语无妨效点胸。寒燠调停知不易，雨多晴少是今冬。

其次，钟泰与马一浮的诗交，更多表达出他们关注国运，体察民生的"忧天下"之情、"观无常"的超越之境和"乐自然"的和谐之心。甚至当笔者品味他们的诗句时，分明体察到他们之间诗韵唱和、字斟句酌的玩味所带来的人生快慰，让人由衷地称羡。

钟泰诗：

闻芷江受降，成五律一首
（1945 年 8 月 28 日）

上将多咸重，降夷敢狡欺。江山辉草木，坛坫肃旌旗。人喜收京急，功成扫穴奇。十年深耻雪，（盖屈指何应钦自北平逃归已十年矣）天意有支持。

马一浮和曰：

---

① 马境泉等校点：《马一浮集》第三册，第 502 页。

钟山赋受降成见示，率尔次韵奉和

土伯人为食，螳螂鹊易欺。几曾跨胜算，终见竖降旗。
海上神风改，城中剑气奇。推移凭世运，尊酒且重持。①

钟泰于当日日记云："书送湛翁阅，傍晚即有和诗，并云余诗近雅和诗则近风也。"

钟泰诗：

湛翁先生今年六十四矣，其六十寿辰恰为寒食前一日。当时先生曾有诗述怀，日前与（吴）希之谈论及此，希之因用老杜小寒食舟中作韵，赋诗为先生寿书以示，愚率步和一律

尔雅台高风气寒，先生终日正衣冠。独研爻象民同患，偶出诗文士竞看。早识自焚兵是火，剧怜横决性犹湍。何由圣教东西渐，四海清宁意始安。

马一浮和曰：

希之惠诗存问，并承钟山、硕公同作，依韵奉酬二首

江国春风二月寒，东方犹著十年冠。草庵久罢斋时鼓，鸟阵还从壁上看。旧简堆床遮雾眼，归帆何日下风湍？颓窘数柱瑶华赠，却喜高吟一字安。②

马一浮诗：

---

① 马境泉等校点：《马一浮集》第三册，第369页。
② 马境泉等校点：《马一浮集》第三册，第292页。另笔者案：按钟泰诗前述，此诗应作于1946或1947年，但《马一浮集》注其写作年代为1944年，特在此说明。

观盐井
（1945 年 6 月）

流花桥畔水流脂，卤白烟青自古遗。无限劳民贪地味，甘泉那得比盐池。市利昔闻资火井，佳兵今更重油田。漫衣百谷归江海，恐有刚气坏大千。

钟泰和曰：

和湛翁盐井诗二绝
（1945 年 7 月 5 日）

海王不守守山王，输挽频劳仗孔桑。漫道搉盐胜搜粟，一时龟户有流亡。

凿井翻同煮海勤，煤烟卤气满江滨。谁知咫尺湘黔路，山谷犹多淡食民。

马一浮诗：

巢居杂感

九成冥想凤来仪，差比鹪鹩寄一枝。厨俊虚声传党锢，汉唐余烈助流离。投戈散地无人问，戢影空山有梦知。海燕归风依落木，松间石上莫窥棋。

钟泰和曰：

昨晚湛翁送巢居杂感诗来，因次其韵
（1945 年 9 月 29 日）

虚衣鸿羽可为仪，乌鹊南飞何处枝？衰世事功徒潦草，老来形

脸两支离。太平梦想衣裳会,得失权衡风雅知。却笑神仙桥中叟,机心犹自未忘棋。

晚年的钟泰与马一浮,以诗传情不减当年。1962年钟泰自沪至长春东北文史研究所讲学,又恰逢其大著《庄子发微》成书,马一浮为老友赠行作诗一首:

钟山将如长春讲学,见柱湖上,喜而赋此,即以赠行
善俗居贤义始敦,礼亡求野事犹存。喜闻太学尊三老,何异鸿都辟四门。北气南来终望治,齐风再变定还淳。心斋一脉庄生旨,穷巷回车与细论。(见示近著《庄子发微》,序义极精)①

钟泰与马一浮爱诗、作诗、品诗,深层看与他们对中国文化诗教传统的价值认同密切相关。《庄子·天下篇》曰:"诗以道志。"主张诗应以抒发人的精神意志和高远志向为旨归。《礼记·经解》曰:"温柔敦厚,《诗》教也。"强调通过诗的感兴作用塑造人的精神品格,赋予诗歌重要的教化功能。

作为诗人的马一浮,对诗的教化作用有着细致独到的理解:"《诗》以感为体,令人感发兴起,必假言说,故一切言语之足以感人者,皆诗也。此心之所以能感者,便是仁,故《诗》教主仁。"②"诗教本仁,故主于温柔敦厚。"③认为诗的本质是对人内在之仁的启发和传达,因此具有温柔敦厚的品性,诗人就是要将内在之仁转化为志,发以为言,表达其精神志趣、价值取向和真情实感。他说:"诗以道志而主言,在心为志,发

---

① 马境泉等校点:《马一浮集》第三册,第679页。
② 虞万里校点:《马一浮集》第一册,浙江古籍出版社、浙江教育出版社1996年版,第161页。
③ 丁敬涵:《马一浮诗话》,第8页。

言为诗。凡以达哀乐之感,类万物之情,而出以至诚恻怛,不以肤泛伪饰之辞,皆诗之事也。"① 马一浮曾自序说明其写诗之意:"余弱岁治经,获少窥六义之指,壮更世变,颇涉玄言,其于篇什,未数数然也。老而播越,亲见乱离,无遗身之智,有同民之患。于是触缘遇境,稍稍有作,哀民之困,以写我忧。"② 张中行评马一浮的诗曰:"很少写个人哀愁,而是多少有关政教。""纳兰性德在《渌水亭杂识》中评论苏东坡的话:'诗伤学,词伤才。'马先生正是'学'过多,因而气味像是板着面孔说理,而不是含着眼泪言情,换句话说,是缺少《古诗十九首》那样的朴味和痴味。"③ 然而这恰恰就是马一浮诗的追求所在。郭齐勇总结、评介马一浮写诗与其人生的关系说:"人真正的生存处境应该是也只能是诗境。在诗境之中,人才成其为人——真善美统一的、大写的人,自由自律的真正主体,又始终与天地万物冥合一体。""马一浮先生的最高成就是诗,尤其是他的哲理诗。他是本世纪中国最伟大的诗人哲学家。"④

钟泰受太谷学派重视诗教的熏习,秉持其师黄葆年的诗教传统(《太谷学派遗书》第二辑存有大量学派诗文,特别是李光炘和黄葆年有诗集。归群草堂当年定期举行"花朝会",就是重视诗教的表现),重视诗的陶冶性情、教化作用,强调诗应以"言理"为重。在其谈《朱子之诗》的文章中写道:

> 朱子的诗便在其旨切实,其言近易,后人以朱诗多言理而少言情,遂颇轻之,其实作诗之旨,并不只是言性灵,如《诗经·大雅·蒸民》之篇云"天生蒸民,有物有则,民之秉彝,好是懿德",

---

① 丁敬涵:《马一浮诗话》,第2页。
② 马镜泉等校点:《马一浮集》第三册,第181页。
③ 张中行:《负暄琐话》,黑龙江人民出版社1986年版,第14页。
④ 郭齐勇:《马一浮的人格境界与哲理诗》,《中国文化》总第9期,三联书店1994年版,第159、158页。

及《卫风·淇澳》之篇，都是言理的诗，而孔子对这两首诗都非常推崇，后人不能深通其旨，遂以为言理的都不是好诗，真是大谬之见。

朱子的诗，最大的特色，便是能将理纳如情中，使情理熔成一片。

理学家中，能诗者实无过于朱子，朱子的诗的确是前无古人后无来者的作品，在他以后的诗人往往情胜于理，后之诗人不是不合于理便是满篇头巾气，只有朱子的诗真能将情理混诗为一，这便是朱诗最有价值之处。①

马一浮也曾说："作诗以说理为最难。禅门偈颂说理非不深妙，然不可以为诗。"② 程千帆评价马一浮的诗："文质彬彬，理味交融，较之晦庵，殆有过之而无不及。其我国为数极少之哲人而兼诗人欤。"③ 可见，钟泰与马一浮对于诗教有着高度的共识。

笔者在对钟泰与马一浮交往过程的梳理中感受极深的是，他们堪称君子之交。在他们之间几乎没有对于生活琐屑的抱怨，亦不见对学术问题的争辩，有的是双方思想志趣上的高度默契和文化个性上的极度尊重，堪称文人交往的一种典范。正是这种默契和尊重使他们在学海波澜的危局下，相互给予精神的慰藉和学问的支持，共同执守着文化信仰和精神家园。二先生由性情、兴趣到为人处世可谓温柔敦厚的典范，彰显了"诗教"的人格魅力。

---

① 钟泰：《朱子之诗》，《国力月刊》，年代不详。
② 虞万里校点：《马一浮集》第一册，第564页。
③ 程千帆：《读蠲戏斋诗杂记》，载毕养赛主编：《中国当代理学大师马一浮》，上海人民出版社1992年版，第70页。

二、拾先圣之坠绪的文化共识

以接续儒学之坠绪为己任,是钟泰和马一浮共同的学术旨趣和治学理念。

马一浮言其学术旨趣:"马氏世世以儒学著。"① 他总结自己的学术经历言:"余初治考据,继专攻西学,用力既久,然后知其弊,又转治佛典,最后始归于六经。"② "尚欲以有生之年,专研六艺,拾先圣之坠绪,答师友之深期。"③ 特别是抗日战争的爆发,在民族处于危难、个人生存面临颠沛流离之际,更增强了马一浮呼唤民族凝聚力的文化意识。

金天翮1928年为钟泰的著作《中国哲学史》写序,评说钟泰的学术特点时指出:"盖三十年来,学术思想既不得保其统绪,雅颂政教且随之以倾。然而倡此者,家自以为哲学,人自以为真理。理不必真,而横流滋蔓,夫岂非高明者之过与?钟山之择术焉醇,其观古焉涵泳反复,久而得其通儒者经世之体也。""钟山富于理性,纯于学,其为书立例谨严,忾乎独肩砥柱东流之责,可谓忧世之深矣!"揭示了钟泰作为学人的责任意识和文化理想。

可以说,面对20世纪初中国文化传统所面临的"学绝道丧"之局,钟泰和马一浮怀着深深的忧患意识,确立了共同的文化和学术志趣。我们从1940年8月24日马一浮写给钟泰的信,可以清晰体会他们的心志所在。

> 兄久承海陵黄先生之风规,能不唧然有念于气类之孤,而思有以振起之乎。世方阽危,吾侪又已衰老,后生可念,苟尚有岩穴可栖,能容其尽一日之诚也,吾侪固不可自安于玄默也。

---

① 丁敬涵校点:《马一浮集》第二册,第198页。
② 马境泉等校点:《马一浮集》第三册,第1191页。
③ 丁敬涵校点:《马一浮集》第二册,第495页。

昔年兄避地严州，曾有结邻之约，当时恨未能相从，然至今未尝忘之。拾橡空山，患难可共，无负夙期，亦犹往日之志。①

1956年钟泰游曲阜，睹物思人感慨之余作诗二首，并寄予马一浮分享：

曲阜谒圣庙

庙堂不共朝廷复，礼器依然像设陈。信有声名施蛮貊，（时亦有外宾来参谒），故凡血气知尊亲。及门想见三千盛，名士难逢五百春。我愧礼容未修整，（时衣短衣）当阶欲拜更逡巡。

孔　林

劫火不到处，参天宰木青。肃瞻来众庶，严卫有神灵。面势存洙水，（洙水已改流，转、通一渠以存风水）心香剩楷亭。（子贡手植楷仅余一橛构亭以盖之）面怀庐基意，千载涕犹零。

马一浮欣然奉答钟泰诗曰：

钟钟山因风灾惠书存问，并以经曲阜谒孔林、过徐州悯潦诗见示，率尔奉答

天下人才用斗量，喜君万象入诗囊。淮徐尚有饥寒众，邹鲁终悬日月光。岂向端门夸制作，能教裸国识冠裳。秋风破屋劳相问，已罢行吟久坐忘。②

---

① 丁敬涵校点：《马一浮集》第二册，第717页。
② 马境泉等校点：《马一浮集》第三册，第592—593页。

这一作一答之间，反映了两位先生对孔子和儒学的文化价值的敬意，不因岁月的流逝和世事的变迁而改变。诗中"信有声名施蛮貊，故凡血气知尊亲。""邹鲁终悬日月光""能教裸国识冠裳"，不仅反映了他们对儒学文化价值的认同，更是对中华文明传统的赞赏。

三、以六艺为根本的儒学诠发

谈到钟泰的学术，其弟子兼从马一浮问学的王子慧指出："盖先师之为学，……其崇宋儒，尤尊濂溪，瘖寐于孔颜乐处，则与马公有同符焉。故两先生交谊始终洽合无间，久而弥笃也。"① 的确，多有共性的人生经历，共同的学术文化信念，决定了钟、马的学术志趣最终落实为对儒学的现代思考之上。他们的问题意识是明确的，儒学作为中华文化之根，在20世纪新的时代条件下价值何在、出路何在？质言之，他们的着眼点是儒学的现代意义。

（一）圆融会通是儒学现代发展的出路

马、钟二人都对传统学术发展中强烈的门派意识持批评态度，认为这是制约学术思想革新发展的弊端，必须打破门户之见，博采传统思想文化之长，才能在新的时代条件下确立中国思想文化的大本大根。

贺麟《五十年来的中国哲学》概括马一浮的学术曰："其格物穷理，解释经典，讲学立教，一本程朱，而其返本心性，去习复性则接近陆王之守约。他尤其能卓有识度，灼见大义，圆融会通，了无滞凝，随意拈取老庄释典以阐扬儒家宗旨，不惟不陷于牵强附会，且能严格判别实理

---

① 王继如整理：《马曹两先生一段论学公案》，上海社会科学院《传统中国研究集刊》编辑委员会：《传统中国研究集刊》第九、十合集，上海人民出版社2012年版，第626页。

玄言，不致流荡而无归宿。"① 钟泰本着太谷学派兼收并蓄、兼容并包的学术原则，提倡汉、宋合一，致力于经学、子学的融通，崇尚义理章句兼修的"通人"。

正是因为善于圆融会通，注重博采众长，所以马、钟两人的学术特点都表现出以"博"见长的一面。读他们的著述往往不见刻意的体系建构，主要是对传统思想特别是儒家经典的诠释阐发，但透过诠释阐发的思想内容，可以解读出他们思想中有一以贯之的脉络和深远的学术思想用意。

郭齐勇研究认为，马一浮通过融合儒家和佛家哲学所建构的体系，"奠定了现代新儒学的本体—宇宙论、本体—道德论、本体—文化论、本体—知识论的范型。这是马一浮的一大创造，一大功绩！""它既是传统的，又为儒释道的现代转型提供了一个新的范型。它实际上回应了当代科技商业社会的发展所造成的道德价值失落和人的自我的丧失的问题，以根极于天地、来源于本心本性的道德主体统摄包括科技商业在内的文化各层面，而又以修为的工夫论来克服个体自身及现代生活的流弊，使之更合乎理想和理性。"② 这意味着马一浮是站在对现代性的考量基点上，思考儒学的现代意义的。

钟泰对儒学的现代意义的思考，则纳入其对哲学史学科建构的构思中，表现为以儒学为主线，全面吸收近现代学案体、学术史、思想史的研究成果和学术方法，开创了20世纪早期利用传统思想资源构建中国哲学史的典范。以学术化的方式回应了当时流行的反传统思潮，特别是其中对儒学全面清算的极端倾向。为使儒学借助现代学科体系建立的契机，通过中国哲学史学科建构得以发展，做了有益的尝试，将儒学的现代建构融入哲学史的制度建构中。

---

① 贺麟：《五十年来的中国哲学》，第16页。
② 郭齐勇：《马一浮的人格境界与哲理诗》，第157、158页。

(二) 以六艺为本原阐发儒学

不论是马一浮的儒学体系构思，还是钟泰的哲学史思考，最终都殊途同归为以洞明心性义理为旨归，以六艺为根本，突出《论语》和孝的本土文化价值的理论学说。马一浮主张六艺为一切学术之源，钟泰提出六艺为中国哲学之本。他们都是围绕六艺展开对儒学的现代阐释。

马一浮对"六艺"的界说：

> 六艺者，即是《诗》、《书》、《礼》、《乐》、《易》、《春秋》也。此是孔子之教，吾国两千余年来普遍承认。一切学术之原，皆出于此，其余都是六艺之支流。固六艺可以该摄诸学，诸学不能该摄六艺。今楷定国学者，即是六艺之学。用此代表一切固有学术，广大精微，无所不备。

马一浮之所以用六艺"代表一切固有学术"，他认为六艺体现了中国传统文化的精髓所在。他说："以六德言之，《诗》主仁，《书》主知，《乐》主圣，《礼》主义，《易》明大本是中，《春秋》明达道是和。"[1]

钟泰认为六艺是中国文化哲学的根基，是经周公、孔子奠定的文化传统，不论世事如何变迁，六艺所蕴含的人道精神具有恒久的价值，儒学的现代转化应当本着六艺的精神实质展开。在其《中国哲学史》中他主张：

> 今言中国哲学，而不本之于六艺，是无卵而有时夜，无父祖而有曾弥也。[2]

---

[1] 以上引文均见虞万里校点：《马一浮集》第一册，第10、20页。
[2] 钟泰：《中国哲学史》卷上，第11页。

他解释说：

> 六艺者，周公之旧典，而王官之所守也。孔子叙书、传礼、删诗、正乐，因鲁史而作春秋，晚而喜易，序彖、系、象、说卦、文言……然周道之衰，官师失守。六艺之学，散而不收。得孔子而表章之，因以不坠于地。①
>
> 六艺亦曰六经。庄子《天运》篇谓，治诗、书、礼、乐、易、春秋，六经是也。曰艺者，学者之所必习；曰经者，则言人道之所不易也。②

钟泰的学生评价其学问特色是"根本六经，洞明心性，未尝忘治平之术而以章句儒自囿也"③。钟泰晚年的《庄子发微》是以"比附六经之义，亦兼采老子之说，为之疏通而诠释之"为方法。可见，钟泰与马一浮的"六艺统摄一切学术"是相通的，旨在归宗六艺，把握文化传统的精髓所在。

马、钟都认为《论语》中"仁"的思想，《孝经》中"孝"的观念是对六艺之道的本原性阐发，因此赋予《论语》《孝经》极高的地位，并依托《论语》《孝经》阐发六艺的思想内容。

马一浮《复性书院讲录》把《论语》《孝经》放到讲授内容的首要位置。开卷为"立学规"，卷二即是"论语大义"，围绕《论语》的思想本旨阐发诗教、书教、礼乐教、易教、春秋教。卷三"孝经大义"则围绕至德、五孝等阐发德教的意义。马一浮曰：

> 博说则有六艺，约说则有《孝经》。

---

① 钟泰：《国学概论》，第81页。
② 同上书，第92页。
③ 同上书，"卢序"。

《孝经》始揭父子天性，在《诗》曰秉彝，在《书》曰降衷，在《易》曰各正性命，在《中庸》曰天命之谓性。
　　《诗》、《书》之用，《礼》、《乐》之原，《易》、《春秋》之旨，并为《孝经》所摄，义无可疑。故曰："孝，德之本也。"①

在马一浮看来，孝是对人天性的揭发，正是有此天性，才有父子之情、伦常之理、人性之爱的美德，中国传统文化的立身之本就在孝。

钟泰的《中国哲学史》把"首孝"作为中国哲学思想的基础之一，认为孝是中国先民源自生存体验而来的为人为国的基本价值取向，经孔子确立为"人道之极"。他说："举行己待人临事为国之道，而一赅之于孝之中。""孝悌之极于仁，而仁之本于孝悌也。"② 在中华民族处于畏难的三十年代，钟泰作《论语诗》百首（题为《讱斋论语诗》）③，阐发中国传统文化的立身之本和生存信念。笔者特选择以下几例试析：

《学而》第一章

　　五百里有贤人聚，二千年见道场开。寥寥此乐未易得，郑重遭逢朋远来。

《论语·学而》第一章原文："子曰：'学而时习之，不亦说乎？有朋自远方来，不亦乐乎？人不知，而不愠，不亦君子乎？'"钟泰从中拈出"乐"字，强调此"乐"来之不易，需要"郑重"才能赢得人心。寓意孔子的境界和追求在人生之"乐"，但实现乐的途径需要主体之人郑重地修养身心。此处可对比马一浮《论语首末二章义》对"乐"的诠释，马一浮说："悦、乐都是自心的受用，时习是功夫，朋来是效验。悦是自受用，乐

---

① 虞万里校点：《马一浮集》第一册，第212、211、212页。
② 钟泰：《中国哲学史》卷上，第5、22页。
③ 文中所引《讱斋论语诗》均由王继如搜集整理，未公开发表。

是他受用。自他一体，善与人同。悦意深微而乐意宽广，此即兼有《礼》《乐》二教义也。""学者读此章，须认明……期间大有事做。"①可见，马、钟都强调人生之"乐"建立在主体自觉的基础之上。

《学而》第二章

卓识深穷好乱源，首将孝悌树篱藩。当时尸祝宁无以，江汉秋阳视此言。②

钟泰意指孝悌是从古代祭祀传统发展而来，第一次被孔子提升和确立为行为规范。意在赞扬孔子提出孝悌的重大文化价值和意义。

《宪问》第一章

礼义皆从知耻生，耻亡人纪亦随倾。匹夫进退关天下，莫视原思此问轻。③

钟泰此诗借孔子弟子原思问"耻"，阐发了"知耻"对于社会规范建立的重要性，意在肯定儒家建立在个体道德自觉基础上的修养原则和责任意识。

（三）以心性义理为旨归的修养工夫

立足道德理想主义的文化立场，马一浮、钟泰对儒学现代意义的思考，最终都回归到道德修养与道德实践的工夫上。他们承继了宋明哲学以儒家圣人为理想人格的人生境界说，发挥宋明儒学的主静、穷理的心

---

① 虞万里校点：《马一浮集》第一册，第29页。
② 《学而》第二章原文："有子曰：'其为人也孝弟，而好犯上者，鲜矣；不好犯上，而好作乱者，未之有也。君子务本，本立而道生。孝弟也者，其为仁之本与！'"
③ 《宪问》第一章原文："宪问耻。子曰：'邦有道，谷；邦无道，谷，耻也。'"

性修养方法。

作为身心性命修养学说,理学家朱熹主张心统性情,并明确心性的关系:"仁义礼智,性也;恻隐羞恶辞让是非,情也;以仁爱,以义恶,以礼让,以智知者,心也。性者心之理也,情者心之用也,心者性情之主也。"① 突出了人的道德主体性和道德主体的内在完满性。马一浮的修养学说强调对人心的修养。马一浮曾说:"有六经之本,有六经之迹。六经之本是心性,六经之迹是文字,然文字亦全是心性的流露,不是臆造出来的。"② 为此提出"六艺统摄于一心"的论断:"六艺者,即此天德王道之表显。故一切道术皆统摄于六艺,而六艺实统摄于一心,即是一心之全体大用。"③ 如何修养心性,他通过儒、佛方法的辩证综合提出"性修不二"论,主张"圣人之教在因修显性,决不敢执性废修"。④ 即通过身心修养,彰显道德本性和道德主体力量。为此他在《复性书院学规》中提出了"主敬、穷理、博闻、笃行"的修养原则:一曰"主敬为涵养之要者";二曰"穷理为至知之要者";三曰"博闻为立事之要者";四曰"笃行为进德之要者"。⑤

在为学方法上,钟泰强调对宋明理学的继承,主张治学当以明义理为宗旨。钟泰在《国学概论》"序言"指出治国学的最高境界是义理,他说:"学至于义理,其至矣。"钟泰早在其《中国哲学史》中总结了宋代哲学创新的经验:"盖宋儒于经,不主训诂而主义理,不主师传而主心得。"正因为其主义理、主心得,才能良好地借鉴佛、道二教的思想方法实现自我变革。为此,钟泰特别推崇宋儒主义理与心得的治学方

---

① 朱熹:《元亨利贞说》,《晦庵先生朱文公文集》卷第六十七,朱杰人等主编:《朱子全书》(修订本)第二十三册,上海古籍出版社、安徽教育出版社2010年版,第3254页。
② 马境泉等校点:《马一浮集》第三册,第1158页。
③ 虞万里校点:《马一浮集》第一册,第20页。
④ 同上书,第587页。
⑤ 同上书,第107页。

法。王子慧在《钟钟山先生传略》指出:"要其平生,致力于儒先哲理之学为最劬,尤于周秦诸子下暨宋明理学之工夫为最深。"

我们从钟泰、马一浮和熊十力等人早年的一次论学片段,可细微体会钟、马的为学修养方法。钟泰弟子王子慧记载了1930年秋末钟泰与马一浮、曹子起、熊十力论学杭州的经过,作者谓"四贤毕集,切磋斯学,亦晚世难逢之盛会哉"。①

席间,曹丈(笔者注:曹子起)首仍申其定命之说,且谓:"学人若无神通则无丝毫自由分,更无正命可言。故为学必先求得神通,然后方可谈正命,辟定命。"似犹假托于外道见解以自张其军者。熊公时著《新唯识论》成,求马公为序,却谓"斯学也,首应从西洋哲学入,次应深究佛乘,最后应反求诸最为直截了当之陆王心学。似与神通、定命全无干涉"云云。其言快,其词繁,其直下承当之余勇可贾也,其居之不疑之主观亦可商也。先师(笔者注:指钟泰)则谦冲为怀,兢兢然以谓:"某浅学,年来只觉得悟易修难,理上讲得通则易,事上打得彻则难。因此,归根到底,只有'积累'二字是做工夫真把柄,濂洛诸贤是做学问真导师耳。若神通、定命等说教,即宋儒亦未尝及之,其故可思矣。"

最后,马公徐作总结云:"列位高论很好,敬闻命矣。据愚所见,最要紧一着,还是复性。性一复,则心安理得,举足下足,莫非道场,便是地行神通,便是人生正命。性一复,则在释言平常心是道,在儒斯无入而不自得焉。性一复,则陆王心学是这个,程朱理学亦是这个,乃至孟之尽心知性,易之穷理尽性,以及禅之明心见性,也都是这个。即真觉所称'无明实性即佛性,幻化空身即法

---

① 王子慧:《论学公案跋》,转引自王继如整理:《马曹两先生一段论学公案》,载《当代儒学研究》2009年第5期。

身'也的是这个耳。到这田地,一切神通定命、哲学佛乘、顿悟难易等等闲络索,自然法尔消融,不可思议矣。故曰:'唯此一事实,余二更非真。'所以吾尝说'门庭施设,各应机宜。达者知归,元无多子'也。"

但言多去道转远。说心说性也都是闲言语,也都是堕入理障、文字障底葛藤。重要的,还是当人回头自看,叫做自性自度,如人饮水,冷暖自知,才是吃紧为人处耳。唠叨太多,未必有当,还请列位不吝指教为幸。①

钟、马都强调道德实践的作用,钟泰认为"悟易修难",主张"只有'积累'二字是做工夫真把柄",突出积累与践履的重要性;马一浮似更强调通过觉悟,"去习复性"。他说:"夫人心之歧、学术之弊,皆由溺于所习而失之,复其性则同然矣。"②他特别针对社会现实阐发"去习复性"的道理。

今天下大患,惟在徇物肆欲而不知率性循理。此战祸之所由来,不独系于一国家一民族也。……吾昔尝言,今人类只在习气中生活。今之所以为教,所以为政,全是增长习气,汩没自性。一旦习气廓落,自性发露,方知全体是错。地无分于欧亚非澳,人无分于黄白棕黑,国无分于大小强弱,其有作是计较者,私客心也。……此执不尽,终不见性。③

郭齐勇评价马一浮学说指出:"他的道德理想主义的文化哲学观不

---

① 王子慧:《论学公案跋》,转引自王继如整理:《马曹两先生一段论学公案》,《当代儒学研究》2009年第5期。
② 丁敬涵校点:《马一浮集》第二册,第1172页。
③ 丁敬涵校点:《马一浮集》第二册,第873页。

仅从中国出发，而且从整个人类出发，从真善美的价值追求出发，从人的精神世界的安立和全面立体发展出发。"①马、钟都是站在人之为人的基点上来阐发儒学的思想，从人作为类的生存发展的意义上诠发儒学的价值，它超越了不同文化的差异性，是对人类社会可持续发展的根源性思考，代表了儒学现代发展的一种思路。

钟泰与马一浮学术思想在共性之下，也表现出个性和差异：其一，在学术观上，马一浮主张用六艺统摄所有天下学术，"六艺不唯统摄中土一切学术，亦可统摄现在一切西来学术"，着眼于中学与西学两者的相通性，以中学涵盖西学。钟泰强调中西学术统系的区别，突出两者的差异性，治学主张回归中国学术统系。其二，在学术路径上，马一浮的学术由佛归儒，由"转治佛典，最后始归于六经"。其著述体现出以佛证儒、以释解老的诠释特色。钟泰由道而儒，早年"遂于老庄之学"，后"根本六经，洞明心性"，其著述援道入儒，"合儒道为一炉"。其三，在对待子学的态度上，马一浮对子学关注不足，对庄、荀多有批评。认为"庄子《齐物》好为无端崖之辞，以天下不可与庄语。得于《乐》之意为多，而不免流荡"。②钟泰注重经学与子学的融通，其《荀注订补》《庄子发微》的诠释皆着眼于儒学整体建构的需要。钟泰以儒解庄，提出庄学乃孔门颜渊后学，对先秦儒学的完善贡献重大，肯定庄学的思想价值和学术地位。马一浮批评荀子说："荀子不知性。其所谓性，乃指气质而言。然气质有善有恶，亦不可专以恶言。荀子所言伪者，意主变化气质而言，未尝不是，但不当直以气质为纯是恶耳。由彼之说，性即是恶，何能化性起伪而至于善？明乎此，则孟、荀之不同处可以无疑矣。"③钟泰则认为荀子不仅知性，而且恰当弥补了孟子性善说的不足，孟、荀人性学说相反相成构成儒家人性学说的整体。这些差异说明他

---

① 郭齐勇：《马一浮的人格境界与哲理诗》，第158页。
② 虞万里校点：《马一浮集》第一册，第14页。
③ 同上书，第513页。

们的学术又是有自己的个性和各自的趣味，正像孔子之言，"君子和而不同"。

第三节 钟泰与熊十力

熊十力（1885—1968 年，号子真、漆园，湖北黄冈人）是现代新儒家的开创者，是 20 世纪中国哲学思想史上颇具独创精神的思想家，一生发皇着中国文化和中国哲学的基本精神和基本价值，成为 20 世纪中国重要的文化保守主义者。

一、晚年的人生和学术知己

钟泰与熊十力之间的学术思想交往源自共同的学术旨趣和思想追求。1930 年前后他们与马一浮、梁漱溟、林宰平、任心叔等致力于中国文化和哲学研究的一批学者就有着多方面交往[1]；40 年代他们曾同与马一浮主持的复性书院有关联；50 年代后钟、熊之间的交往密切，特别是 1954 年熊十力迁居上海后，双方更加投契，可谓人生和学术知己。我们从二位先生的诸多文字中均可体味出他们不仅是学术和思想上的同道，相互赏识和信任，更可贵的是在人生的晚年他们相互给予了对方精神上的支持和心灵的慰藉。

---

[1] 钟泰与熊十力结识应在 20 世纪 20 年代末，至晚 1930 年，此时钟泰就职杭州之江大学，熊十力养疴杭州。相互已有过交往论学经历。

(一) 双方的理解与信任

钟泰与熊十力之间有着四十余年的交往。但笔者搜集到的资料主要是钟泰先生后人所藏的熊十力给钟泰的一些信件，以及钟泰的简短日记记载。所以本文在叙述他们之间交往的史实方面，更多依托熊十力的书信。

熊十力的信件中也多有对钟泰的评说。1955年4月22日熊十力与林宰平（1879—1960年，名志钧，字宰平，福建闽县人）一信言："国土之大，读书识字者之众，其真正从事乎旧学者，如吾所知不过三四人，一浮、漱溟、兄与钟山，如是而已。"①1958年6月25日与林宰平曰："钟山，我昔看得平常，后知其于宋、明学有实在工夫，不可以一般士类看之。"②

而据1957年熊十力写给钟泰的一封信看，笔者称他们为人生和学术知己的证据更为充分。熊十力道：

> 钟山兄：回家见答片，于我奉兄之片，提及庄子事，只字不提，未知兄以我为自矜欤。兄试想，《新论》之书，已出世甚久。而迄今七四快至，下半年一过即七四也，已是伊川、朱子弃世之年（两先生似只七四），而犹改作不已，脑空、心扩大，终不停功。岂自矜自是此乎？少时即感世变，念中夏文化将坠，誓以身心奉诸先圣，未尝为浮名与地位之图，一生孜孜不倦。此吾兄所亲见也。吾每写一书，必先从大处着想，不落汉宋窠臼。如《原儒》之书，若不从贬天子，退诸侯，讨大夫与三世等大义发挥，而学汉宋诸儒，尊尚孟氏之宗法思想，则孔子适足为后人所唾耳。不发挥《易传》知周万物及裁成辅相等大义，而恶言科学如马兄，则孔子有何宝贝可为后人所不弃者乎？不明《周官》之法制，孔子又何所有

---

① 萧萐父、郭齐勇主编：《熊十力全集》第八卷，湖北教育出版社2001年版，第717页。
② 同上书，第757页。

乎。内圣学方面，以体用不二立宗。天人、心物、一切不二，乃至各方面，皆去支离而归不二（见再印记之序）。今之后生，当然不要此方之学。老人亦全无动于中，无复有一片良心肯钻肯究者，岂不怪哉？昔养疴于杭时①，以兄为诗文、考覆而兼谈义理，如陈兰父诸人而已。川中再见，而觉道貌蔼如，始悔当年未识兄也。南还之前一年，见《荆川年谱序》，名人手笔不少，皆未堪入目。唯大作确是学问家言。吾答唐君曰，祗此一序是真文字也。②及甲午③相聚，则又觉兄散漫多矣。人生如朝露，老境无多日，所愿与兄同相磨砺也。

庄子之学埋没久矣。子玄注只谈变化甚精，而于本体似未有所明。庄生明曰"若有真宰"，而特不得其朕耳。《天下篇》自序，"天其运乎，地其运乎"云云一大段，孰主张是，孰纲维是？又曰"独与天地精神往来"，又曰"有始者有未始有夫未始有始者"云云，此类文义，全书中不可胜求。外篇许多深奥语，皆与此有关。惜今无精力覆看，不能举其辞。我以为《天化篇》（笔者案：原文如此，似应为《天道篇》）必分目，首当谈体，可细考关于此方面之文。照籍而为之注，使今后之人可解。梨洲诸儒学案，录文而不分目，

---

① 笔者注：指1927年熊十力南下杭州养病。
② 笔者案：《明唐荆川先生年谱》唐鼎元编，共八卷，卷首一卷，铅印本五册，民国间出版。其中《序》共九篇，除三篇唐家孙辈所写外，其他有吴佩孚、唐文治、钱振鍠、柳诒徵、钟泰、石瑛等人所作之序。笔者注：在钟泰所撰此序中，针对黄梨洲提出明代唐荆川（顺之）的学术近于王龙溪王畿，且得到世人公认的论断提出反驳观点。钟泰认为唐荆川之学更似聂双江聂豹。龙溪、双江均阳明之门，然龙溪主超悟放逸，双江主寂。钟泰反驳黄梨洲之论的根据：一是唐荆川对龙溪之论多有批驳且深中龙溪之病；二是荆川的致学"其工夫至苦，其次第至密，与龙溪所谓不假工夫修证而得者，顿渐甘苦不侔也"；三是荆川"其博学多识自在"，"此与龙溪之专谈良知併归一路者，广狭大小又不侔也。"梨洲作《明儒学案》谓："阳明之学，有心斋、龙溪而风行天下，亦因心斋、龙溪而渐失其传。"见《泰州学案》。可见钟泰此序在阐发唐荆川之学的特点的同时，内含着揭示阳明学未来发展路向的学术用意。
③ 笔者案：指1954年。

前人本不知求条理，今可分条目，而不妨采其录文之办法附注，以便来学，亦有功先哲也。①

从内容看此信有两意：前部分熊十力谈他的为往圣继绝学的人生志向，治学方法上不落汉宋窠臼，以体用不二立宗的原则。中间谈及对钟泰学问的了解和认识。后部分集中谈庄学，提及郭象注庄的得失，庄学本体论的重要，注释方法的探讨等问题。钟泰1957年开始其《庄子发微》的构思写作，此信足以说明双方在学术思想上的相互启发精研。

而另一信更表达了熊十力对钟泰的信任和嘱托。熊十力写道：

> 钟山吾兄：我自大病二十多年，九死一生后，总不在北京过冬春。此兄所知也。大前年回京，匆匆四个年头冬春不能向（火），苦不堪言。行年匆过古稀，老朽幽居斗室。亦无一人接谈，后生总不喜见老人。时念吾 [ ]（笔者案：文中 [ ] 者为手稿中无法辨认的字）旧好存者甚稀。不胜凄怆之感。时乃朔风夜半，孤枕寒窗，杂感份乘。努力排陈，仰思先圣，寸心如裂，竟不知泪之何从也。钟山吾兄，吾时长念及你，欲倾吐而不得，此情此意，吾钟山其知之否耶。吾本南人，（非即移而江南缘不浅）而暮春三月，江南草长，杂花生树，群莺乱飞，吾爱此风光。夙有习气，熏在赖聚，[ ]之久矣。（庚）信哀思，其可已耶。卜居之托，所欲不获从心，姑且作罢。平生孤陋，薄有虚声，只增惭怵，兄不忆船山句乎，飞鸟云边随去住，清猿无事忆离群。新论删本寄奉一部，兄如衰时，务先交一可靠之图书馆以便保存，毋令散失。此书自信非寻常述作

---

① 说明：据文中熊先生所言其74岁，此信应是1957年所写。理由：1. 据钟斌所整理的《钟泰日记》，1957年1月19日所记"饭后过十力谈将注庄子事告以大意，颇相合也"，说明此时二人在围绕庄学交流探讨。2. 信中熊说"而迄今七四快至，下半年一过即七四也"，显然此时应是1957年上半年之事。1958年1月熊就74岁了。

也。幸托相知，感吐肝膈。常州唐玉虬寄其先德荆川年谱，有兄一序，文字甚好。但谓荆川追念 [ ]，似不尽尔。荆川父子受白沙影响较多，念 [ ] 工夫，荆川究未用过。其言天极，不无契于 [ ] [ ]，要之于阳明无甚入处。漆园启，十一月五日（此信幸存)①

总之，笔者仅从钟斌先生整理提供的《钟泰日记》看钟泰与熊十力在1945—1962年之间的交往，主要可分两阶段：1945年4月—1954年10月（此时钟泰57—66岁，熊十力61—70岁）前后10年主要是钟、熊之间的书信交往（其中除书信外亦有熊多次将自己的著作寄予钟泰：例如1951年6月寄来《论张江陵》一书；1951年8月寄来《摧惑显宗记》；1951年9月寄来《论六经》书；1953年11月寄来《新唯识论》删定本）。1954年10月—1964年（钟泰66—76岁，熊十力70—79岁）熊十力迁沪后十余年间，钟、熊之间往来密切，频繁走访，交流思想，探讨学术，嘘寒问暖。笔者的感觉是，不论他们是书信交流还是你来我往，都表现了他们之间建立在理解、赏识和信任基础上的投契。

（二）相互的慰藉与关照

笔者之所以把本节的题目叫"晚年的人生和学术知己"，主要想凸显钟泰与熊十力晚年在上海交往的意义。可以说是"道的孤寂与儒的真

---

① 说明：此信应是熊十力1953年秋所写。理由：1.信中说"大前年回京，匆匆四个年头"。据郭齐勇师所撰《熊十力年表》，1950年3月熊到北京，恰是信中所说"大前年"。2.据《熊十力年表》，1952年秋移居什刹海后海的鼓楼大金丝套13号。此信是移居后所发。另据钟泰1953年2月9日日记看，其中说："十力来一片，移居什刹海大金丝套十三号。盖未通信者一年矣。"说明两先生是1953年又开始通信联系的。3.据《熊十力年表》，1953年"新唯识论壬辰删定本于是秋由董必武、林伯渠协助印出"。此信提到"论删本寄奉一部"。且由此信可看出，熊信的一个重要目的是，将自己的重要著作托付老友钟山。4.据《钟泰日记》，1953年11月8日"十力来一信"；1953年11月11日"十力寄新论删定本一册来"。5."此信幸存"疑为保存者所加。从全信内容看，基本含义有三层：向往南迁；抒怀友情；嘱托要事。

性"(郭齐勇对熊十力晚年人生的概括)使他们走得更近。我们知道熊十力晚年尤其孤独苦闷。他在1963年写作的《存斋随笔》中慨叹:"余年七十,始来海上,孑然一老,小楼面壁。忽逾十祀,绝无问字之青年,亦鲜有客至。衰年之苦,莫大于孤。"①而在思想学术方面,从熊氏定居上海后写作的五部重要著作看,重在揭示儒学和中国文化的特殊价值(1956年出版《原儒》,1958—1959年出版《体用论》和《明心篇》,1961年印行《乾坤衍》,1963年完成《存斋随笔》)。而钟泰又何尝不是为了坚持自己的思想信仰而忍受着孤独,1952年2月钟泰辞去华东师范大学教职,组织部门在他的档案材料中对此事有这样一个说明:"钟泰是个特别推崇儒家孔子学说的旧知识分子……对改编教材时批判了孔子有很大抵触,辞职离校不与外界接触。称辞职离校的动机,所谓不愿意'曲学阿世'。"②我们由此可以肯定,是相同的孤寂处境和共同的中国文化及儒学理想使两位文化老人走得如此之近。熊十力《原儒》《乾坤衍》的出版,也凝聚了老友钟泰的心意,钟泰曾帮熊十力校《原儒》样板,参与商酌《乾坤衍》的修改。钟泰撰著《庄子发微》亦与熊十力多有交流。笔者统计了《钟泰日记》,两位先生20世纪50—60年代最多一年的往来有56次,大部分时候一年也在二三十次。

  笔者对两位先生交往的总体印象,一是细微的礼尚往来,例如在1961年困难时期熊送钟鸡蛋2枚、5枚,送苹果10个;钟买药安纳素一盒送熊。这种送礼的微薄在今天不可想象,但当时非常真挚。二是畅快的思想交流,熊1954年10月移沪后双方频繁走访,畅所欲言。例如,《钟泰日记》1954年11月4日"晨十力偕周朋初来,谈至十一时后始归"。11月8日"午饭归后小憩,看十力,留吃面,七时半后归。谈极欢"。11月24日"午前看十力,赠以旧墨一挺"。三是共同关怀他们的

---

① 郭齐勇:《熊十力思想研究》,天津人民出版社1993年版,第22页。
② 该文字为笔者调阅华东师范大学档案室所存钟泰档案所辑录。

老友，例如，1958年6月至10月他们的老友彭一湖面临困窘，熊先生委托钟先生寄钱资助，钟先生每月如期寄出。四是为对方排忧解难，《钟泰日记》1954年12月14日"为十力誊写与郭沫若长函，终日在其家至晚九时始回"。①1955年1月14日"未起时，十力遣其姪媳来告，言病甚。及去则人尚能起坐，仅昨两日咯血两口，料无大碍也。为其写一书告董必武，挂号寄去"。②1955年2月15日"代十力校《原儒》样版"。1955年3月8日"为十力修润所为齐白石九十四岁寿序，昨日来信所托也。只为改易二十余字，匆匆送去"。1961年2月27日"到青云路看十力，留午饭，商酌与润公书（笔者注：此书即熊的《乾坤衍》），未及完约明日再去"。1961年2月28日"再到青云路，出版社有信来，《乾坤衍》已付印，书不必写矣，十力甚喜"。

1962年以后，因钟泰受东北文史研究所之聘前去讲学前后四年。两位先生虽北南相隔，但老友的依恋之情不减。我们从熊十力1964年7月29日从上海淮海中路寓所寄给钟泰的明信片可知其意。熊十力道：

> 大著诚不朽之作。庄子之学，如后来有人研究，必不能忽视此书也。吾精力久衰，又值此酷热，尚未能看完。然睹梧桐一叶落，已知天下之秋；尝一脔之肉，可知一鼎之味；不必遍览而后下断辞也。但我之于《庄》，所见不必与兄全同。若在六〇年以前，精力尚可用，当以详函相商，而今衰矣，不堪提笔也。东北之行，何日登海轮。老交殊少，吾兄复远游，孤苦不可为怀。③

---

① 笔者注：所誊写之信见《熊十力年表》，萧萐父、郭齐勇主编：《熊十力全集》第八集，第690页。
② 同上书，第707页。
③ 说明：此时正值钟泰从长春东北文史研究所讲学放假返沪。从信中所言内容看，应是钟泰完成其《发微》，与熊先生交流。熊肯定此书之学术意义与价值，但也有不同之看法。同时表达了他对友人的依恋之情。

可见，钟泰与熊十力晚年的交往对两位文化老人是何等的重要，亦是历经晚清、民国和新中国时期的这一代学人保守中国文化的精神世界和生活世界的真实写照。

二、具有孤往精神的文化个性

（一）精神思想的独立

熊十力曾讲"凡有志根本学术者，当有孤往精神"，"知识之败，慕浮名而不务潜修也；品节之败，慕虚荣而不甘枯淡也"。① 熊十力为了学术自甘孤独寂寞，坚守自己的学术信念。钟泰既是其师首肯"有志于抱残守缺声希味淡之学"之人，又被其高徒颂为"一老空斋咬菜根，平生浩气固长存"。这种孤往精神与他们早年就养成的勤奋自学和独立思考分不开。在钟、熊二先生成长的年代，正值清末民初中国社会急剧动荡和变革的时代，钟泰15岁即留学东洋修习自然科学，回国后转而刻苦钻研中国文化典籍，主动选择民间儒家学派寄托自己的为学宗旨。他在学术上形成独树一帜的学术观点，是其孜孜不倦地求索探研的结果。而其治学的涵泳潜修之功不仅见诸他的学术著作，同样受到学者们的称赞（金松岑在钟泰《中国哲学史》序中对其沉潜的治学方法多有称道）。熊十力的青年时代投身军旅参与革命，后决志学术一途而一发不可收。熊十力的中年时代是沉潜冥思、自立权衡的时代。他绝不随波逐流，亦不囿于陈说。直到晚年，也一直保持着径行独往、无所依傍的学术品格。被誉为最具有独创性的哲学家。②

---

① 熊十力：《尊闻录》，萧萐父、郭齐勇主编：《熊十力全集》第一卷，第579页。
② 参见郭齐勇：《熊十力思想研究》，第8—11页。

(二) 迥然有别的个性

同样是对思想文化的独立思考，同样是几十年甘愿忍受寂寞潜修学问的孤往精神，钟泰与熊十力的个性却迥然有别。钟泰"性刚介，寡言笑，而内行肫挚，……制行谨严，践履笃实，尤致慎于出处去就辞受取予之间。"[1]学生回忆他在东北文史所时给大家的印象说："钟先生确实有着卓然独立的人格。那时他已七十多岁，高瘦的身材，腰板笔直，头上是稀疏白发，下巴一绺白胡须，肤色白皙，精神矍铄，穿得是笔挺的白色西装，脚上是锃亮的黑皮鞋，规范地系着领带，在60年代初的长春，这就是一道风景。""每堂课他都征引许多典籍诗文、稗史杂书，径书在黑板上，一字不差。他的板书刚硬俊逸，一笔不苟。他渊博的学识，严谨的学风，惊人的记忆，使我们都为之倾倒。"[2]学生形容他"为人方正，厉而温，朝夕晤谈，学者如处春风之中"。[3]熊十力则豪放不羁，通脱旷达。他不喜雕饰，一袭长衫，两只布鞋，二三门人跟随，山麓湖畔行吟。教弟子既有"棒喝"更多"禅机"。"与他相处，好像接近一盆火，灼热烤人。"[4]正是他们迥然有别的个性，使其面对学海波澜、沧海横流局势之时，钟泰毅然退而暗修，不与物竞，且超然独葆其身名大节。而熊十力则遭到抄家、批斗的厄运。可以说，钟泰与熊十力之间有着内敛审慎与放旷豪爽、博学潜修与高明创辟、学问家与哲学家的不同，但他们对待学问的坚忍不拔的毅力，持之以恒的求真和大无畏的孤往精神却完全相同，这是他们历久弥新地相知相助的根本所在。

---

[1] 王子慧：《钟钟山传略》，《文教资料》1987年第2期。
[2] 靳树鹏：《忆老师钟泰》，《同舟共进》2004年第10期。
[3] 王树森：《求其会通 得其环中》，《文教资料》1987年第2期。
[4] 郭齐勇：《熊十力思想研究》，第25—26页。

三、文化守成的志业

关于文化守成（主义）的含义，郭齐勇指出："文化保守主义或文化守成主义并非中国的特产或土产，并非我们一国的文化现象，而是国际文化现象。伴随着现代化由西方向全世界推进，在西方和非西方出现了形式上反现代化而在实际上成为促成各民族文化现代化的一个重要的方面——以认同、回归民族文化传统为特点，表面上排拒实际上吸纳西方近代文化的普遍价值的文化思潮。"① 熊十力以其富有原创性的《新唯识论》（语体文本）、《读经示要》等著作成为文化守成主义思想的重要代表，此乃世所公认。钟泰虽并未将自己归为文化守成主义者，但从他始终立足于民族文化传统的现代性思考和学术理论的文化取向看，无疑是属于文化保守思想。

喻大华在谈到晚清文化保守主义者时指出，"在晚清时代，作个文化激进论者容易而又时髦，但文化保守者们为何一反常情舍易求难？说到底是一种责任感所致，因为他们坚信其所规划的是中国文化发展的正确之路，所以他们选择了这个道路，并坚定地走下去。"② 何止晚清的文化保守者如此，经历"五四"新文化运动——"文化大革命"这一历史阶段的钟泰、熊十力一辈学者，目睹了传统文化遭到灭顶之灾的惨烈，更加深切体味了文化保守的艰辛。正像熊十力先生所言："遭逢全世界大变之运，吾侪书生不能不于文化学术方面尽一番心力，否则此生无意义，此良心话也。如今不难于求新，而难于求旧。"③ 可见，是对中国文化精神的坚定信念，对民族文化生命的忧患意识，对复兴中国文化的强烈的责任感和担当精神使他们舍易求难，甚至自甘孤寂，用毕生精力孜

---

① 郭齐勇：《试论文化保守主义思潮》，《学习与探索》1990年第1期。
② 喻大华：《晚清文化保守思潮研究》，第148页。
③ 熊十力1955年4月22日"与林宰平"，《熊十力论文书札》，萧萐父、郭齐勇主编：《熊十力全集》第八卷，第716页。

孜以求地探索着民族文化的现代转化之路。

(一) 强调中国文化的主体地位

钟泰与熊十力在思想文化主旨上表现出相当的一致性，面临传统文化的危机局面，强调中国文化的主体地位和儒学的基本价值理念。钟泰鲜明地以中国文化为本位构筑其《中国哲学史》，致力于通过国学，诸子学对传统学术思想和儒学精神的诠释、整合和阐扬。熊十力虽以其《新唯识论》的本体论哲学建构见长，但其哲学的核心则是中国传统文化的前途和出路问题。然而钟泰与熊十力文化守成却有着不尽相同的途径和方法，由此反映了文化守成的多样化和多元性。

(二) 不同的文化守成途径

熊十力对中国传统文化的历史反思与文化重建，正像郭齐勇所言："熊十力在20世纪中国哲学思想史上的地位是由他对传统社会和现代人的异化的双向批判、双重扬弃所确定的。……他以全幅的生命抗拒着传统文化的腐化、僵硬，批判专制主义及其吃人礼教造成的政治—伦理异化；又警惕着、防范着人文的沦丧、价值的旁落、生命的钝化、灵性的消亡，抗议工业社会带来的负面、物化的浸染，人性的肢解。"[①] 他分析指出："'五四'以降，人们往往把中国文化和封建主义、儒家传统和封建意识看成是一而二、二而一的事情。熊十力却主张把这二者剥离开来。他认为，恰恰是二千年一统天下的封建专制主义，窒息了中国文化特别是儒学传统中的活的精神。……这样，他就比较准确地抓住了'中国何由停滞不进'的思想方面的原因，而又不致于全面抛弃传统文化。"[②]"在价值迷失的年代，熊氏致力于活化民族精神。一方面，他主

---

① 郭齐勇：《熊十力思想研究》，第2页。
② 同上书，第210页。

张'尊生'明有'主动''率性',强调用、物、有、坤的层面,呼唤科学、民主、知识理性,承认力、势、智、利、情、欲的合理性,批判陈腐的、令人窒息的传统教条的桎梏;另一方面,他重新掘发儒、释、道的人生智慧,启发人们自识'真的自己',珍视升进向上、清净纯洁、创化不息、开发无穷的精神生命的'大宝藏',去执息妄,化解无明,使人的精神得以安顿,人生的追求得以拨正,更强调体、心、无、乾的层面,重建人性的美善、人道的庄严、人格的独立、人际的和谐、人权的尊严。在民族文化大厦由于自身与外部的原因栋折榱崩之际,再创明天,重新挺立于世界民族之林。"①

与熊十力以鲜明的反思和批判意识为先导,通过双向批判和双重扬弃确立其文化哲学不同,钟泰更强调对传统文化的融化。他对传统文化的全身心热爱和投入肇因于强烈的现实反差,他少年时代值戊戌庚子国是鼎沸之秋,辄痛心疾首于亡国灭种之迫在眉睫,遂发愤潜渡扶桑,求新学,结志士,为救亡计。求新学于东瀛,却深受日本汉学家老师热爱中国传统文化的感染,深切意识到中国传统文化自有宝藏在,最关键的是我们后人究竟如何掘发和阐扬。他慨言:"旧学何可尽废!要在取精华,弃糟粕,因时而制宜耳。"② 在他看来,当时的民间社会仍有着积淀和存续传统文化之精华的深厚土壤,因此他潜心于民间儒家学派,"以为古所谓圣功王道天人性命贞一之学,庶在是夫"。如何将积淀于民间的和传统经典中的文化精华和儒家精神因时制宜地转化,使其在新的社会条件和学术环境中获得生机和活力,是钟泰文化观思考和试图解决的基本问题。为此他利用大学的讲坛和学术空间,依托中国哲学史等现代学科体系,通过考校、诠释和会通儒道经典,阐发了超越门户之见、经子之别、汉宋之争,建构融合儒释道精神、新旧心物相协调的民族文化

---

① 郭齐勇:《熊十力思想研究》,第2—3页。
② 王子慧:《钟钟山先生传略》,《文教资料》1987年第2期。

的思想主张。

(三) 同中有别的中西文化观

在文化建设上,钟泰、熊十力都鲜明主张挺立民族文化的主体地位。他们对当时思想学术上出现的崇洋媚外的殖民地心态、妄自菲薄的西化倾向和强为比附的浅薄学风提出了严肃批评,更进行了必要的抗争。钟泰针对中国哲学史学科建设中西化之风的弊端提出"中西学术,各有统系,强为比附,转失本真",坚决反对简单比附和任意割裂,认为这是对中国哲学思想的严重危害。熊十力指出:"清季迄今,学人尽弃固有宝藏,不屑探究,而于西学,亦不穷其根柢。徒以涉猎所得若干肤泛知解,妄自矜炫。凭其浅衷,而逞臆想,何关理道;集其浮词,而名著作,有甚意义? 以此率天下,而同为无本之学,思想失自主,精神失独立,生心害政,而欲国之不依于人,种之不奴于人,奚可得哉? ……吾国人今日所急需要者:思想独立、学术独立、精神独立,一切依自不依他,高视阔步,而游乎广天博地之间,空诸依傍,自诚,自明,以此自树,将为世界文化开发新生命,岂惟自救而已哉?"[1]

但钟泰与熊十力在对待西方哲学、文化的态度和方法上存在差异。钟泰虽未明确拒斥西方哲学,但鲜明提出"中西学术,各有统系",主张建立中国本位叙事的中国哲学史统系。他的《中国哲学史》几乎完全撇开作为现代学术意义上的西方哲学。但毕竟20世纪中国思想的危机意识和价值挑战主要来自西方,其中意义世界的重构也基本依赖西方。如果对此不予理会,将大大削弱其理论的问题意识和时代价值。熊十力则一定程度地研究和吸取西方文化,其《新唯识论》文言文本对本格森直觉说的吸取、语体文本对康德范畴说的吸取,体现了他力图会通中西方文化以自广自固的愿望。他们对待西方文化态度上的差异是和他们各

---

[1] 熊十力:《十力语要初续》,萧萐父、郭齐勇主编:《熊十力全集》第五卷,第25页。

自的学思路向相关的，钟泰主要是通过整合、融通传统文化资源达到保守文化传统；熊十力则重在通过借鉴达到创新活化传统文化。但其目的都是探寻民族文化的现代转化。

四、儒学重建的探索

钟泰与熊十力的文化诉求主要是通过对儒学的阐发、整合和创新展开的。钟泰与熊十力儒学思想最为一致的是他们晚年对孔子的极力推崇和致力于儒学的重建。特别是对儒家内圣外王理论的诠释和发挥表现出充分的共识。但二人对儒学的体认过程不尽相同：钟泰早年皈依民间儒家学派，确立了圣功王道天人性命贞一之学的儒学信仰，一生的治学都围绕着儒学探索重建之路。熊十力的儒学思想经历了由儒转佛和由佛归儒的过程。郭齐勇《熊十力思想研究》指出："从1918年到1922年，他经历了由儒转佛，直从大乘有宗入手，后舍有宗而深研大乘空宗的学术历程。1923年到1932年，则是熊十力酝酿、营造自己的哲学体系的关键年代。熊十力在北大讲授法相唯识之学的过程中，逐步形成了自己的一套观点，一步一步背弃师说，由佛归儒。"[1]特别是20世纪四五十年代随着《读经示要》《论六经》《原儒》和《乾坤衍》等著作的问世，确立了他作为现代新儒学奠基人的地位。

（一）儒学建构途径的选择——思想诠释

对清代经学衰落的反思是20世纪儒学重构的前提。钟泰和熊十力都不满意清代经学方法，主张通过对儒学的义理提升实现创造性地转化。

钟泰特别区分了"经生之学"和"学人之学"的不同，指出：

---

[1] 郭齐勇：《熊十力思想研究》，第8页。

> 必守章句训诂者，经生之学也；通其义理者，学人之学也。①

钟泰强调超越汉学的局限性，从思想精神上贯通中国传统的经子之学和文化传统。

熊十力亦提出"释经之儒"和"宗经之儒"的区别：

> 有释经之儒，以注解经书为业。如治训诂名物等等者是，校勘亦属之。此复为二：其严守家法者，曰专门；其不主一师，兼资异说者，曰通学。有宗经之儒，虽宗依经旨，而实自有创发，自成一家之学。②

熊十力站在反汉学的立场，主张依托传统思想文化的宗旨创造性发挥儒学思想。

对比钟泰与熊十力的儒学建构主张我们会发现，都提出以思想义理的诠释建构儒学，但在思想诠释的思路下，钟泰主张"通其义理"，熊十力主张"自有创发"。由此构成了他们二人不同的思想诠释路径。

（二）思想诠释的特点——会通与创发

钟泰的儒学重建从其著述的特点看有三步：从哲学史建构入手，清理出儒家思想的脉络（他的《中国哲学史》就是此项工作）；在方法学上明确提出合汉宋为一（他的《国学概论》中心意图是阐释此意）；再通过荀学、庄学的诠释疏通，依托经典阐发儒家思想（他的《庄子发微》就是这一方法的集中体现）。在钟泰的儒学序列之中，从先秦孔孟荀的内圣外王之学到宋明心性义理之学是儒家思想的主线和精华所在。20

---

① 钟泰：《国学概论》，第151页。
② 熊十力：《读经示要》，萧萐父、郭齐勇主编：《熊十力全集》第三卷，第811页。

世纪儒学的重建应是对这一统系的继承和在此基础上的开新。在他看来太谷学派继承了宋学的师教传统，对弘扬儒学传统是一种潜在的力量。

熊十力将"自有创发，自成一家之学"的主张落实为通过哲学的诠释，重建儒学思想体系。熊十力哲学体系的建构经历了从 1923 年《唯识学概论》、1930 年的《唯识论》到 1932 年《新唯识论》（文言文本）的酝酿建构过程，《新唯识论》是熊十力哲学成熟的标志。"熊十力从原始儒家、原始道家、佛学和宋明理学的思想资源里发掘并重建了'大本大源'。他以'明示本体'为己任，声言哲学应当'以本体论为其领域'。"① 为此他借鉴西方哲学的理性分析方法，以体用不二为基本架构，展开了关于本体论、宇宙论和人生论的玄思和对"万化大原、人生本性、道德根底"的追寻。

对比钟泰与熊十力的思想诠释特点，可谓各具利弊。钟泰的"通其义理"是通过对经典文本义理的诠释疏通，以达成儒学思想的重构和现代转化。但经历了清代汉学的方法洗礼，到 20 世纪传统经典已变成了一堆历史材料，加上西学的严重冲击和现代学术体系的建立，经典诠释的学术空间和意义危机是其面临的根本性困难。熊十力"自有创发"的儒家哲学建构，吸收西方哲学，改造佛教唯识学，以其哲学本体论的建构，深刻探究了人类存在的最深层次的问题，表达了儒家对现代人的终极关怀。但儒家思想现代诠解的哲学化取向，必然地趋向于高度的玄思化，从而日渐地远离了儒学的"草根性"，变成一种纯粹学院化的形式。② 事实上，梁漱溟、马一浮他们对熊十力理论的批评之意亦在此。

（三）晚年经学研究的契合——内圣外王

钟泰与熊十力晚年的交往，学术思想的交流是其中的重要内容。此

---

① 郭齐勇：《熊十力思想研究》，第 31 页。
② 参见景海峰：《儒家思想现代诠释的哲学化路径及其意义》，《中国社会科学》2005 年 6 期。

时他们都致力于经子之学的阐发。两位先生之间倾吐各自的志向，相互切磋、启发，甚至互相影响。即使在 20 世纪 50 年代政治意识形态的批判时期，仍坚持和心系儒学事业。1957 年钟泰向熊表达了注《庄》，发儒家内圣外王之旨的愿望，得到熊的极力认可。熊十力也向钟泰倾诉自己对儒学以及内圣外王理论的情有独钟。我们从 1956 年熊给钟的信可见一斑。熊十力道：

> 钟山吾兄：玉虬兄及宗秀今日能来否不可知。家居逼狭污杂不堪，殊闷人。年过古稀，来日有限。童年受先父之教，族类之感至深。当科举时，独入绿营为一卒。虽无寸长，而未坠船山宁人之感，则可以对羲、农、虞、夏群圣无惭也。欲写一自述（书名未定），未知此后有无意兴。礼稿之意，是"内圣外王"融成一片处。自汉唐迄清世，奴儒治礼者，皆在名物制数处用功，若其义恉，正近时所诋为封建思想也。吾欲为一礼书（书名亦尚未定），创通大义。将来人类如不由礼，而可成大同太平之治者，吾敢断言不可能也（言礼而乐在）。《论语》一书可略窥圣人意思，可玩索圣人气象，其中可与六经互证者亦不少。此书向无善注，宋以来，有识者并宗朱子，然朱子实欠宏通。清世有刘氏以三世传《论语》为名，实则抄胥之技耳。天佑予不遽丧，或不至大衰，吾犹欲疏《论语》也。十一月七日早起。①

此信内容乃熊向钟谈及自己的志向和往后的治学计划：写一自述，写本创通内圣外王思想的礼书，对《论语》作疏。

熊十力的经学著作主要集中于晚年的《读经示要》（1945 年）、《论

---

① 说明：此信转引自《收藏界》"尺牍世界"所载方继孝整理的《钟泰先生藏友人墨迹》（上）。整理者认为，此书札写于 1956 年初。另：此信经郭齐勇师根据影印原文进行整理。

六经》（1951年）、《原儒》（1956年）和《乾坤衍》（1961年）。其中的《原儒》和《乾坤衍》的思考和写作过程中，甚至于最后的校稿都有钟泰的参与（《钟泰日记》1955年2月13—16日的记载说："午后十力来，以所著《原儒》排印样板托校。""代十力校《原儒》样板。""晚十力来催校样。""送校样与十力。"1956年10月18日"课后看十力，大谈《易》。"1959年9月29日"十力来一片，问《易略例》，随作一片复之。"）

钟、熊二先生晚年对儒家思想的阐发，内圣外王之学是他们诠释的重心。钟泰是在《庄子发微》中通过《中庸》"成己""成物"之旨诠释儒家"内圣外王"之理的，其中突出的特点是赋予"内圣外王之道"以儒家个体修养的超越性境界（"无己"）和"道术之全体大用"。

熊十力的经学亦以"内圣外王"为基本思维架构。郭齐勇指出："熊氏习惯于《庄子·天下》所说的'内圣''外王'学的结构，他的经学著作（实在与我们心目中经师的著作大异其趣）亦分成这样两块。'内圣学'就是本体论、心性论，也就是他所谓'成己之学'，笔者在前数章多有评述；'外王学'即是科学和社会政治—历史哲学，也就是他所谓'成物之学'"①

在《乾坤衍》中熊十力说：

内圣学解决宇宙人生诸大问题，而外王学解决社会政治诸大问题；前者即《中庸》所谓的成己之学，后者即《中庸》所谓的成物之学。②

熊氏又曰：

孔子之学，庄周称为内圣外王。内圣之学是如何？外王之学是

---

① 郭齐勇：《熊十力思想研究》，第205—206页。
② 熊十力：《乾坤衍》，萧萐父、郭齐勇主编：《熊十力全集》第七卷，第676页。

如何？庄周却未加以申说。《六经》《四子》，广大悉备，天道、人事、物理，无不赅括其中。……我相信孔子内圣之学，只是一个仁字为根本；外王之学，只是一个均字为根本。什么叫做仁，用俗话来说，仁就是良心。吾人日常起心动念，不容有一毫私意私欲；如有一毫邪念，便自愧耻，不敢对人说出。而自尊自爱的人，更要把邪念克伏他，不肯见之行事。这时的心，就是良心，就是仁。……均者均平。孔子外王之学，用时下的名词来说，就是他对于政治的社会的理想。①

他借《大易》《春秋》《礼运》《周官》诸经集中阐释了他所理解的儒家内圣外王之道。

郭齐勇在分析总结熊十力的解经特点时指出：

第一，作为辛亥与"五四"之后的哲学家，熊十力对近代、现代世界有别于中世纪的普遍价值，例如自由、民主、人权等，是欣然认同，坚决接受的。不惟如此，熊十力刻意发掘传统文化特别是儒家原始经典中的人道原则，以与上述人类普遍价值相沟通。这是值得称许的。第二，熊氏之解经特点，是以空想社会主义和部分的资产阶级的政治观点去发挥、阐释六经，着力发掘其"革命、民主和社会主义"之意。其中当然不免有牵强附会的地方。②

对比钟泰与熊十力对"内圣外王"的理解，他们都引用《中庸》之"成己""成物"说诠解"内圣外王"之意，强调其中关于宇宙人生修养的重要意义，并由此架构其儒学理论。但与钟泰相比，熊十力在"外王

---

① 熊十力：《熊十力论文书札》，萧萐父、郭齐勇主编：《熊十力全集》第八卷，第168—170页。
② 郭齐勇：《熊十力思想研究》，第219—220页。

学"上的"科学和社会政治—历史哲学"的创发,则是钟泰所没有的。这首先与二人的"通其义理"与"自我创发"的思想诠释路径不同有关;更与他们以融汇儒学资源为儒学建构和建立在双向批判与双重扬弃基础上的儒学建构两种文化守成理路的差别相关。钟泰就曾对熊十力对儒家过于尖刻的批评表示不能认同。钟泰代熊十力校《原儒》样版时提出:"《原儒》一书颇见精思。然抵讦孟荀,斥汉宋以来儒者,并曰'奴儒',可谓悍矣,余所不能契也。"[①]

郭齐勇指出,"现代中国最具有圣贤气象的三大儒者:马一浮、梁漱溟、熊十力先生及其弟子门生,构成了一个特殊的文化群落,支撑着吾华道统,赓续着往圣绝学,孕育了现代儒学思潮。"[②] 作为新儒家学者中一个交往密切的文化和学术共同体,钟泰与马一浮、熊十力有着文化价值认同,思想学术交流和精神情感支援,钟泰作为这个文化群落的一员直接参与了现代新儒学思潮的孕育过程。在现代新儒学思想的诸种源头中,与马一浮的文化哲学关照,熊十力的哲学体系构造不尽相同,钟泰是立足于对传统经史之学资源的整合,借助中国哲学史学科建构的契机,为儒学的生存发展赢得空间的。

[①] 《钟泰日记》1955 年 2 月 16 日。
[②] 郭齐勇:《马一浮的人格境界与哲理诗》,《中国文化》总第 9 期,第 154 页。

结　语

　　钟泰的学术是20世纪20年代到60年代的产物，但就今天的绝大部分研究者而言，对钟泰的了解和认识是20世纪90年代开始甚至是近十年的事情，可以说钟泰学术是伴随90年代以来的传统文化热潮特别是近些年来"中国哲学"建构的当代反思进入人们的学术视野的。不管研究者对他的学术作如何评价，人们都不得不叹服作为一位毕生耕耘学坛的知识学人，他的学术见解是超前的、现代的，是具有前瞻性的。

　　笔者通过对钟泰人生、学术和思想比较全面的研究思考，特别是深入到他著作的具体文本切实地体认和同情地理解其致思之路和学术追求，逐渐勾勒出一个钟泰学思的面貌：太谷学派成就了钟泰注重人格建树的儒学信仰和超越门户之见的方法意识；中国哲学史研究落实了钟泰中国哲学（思想）的学术进路；国学研究确立了他合汉宋为一的方法论；荀学研究展开了他对儒学资源的整合；庄学研究确立了他重建儒学的根源性思考和儒家价值理想。其学思旨趣就是在20世纪新的历史、思想、学术和文化背景下，探索传统文化和儒学的现代化。从钟泰的学术志趣看，他不以建构思想体系为追求，但他的思想又着实有着自己的学问路数。

概括钟泰的学术思想，其核心问题是对中国文化的现代转化的思索。这一问题是从两个方向展开的：面对中国文化和中国哲学的近代困局（西学的冲击、学科体制的要求、主体性的丧失）进行中国哲学的建构。面对自晚清以来儒学的困局（儒家阵营分崩离析，经学体系逐渐瓦解，对儒家的认同感丧失）探讨儒学的重建。实质上，中国哲学的建构亦是以儒学为核心价值体系的中国文化重建的重要部分。看似巧合的是，钟泰学术思想的上述两个方向恰是当代中国哲学和人文社会科学的两个焦点和核心性课题，事实上这并非巧合。

进入 21 世纪，"中国哲学的合法性问题"伴随对中国哲学的百年回顾与反思，成为当代中国哲学界讨论的焦点。有研究者指出："'中国哲学'合法性的焦虑和思考，在当下并不是老问题的简单重现，而是面对新的时代环境和东西文化格局的变化所逼显出来的新话题。它的关切点在于反思'中国哲学'的建构历程及其所带来的问题，这些问题的后序影响和消除的办法，以及在现有状况的基础上怎样去改变和发展、脱困与开境等等。"[1] 钟泰中国哲学史建构所给予我们的有益启发是强调民族主体意识的挺立，反对西方中心主义，其中最为可贵的是强调对中国文化自我身份的肯定，他强调中国本位的叙述方式的初衷是担心因削足适履的中国哲学建构而使中国文化统系被彻底肢解。钟泰的中国哲学建构的局限性和问题也因此特点而突出出来：中国本位的强调有可能导向狭隘的民族本位主义，例如钟泰《中国哲学史》声言："此书命名释义，一用旧文。近人影响牵扯之谈，多为葛藤，不敢妄和。"这种带有否定借鉴西方哲学的态度和倾向，容易使我们因此错失合理建构中国哲学的契机。回顾"中国哲学"学科建构的历史，本身就是用不同的西方哲学范式来"格义"的历史。"中国哲学"学科形成的过程，正是中国哲学、西方哲学、马克思主义哲学交融互渗的过程。"中国哲学"学科的完善

---

[1] 景海峰：《中国哲学的现代诠释》，第 209—210 页。

与发展仍然离不开中西哲学广泛深入的交流、对话与沟通。①

"儒教中国"和"文化中国"②在"以意识形态和超级大国关系确定的结盟让位于以文化和文明确定的结盟"③的今天，对我们在全球化时代的身份识别、角色认同和地位确立起着越来越重要的作用，对儒学进行新的身份建构和儒家传统的现代转化，是我们当代学人的社会责任和历史使命。由于20世纪儒学受到来自社会变革、西学冲击、学科体制规制、儒学权威失落等多种因素的严重冲击，钟泰的儒学重构更多着眼于清除传统儒学内部的经子、汉宋、今古等门户观念壁垒，回归和诠释经典，总结先秦儒家自我反省与批判的经验教训，重新确立儒家内圣外王之学的地位。其目的在于揭示儒学的内在价值和中国特性。但这种典型的儒学本土化旨趣对于当代儒学身份的重建则需要警惕。因为伴随多元现代性思考和文明对话的展开以及全球伦理的构建，既需要对儒家传统作出新的界定，又有必要使儒学超越民族和地域的局限而面向世界。

钟泰学术思考中始终奉行着一个鲜明的原则，即中国文化和儒学思想的现代重建，不能囿于门户之见，泥于一家之言。但我们分明看到，钟泰信仰孔子皈依儒家，其《庄子发微》乃借《庄子》发儒家之内圣外王之道。这是否意味着钟泰思想存在着内在矛盾？从笔者对钟泰整个学术思想的全面解读，并深入到钟泰的治学理想和文化人格中体认的结果

---

① 郭齐勇《中国哲学研究方法论三题》从第一，理解的历史性与诠释的相应性；第二，"中国哲学"学科的主体性与中西哲学的对话性；第三，"中国哲学"的特殊性与丰富性三方面提出了当代中国哲学建构的方法论对策，具有借鉴意义。参见景海峰：《拾薪集》，北京大学出版社2007年版，第4—9页。

② 杜维明认为：所谓文化中国是对应中国文化而言，文化中国有多元多样的文化资源，儒学是其中"特别重要的一支"，文化中国其本质特色却是超越特殊地域、国籍、种族和语言，由象征符号所构建的具有普遍价值的意义世界。参见其《"文化中国"与儒家传统——杜维明教授访谈录》，《中国文化》1993年第8期；《"文化中国"初探》，《九十年代》（香港）1990年第6期。

③ 亨廷顿：《文明的冲突与世纪秩序的重建》，周琪等译，新华出版社1999年版，第129页。

看，钟泰思想并不矛盾。他的儒家信仰和学术归儒的文化取向，是立足于儒家文化精神而言的，是在理智体认和客观权衡儒学的入世精神、伦理共识、道德境界和文化典范的价值意义基础上确立的。他的用意是整个中国文化和民族精神，视野和未来关照也是指向中国文化之全体的。

2006年7月，笔者前往上海寻访钟泰先生的遗迹，坐落在位于上海市虹口区山阴路一处"历史文化保护区"内的钟泰先生故居（现由其后人居住），静立在一群建筑风格别致的早期西洋式小楼群之中，与著名的上海鲁迅故居仅一路之隔，此处更以留有众多近现代以来文化名人的足迹闻名，其中不乏鲁迅、茅盾、冯雪峰、瞿秋白，唐弢等人，他们在中国现代文学、思想、文化上的开拓性思想和独树一帜，足以显示这是一个具有现代性精神的策源地。钟泰卜居此地应该绝非偶然。

附　录

一、钟泰研究综述

就笔者所搜集到的文献资料看,"钟泰研究"在学术界属于起步阶段。专题性的钟泰研究著作尚无,论文也为数极少,大部分研究都是在论及与钟泰学术相关的研究领域时有所涉及。下面笔者将分述之。

1. 关于钟泰生平经历的研究

在钟泰生平研究方面,目前主要有王子慧《钟钟山先生传略》(《文教资料》1987年第2期),郭景仪编撰的《大夏大学人物志》中有《钟泰先生传略》(上海财经大学科技发展有限公司2004年版)。相关的介绍性文字还在高增德主编的《中国现代社会科学家大辞典》(书海出版社1994年版)、《大夏大学大事记》(华东师范大学校史党史办编印)、《辛亥以来人物年里录》(江苏教育出版社1994年版)中有所涉及。此外还有几篇对钟泰先生的回忆性文章,例如郭晋稀《读〈庄子发微〉——回忆钟钟山师》(《文教资料》1987年第2期)、吴林伯《两汉学风述闻并序——纪念钟钟山先生》(《文教资料》1987第4期)、靳树鹏《忆老师钟泰》(《同舟共进》2004 年第 10 期)。

笔者认为王子慧的《钟钟山先生传略》最为翔实。加之王子慧是钟泰先生的及门弟子和女婿，随侍先生多年，所述内容比较确当。笔者将所搜集的钟泰自撰简历等资料与之进行对比，发现相关内容的吻合程度很高，《钟钟山先生传略》是解读钟泰生平的重要依据。

2. 对钟泰与太谷学派关系的研究

提及或涉及钟泰与太谷学派关系的论文主要有 4 篇，所持基本观点：一是肯定钟泰是太谷学派黄门重要弟子（见卢冀野《太谷学派之沿革及其思想》）；二是揭示钟泰学术宗旨法嗣太古学派归群草堂（见王子慧《钟钟山先生传略》）；三是提出钟泰是将太谷学派与现代新儒学思想建立起联系的重要学者（见陈辽《太谷学派——我国传统儒家的最后一个学派》）；四是认为钟泰是"太谷学派晚期宗主"（见王明发《王伯沆先生与太谷学派传人》转引台湾学者周法高观点）。

卢冀野《太谷学派之沿革及其思想》(《东方杂志》1927 年第 24 卷第 14 四号) 文中有言："黄门有两大弟子焉：吾师王瀣伯沆、钟泰钟山也。"王子慧《钟钟山先生传略》介绍了钟泰入太谷学派黄葆年门下的经过，并指出黄葆年对钟泰有所赞许和肯定："子曩既浮海之夷，今乃下乔入谷，有志于抱残守阙声稀味淡之学，可绝非浅根浮木者流。"(《文教资料》1987 年第 2 期) 陈辽指出钟泰是太谷学派中在现代高等院校中最有影响的一人，且指出："他的《中国哲学史》可以当之无愧地列为我国早期的'现代新儒学'著作。"(《益阳师专学报》1990 年第 4 期) 王明发《王伯沆先生与太谷学派传人》指出："据周法高先生发表于台湾出版的《中国一周》杂志上的《读王冬饮先生遗稿兼谈太谷学派》一文中披露：'黄（葆年）殁后，传其衣钵者，李晴峰之孙、平孙先生也。李殁后，黄隰朋之次子仲素主其事，抗日战争时，移居泰县。黄殁后，群推钟钟山先生为宗主焉。'由此可知，钟钟山不仅加入了太谷学派，而且是太谷学派的重要弟子，并一度还

为太谷学派的宗主。"(《南京理工大学学报》(社会科学版)2004年第1期)

上述各文对确认钟泰与太谷学派的关系意义重大,也提出了一些研究方向性的思路,值得研究者借鉴。但其研究论题都不是专门就钟泰与太谷学派关系的阐发,因此对相关史料有待进一步挖掘和考证,在阐释内容方面也有待向学理化拓展。笔者认为,研究太谷学派的学术思想,钟泰是不能忽略的重要人物。而钟泰与太古学派关系研究,应以钟泰对太谷学派思想的传承和发展为重点,毕竟钟泰兼具现代学人和学派弟子的双重身份。为此,笔者曾发表《钟泰与太古学派》(《人文论丛》2009年卷,中国社会科学出版社2010年版)一文,着重从钟泰对太谷学派学术地位的揭扬、对太谷学派思想的学理化提升和对太古学派学术方法的继承、发展等三方面阐发了钟泰的学术贡献。

3. 对钟泰《中国哲学史》的研究

最早对钟泰的《中国哲学史》及其思想旨意和学术价值作出评价的,是金天翮1928年3月为该书所作的"序",金氏之"序"对认识钟泰的中国哲学史观意义重大。金氏作为中国现代教育的先驱者和新的思想文化的传播者(曾应蔡元培之邀参加中国教育会和爱国学社;组织中国国学会等),他站在20世纪前期中国学术思想复杂变幻的背景之下,对当时的学术现状、方法意识予以评说,并在对比之中揭示了钟泰的哲学观和学术方法的价值意义。"盖三十年来,学术思想既不得保其统绪,雅颂政教且随之以倾。然而倡此者,家自以为哲学,人自以为真理。理不必真,而横流滋蔓,夫岂非高明者之过与?钟山之择术焉醇,其观古焉涵泳反复,久而得其通儒者经世之体也。世之为学者,大都握今之籥以驭古之迹,是以毁辕折筴而其道大窒。窒则愚,通则哲。呜呼!钟子其几于哲矣!"

20世纪后期较早提及钟泰《中国哲学史》的是李泽厚的《中国古代思想史论》(人民出版社1985年版),其中《庄玄禅宗漫述》一文在阐释庄子的理想人格时指出："我倒同意一本不被人重视的哲学史中表达的这种传统论断：'庄子真实学问在大宗师一篇。所谓大宗师，何也？曰道也。明道也，真人也，大宗师也，名虽有三，而所指则一也。特以其本体言之，则谓之道。以其在人言之，则谓之真人，谓之大宗师耳。庄子惟得乎此，故能齐生死，一寿夭，而万物无足以撄其心者。……皆当死生之际而安时处顺，哀乐不入。……今人谈庄子，不与此等处求之，……抑所谓弃照乘之珠而宝空椟者，非欤？'"笔者注意到，李泽厚用了"不被人重视"和"传统论断"来说明钟泰的《中国哲学史》及其相关的观点，的确，钟泰的《中国哲学史》在20世纪中期特殊的学术环境下鲜为人知。然而李泽厚的引用本身又说明，钟泰的《中国哲学史》有其独特的学术价值和确当的学术见解。

陈引驰在钟泰《中国哲学史》（辽宁教育出版社1998年版，《新万有文库》系列）的"本书说明"中，亦对本书及钟泰的学术风范予以中肯评价："由《中国哲学史》可见其为学风范，盖即金松岑序中所揭出之'纯于学'而'涵泳反复'：唯其'涵泳'，体会先哲之精微，故于各家各流均抱有同情之理解，能抉明其学说之所以然；唯其'涵泳'，疏理学术大旨及源流，莫不切中肯綮，且言必有据；唯其'涵泳'，能见人之所弊，书中驳正时贤如胡适、谢无量处，皆确然不可移。作为一部成书颇早，体大思密而确有所见的著作，钟泰的《中国哲学史》值得充分重视。"

"钟泰研究"的开展，在很大程度上是伴随进入21世纪以来对中国哲学的百年回顾和反思，特别是中国哲学的"合法性"问题的提出，进入研究者的视野的。其中钟泰《中国哲学史》对中国哲学的民族性特点的强调；对自胡适以来的"以西释中"模式的批评；本土化叙事方式的尝试都是被研究者关注最多的方面。葛兆光认为钟泰及其同时代学者的哲学史的问世，体现了中国思想在现代西化思潮冲击之下，"寻找位置的努力"。他说："随着20世纪初大学教育制度的转型和文史哲三分的学科建立，谢无量、钟泰、胡适、冯友兰写出自己的哲学史，于是中国哲学史开始成立，因此，我很同意并且同情中国哲学史成立背后的'历史'，这个历史是中国现代学术在'民族本位'与'世界大同'之间"重新为中国的'传统'与'思想'寻找位置的努力。"文章同时对20世纪早期的中国哲学史写作方法提出质疑，针对钟泰的《中国哲学史》指出，"有的是试图用传统中国学案加上史传体，配以哲学史的新名目，像钟泰'以史传之体裁，述流略之旨趣'的似新实旧写法"（《为什么是思想史——"中国哲学"问题再思》，《江汉论坛》2003年第7期）。景海峰《中国哲学的现代诠释》在第三章"传统哲学的现代转型"中结合中国哲学史学科建构提出："钟著就中国谈中国，不用西语，代表了彻底否定胡适路向的较为极端的一派。"（人民出版社2004年版）陈卫平《"金岳霖问题"与中国哲学史学科独立性的探求》："中国哲学史从经学中独立出来的这种现代性向度，其实质是由经学范型转向了西学范型。""然而，中国哲学显然是有其民族特点的，如果对此不注意，那么中国哲学史又会成为西方哲学在中国的翻版。分别在1923年和1929年出版的《周秦哲学史》（陆懋德著）和《中国哲学史》（钟泰著），在某种意义上就是有鉴于此，对胡适的《中国哲学史大纲》提出了挑战。""总之，他们试图去除中国哲学史研究当中西方哲学的一切印迹，以拒绝西方哲学范型，来净化、维护中国哲学史的独立性。"（《学术月刊》2005年第11期）周德丰等《20世纪中国哲学史研究的三种模式》认为钟泰的《中国哲学史》属于"本土化"的研究模式（《光明日报》2004年8月10日）。笔者的《早期中国哲学史写作方法论析——以钟泰〈中国哲学史〉为例》反思了中国哲学史写作的经验教训，从方法意识的角度梳理了钟泰中国哲学史写作方法的系统，强调钟泰的《中国哲学史》是吸收借鉴明清以来传统学术资源建构中国哲学史学科的典范（《深圳大学学报》2007年第1期）。柴文华《论中国哲学史学科的创立及诠释架构》认为，钟泰的《中国哲学史》"其特点偏于'原汁原味'，其诠释框架可以概括为'以中释中'。"他同时批评指出，"钟泰的著作虽名之为'中国哲学史'，但他对'哲学'、'哲学史'、'中国哲学史'并没有清晰的概念，故与其说是'中国哲学史'，倒不如称之为'中国思想史'或'中国学术史'更为恰当。这种'还原论'的叙述视角和方式在当时可能是落伍的，但在今天又受到学界的重视，它或许能给中国哲学史学科在今后的发展提供某种借鉴。"(《哲学研究》2008 第 1 期)

综观上述观点，对钟泰《中国哲学史》的研究表现为如下特点：其一，肯定其学风和对中国哲学史学科建构的学术价值，特别是其中对当时中国哲学史研究中存在的问题予以的批评和质疑，确当而有见地，对中国哲学史的良性建构意义重大。肯定了钟泰《中国哲学史》的本土性思考和对中国哲学的主体性地位强调的意义。其二，认同钟泰《中国哲学史》回归传统背后的文化诉求。其三，指出了其观点和方法难以面对 20 世纪中国哲学学科现代转型的迫切要求。显然在即时性和长远性、世界化与本土性之间，中国哲学应保持怎样的关系和张力，是钟泰研究给我们带来的重要启示和深层问题。

笔者认为，钟泰研究的当务之急是深入挖掘、系统疏理钟泰这种立足中国文化传统的哲学史叙事的特色，它对当代中国哲学史学科建设的借鉴价值主要在于如何吸收利用和合理配置我们自己已有的思想资源。与钟泰所处的 20 世纪早期的思想、文化和学术氛围、发展要求不同，当代中国哲学的建设应该在平和的心态下审视我们自己的哲学传统，那么钟泰这种中国本位的哲学史叙事方式如何在新的条件下转化发展，是钟泰研究论题下的应有之义。

4. 对钟泰《庄子发微》的研究

学界主要展开的研究有两个方面：一是对钟泰《庄子发微》的思想方法，主要是诠释方法的研究。例如王树森《求之会通　得其环中——〈庄子发微〉学记》、郭晋稀《读〈庄子发微〉——回忆钟钟山师》(二文均见《文教资料》1987年第2期），都是结合钟泰的讲学谈钟泰《庄子发微》的特点。蔡文锦《论钟泰先生的〈庄子发微〉》（《扬州大学学报》（人文社会科学版）2004年第3期）将钟泰《发微》的考释方法进行总结，指出："运用群经治经的方法，会通大意"；"精于校诂，善于考辨，出以己说"，"为庄子学的杰构"。二是把钟泰的庄学研究纳入20世纪的庄学研究序列。例如，包兆汇《20世纪庄子研究的回顾与反思》（《文艺理论研究》2003年第2期）一文认为，1900—1949年为现代庄学的开创期；1950—1965年为现代庄学的发展期；"文化大革命"结束是现代庄学的复兴期。在庄学复兴期内，钟泰《庄子发微》（该书1963年自费石印，1988年正式出版发行，所以被研究者纳入庄学复兴期的作品）既被作者看成是校勘注释的成果，又被列入综合性思想研究的著作之列。李宝红等在《二十世纪中国庄学》一书评论曰："钟泰站在儒学立场，推崇庄学内圣外王之道，以儒家积极进取的人生态度比拟、取代庄学的消极本意，在其本人反复涵泳、钻研儒术的学术精神之外，弘扬儒学以济世之志豁显无遗。"（湖南人民出版社2006年版）

另外需要提出的是，钟泰《庄子发微》对庄书的考释多有独到见解，经常被各种庄子研究著作所引用，甚至成为庄学研究的工具书。说明《发微》亦是具有很高文献学价值的著作。

总之，笔者认为学界对钟泰《庄子发微》的研究与钟泰《庄子发微》的宏大诠释架构、细致阐释相比，显得十分不足。对其学术价值的阐发和诠释方法的研究，均有待深入。特别是钟泰儒、庄会通的思想旨意和哲学诉求，关涉中国哲学的当代建构和儒学的现代转化路径和方法，应该得到研究者的充分重视。

5. 对钟泰《荀注订补》的研究

钟泰的《荀注订补》是属于20世纪前期《荀子》考释和文献整理的著作，所以学界的研究主要集中在他的考释方法的得失评价之上。总体上看，钟泰纠发清人注荀的问题是准确得当的，受到荀学研究界的一致肯定。早在该书出版的第二年，杨树达就发表了《钟泰〈荀注订补〉书评》(《清华大学学报》(自然科学版) 1937 年第 1 期)，详论其得失。最后指出："综而论之，此书有极佳处，亦间有极谬处。要之著者于荀子书为曾用心力者，殆可断言。又衡量得失之量，胜义终较误处为多，要为近时未可多得之作。于荀子书有兴趣者，不可不一读也。"当代荀学研究者亦对钟泰的荀书整理之功予以充分肯定，王天海《荀子校释》一书指出，钟泰《荀注订补》"可以说是卢文弨、王念孙、刘师培、王先谦之后校释荀书最勤的著作。"(上海古籍出版社 2005 年版)。江心力的《20 世纪前期的荀学研究》(中国社会科学出版社 2005 年版)，对钟泰的研究有专门述及，说明已注意到钟泰著作在 20 世纪前期的学术地位。总之，钟泰治荀学的严谨勤奋和独到的方法意识，学界都予以了充分的肯定。

笔者研究认为，钟泰的《荀注订补》虽属于文献整理的著作，放到钟泰整个学术思想序列看，其用意不止文献范围，作者试图订正的是因清代汉学方法中的偏失，对荀学乃至儒学诠发所造成的失误；作者所要补充的是站在儒学发展的整体思路下，该如何理解荀学。所以，对钟泰《荀注订补》的进一步研究，应在更宽的理论视域下展开。

6. 对钟泰《国学概论》的研究

对钟泰《国学概论》的研究，是伴随学术界就 20 世纪国学研究的回顾与反思展开的。例如，钟少华《试析近代中国之'国学'研究》(《学术研究》1999 年第 8 期) 对 20 世纪前期国学研究回顾时提到钟著，但并未对其作具体分析。此外笔者尚未见到其他研究成果。值得注意的是，当代国学研究领域对 20 世纪 30 年代国学研究的总体评价普遍偏低，认为它们主要是一些普及性教材，其思想性和学术价值与此前的 20 年代国学研究的鼎盛期不可同日而语。

笔者以为，对钟泰《国学概论》以及国学观的研究，能有利于通过这个个案认识 30 年代国学研究的具体面貌，增加我们对 20 世纪前期国学研究的印象。当然笔者对钟泰《国学概论》的研究，是作为钟泰学术思想的一个组成部分看待，更注重对其方法学意识的阐发。

综上所述，可以对目前国内关于钟泰研究的整体情况作如下概括：第一，缺乏系统全面的钟泰研究，难以反映钟泰学术思想的内在联系和整体面貌。第二，专门性的钟泰研究论文为数极少，缺乏对钟泰的中国哲学史、国学、荀学、庄学的专题研究。第三，研究者很少基于钟泰的生活世界和文化人格理解和评价钟泰的思想和学术，这是钟泰研究的重要缺陷。有鉴于上述问题，笔者所进行的钟泰研究力图弥补这些缺失。伴随当代学术界对中国哲学现代性的整体思考和理论建构，随着学界对20世纪思想学术的开放性视野和专题性研究，钟泰学术思想特别是其独树一帜的方法意识和现代性思考，必将越来越多地进入中国哲学和文化研究者的学术视域。

最后必须声明的是，上述研究综述笔者只就中国大陆的范围而言，以笔者尽可能收集到的资料为论域。从笔者编辑《钟泰著述编年》看，钟泰的著作在台湾有多种再版的版本，其研究需求和学术思想的影响力自不必说。另外，有研究者说，钟泰《庄子发微》出版后（指2002年版）在台湾、日本引起好评，日本文化界评论说："本书是已故著名学者钟泰研究《庄子》的名篇，全书对《庄子》三十三篇逐字逐句地校勘、考证，逐章逐篇地串讲分析，提出了独特的见解。"（蔡文锦：《论钟泰先生的〈庄子发微〉》，《扬州大学学报》（人文社会科学版）2004年第2期）方继孝在《钟泰先生藏友人墨迹》一文中说："钟泰《中国哲学史》被译成英文，在西方有较大影响。"（《收藏界》2004年第8期，第42页）。对这些说法，笔者亦未见到其他佐证。

二、钟泰著述编年

1924 年

《学蔽》,《学艺杂志》第 2 号,署名"钟钟山"。

1925 年

《国学举要》,刊于南京江苏法政大学"载体信息",署名"钟山编"。(据钟斌提供)

1926 年

《名家不出于墨说》,《国学丛刊》第三卷第 1 期,署名"钟钟山"。

1929 年

《中国哲学史》,上海商务印书馆初版。

《墨翟非印度人辨》,《中山大学语言历史学研究所周刊》第六卷,第 67—68 期,署名"钟钟山"。

1930 年

长诗《罗浮游记》,《旅行家》杂志第四卷第 7 号,1930 年第 7 期,署名"钟钟山"。

1932 年

《读庄偶记》,《之江学报》第 1 期,署名"钟钟山"。

1934 年

《中国哲学史》，上海商务印书馆。

《读庄偶记》（续），《之江学报》第 3 期，署名"钟钟山"。

1935 年

《唐荆川先生年谱序》（之五），作于乙亥季冬（即 1935 年），见《明唐荆川先生年谱》唐鼎元编，民国间出版。

《读庄偶记》（续），《之江学报》第 4 期，署名"钟钟山"。

1936 年

《唐荆川先生年谱序》，《学术世界》第 2 期。

《荀注订补序》，《之江中国文学会集刊》第 2 期。

《论书传说盘庚五迁数自汤迁亳之误》，《之江中国文学会集刊》第 2 期。

《国学概论》，上海中华书局。

《荀注订补》，上海商务印书馆。

1939 年

《蔡氏宗谱序》（笔者案：文中提到"乙卯之春，建德洋源蔡氏将修其宗谱"。己卯年即 1939 年）。

《礼——第五次纪念周与学生讲话》，《国师季刊》第二期。

1941 年

《周易六龙解》钟泰跋，《国师季刊》第 9 期。（信息来源于读秀网）

《钟泰诗七首》，《国师季刊》第 10 期。

1945 年

《复性书院钟辑明代诸儒书目》（铅印本），（民国）三十四年十月七日。

1948 年

《庄子天下篇注》，震旦大学单印本。（据钟斌提供）

《读庄发例》，《读书通讯》第 167 期，署名"钟钟山"。

《杂话三题》（时事随感），《时代》第 15 期。（据钟斌提供）

1954 年

《〈漳浦集〉之跋语》。钟斌注：此跋文为钟泰先生 1954 年秋在其手钞本明版《漳浦集》一书上所撰。

1955 年

《我对简化中国汉字的一点意见》，曾投刊《光明日报》，未发表。

1959 年

《国庆十周年》五十韵，上海《新民晚报》1959 年 9 月 24 日。（据钟斌提供）

1961 年

《记江南格致书院》，上海市人民委员会参事室、上海市文史馆史料办公室编：《历史资料选辑》（上海文史馆内部刊物）第 12 期。（据《钟泰日记》该文完成于 1961 年 11 月 8 日）

1962 年

《谈研究庄子》，《文汇报》1962 年 6 月 19 日第 3 版。

1963 年

《庄子发微》，自费石印 100 部。

1965 年

《春秋正言断辞三传参》（据《钟泰日记》：1965 年 1 月 4 日 "动手写《春秋正言断辞三传参》"，3 月 30 日 "《春秋三传参——襄公》完。"）

1969 年

《中国哲学史》，商务印书馆（台北）。

1977 年

《荀注订补》，成文出版社有限公司（台北）。

1979 年

《中国哲学史》，商务印书馆（台北）。

1980 年

《国学概论》，广文书局有限公司（台北）。

1988 年

《庄子发微》，上海古籍出版社。

1989 年

《中国哲学史》（《民国丛书》第一编，2），上海书店。

1998 年

《中国哲学史》（《新世纪万有文库第二辑·近世文化书系》），辽宁教育出版社。

《校定〈管子·侈靡篇〉》，刊载于王元化主编：《学术集林》卷十四，上海远东出版社1998年版，第10—54页。

2002 年

《庄子发微》，上海古籍出版社。

2008 年

《中国哲学史》（《民国学术经典·中国史系列》），东方出版社。

2012 年

《钟泰学术文集》（《思勉文库》），陈赟编，上海人民出版社。

说明：

1. 据王继如辑《钟泰先生著作简目》，钟泰还有《论语诗百首》《顾诗笺注校订》等抄本存世。（参见《文教资料》1987年第2期，第13页）

2. 该著述编年中的台湾版本参考了中国国家图书馆和北京大学图书馆书目。

3. 另有一些钟泰文稿，难以准确确定写作或发表年份：

《读蔡孑民在北京高等女师范学校演讲国文之将来》《新思潮与旧伦理》，钟斌先生注此二文：根据钟泰先生在江苏公立法政专门学校任职时所撰写的手稿整理，该手稿用毛笔书写在印有"江苏公立法政专门学校编纂用纸"字样的稿纸上，文中有多处修改。

《论两汉选举考廉》，据钟斌先生注：此文根据钟泰先生在杭州之江大学任职时所撰的手稿整理，该手稿用毛笔书写，共四页，文中略有修改。每页稿纸上均盖有"杭州之江大学学生会出版部"蓝色戳记。

《朱子之诗》见《国力月刊》，此文写作、发表日期均不明。根据刊物的特点推测，钟泰1938年至1943年在湖南蓝田国立师范学院任教，许多诗、文均发表于此时，应属于同一时期。

《圣约翰大学"六三"风潮暨光华大学成立记》《海关用洋员》《法人的租界解作属地》《租界迫害中国人》《1927年上海二次总罢工》《4·12之变》《上海特别市民公会之始末》，以上诸文未标明写作年代，均系作者任上海文史馆馆员时所作，1959年提交文史馆史料征集工作组。

4. 钟泰一生有大量诗作，包括古诗、杂诗等，除偶有刊发，绝大部分未发表。现经钟斌先生整理为《钟泰诗选》。另外，钟斌先生近年投入大量精力整理编辑了钟泰的诸多遗文，主要有《钟泰文辑》、《钟泰古文讲义》、《钟泰诗词讲义》、《钟泰信札》和钟泰关于《周易》的《读书札记》等，其中绝大部分都未公开出版。

三、钟泰先生生平简表

钟泰，字讱斋，号钟山，别号待庵，江苏江宁人。

1888 年 （光绪戊子年）3月14日（农历二月初二）生。

1897 年 十岁始就传受经。据《钟钟山先生传略》记载，"幼而歧嶷，跟随上元名士拔贡生吴祖培读家塾。"后娶吴祖培先生之女吴弗徵为妻。

1900 年 应博士弟子员试，拨入江南格致书院肄业。（据《钟泰自撰简历》云：十三岁入江南格致书院，习英文算学）

1903—1906 年 留学日本，更名钟育华。据《钟泰自撰简历》云："十六岁，乃自费赴日本留学。始入弘文书院，补习日文及普通学科。年余，考入私立日本大学师范部。时教师中有铃木者，喜言中国朱子阳明之学。泛泛游者一年。后转而爱好中国哲学文学，盖种因于此。十九岁，以学费不继，返国。"（另说毕业于东京日本大学。见《钟钟山先生传略》）

1906—1911 年　应两江师范学堂监督李瑞清之聘，任日文译教。

1912 年 4 月　赴马来亚槟榔屿创办华文报刊《光华日报》，鼓民气，实主笔政。

1912—1913 年　应邀参皖督柏文蔚幕，任副官。

1913 年 8 月—1923 年 7 月　在南京江苏公立法政专门学校（后改为江苏公立法政大学）任教，先后担任日文、心理、论理学、国文教员，开设老庄讲座。

1914—1924 年　入太谷学派黄葆年门下，确立师承关系和治学宗旨。据钟泰《自传五言诗》曰："儒门有榘范，从学黄老先。十年林下心，恳恳何拳拳。"说明钟泰在黄门十年。又《钟钟山传略》曰："得见海陵黄师翁隰朋葆年于吴门之归群草堂，机语投契，以为古所谓圣功王道天人性命贞一之学者，庶在是夫！遂执弟子礼归依焉。盖至是，为学之师承始立，宗旨亦始定。"

1924—1928 年 7 月　在杭州私立之江大学任国学系主任兼教授。教授中国哲学、经学、诸子学、宋明理学等课程，并曾任校务会议会员。

1928 年　应陈铭枢之邀南下广东，先后任省府秘书、代秘书长、参议、博罗县长、建设委员会委员等职。据《钟钟山先生传略》称："时香港时报指斥粤政，臧否人物，敢直言，无所讳，独盛称先生治绩廉明，为全省冠。"

1929 年秋　重返之江大学任教。是年著作《中国哲学史》由上海商务印书馆出版。

1930 年 2 月—1937 年 10 月　在杭州私立之江大学（1931 年 7 月至 1948 年期间改称之江文理学院）任中文系主任兼教授。

1930 年 结识马一浮。(笔者因此推测，钟泰与熊十力的结识亦应在此前后) 关于钟泰与马一浮结识的具体时间，可通过钟泰弟子王子慧在回顾钟泰与马一浮的早期交往中得知其情。王子慧回忆说："记得一次，约1930年晚秋，曹公（笔者注：曹子起）初莅杭，客马公处。马公之内弟汤公子谓之洗麈，设宴于孤山之四川酒家，而邀集马公、熊公（时熊公十力寓孤山广化寺养疴，相距最近）与先外祖（笔者注：指钟泰）谈玄欢叙，以探理窟，一时硕德甚胜游也。

先师（笔者注：指钟泰）则颇讥曹公为溺于幻想，熊公亦未免自任太过，惟对马公之涵养冲纯、学识渊博推许甚至。既而又慨然曰：'惜乎其未得见归群老夫子也！吾为斯人惜，更为斯道惜也！盖草堂学规：无介、先容，不见客，客或被疑偶涉异端，亦不得见。初马公固尝倩曹公为介，惜曹著藉日浅，未蒙深知，而所介客名浮又字一浮，迹近怪僻，因托故辞焉。追余获交于马公时，则归群师座已归道山且半纪矣。（王继如注：黄隰朋1854—1924，半纪为六年，四公论学于孤山四川酒家时为1930年，距黄老先生辞世正六年）可惜师友因缘一时之不偶，空嗟斯学绝续千年之不昌，其天也夫！此余之所深憾也。'"[①]

1936 年 6月，《国学概论》由上海中华书局出版。8月，《荀注订补》由上海商务印书馆出版。

1938 年 11 月—1943 年 7 月 在湖南蓝田国立师范学院任中文系教授。

1943 年 8 月—1945 年 1 月 在贵阳任大夏大学文学院院长兼中文系主任教授。

1945 年 马一浮在四川乐山乌尤寺主持复性书院，钟泰应聘任书院协纂。后协助马一浮复性书院迁往杭州相关事宜。

---

① 参见王继如《马曹论学公案后语》，《传统中国研究集刊》第九、十合集，上海人民出版社2012年版，第628页。

1946年4月—1947年5月 在浙江建德梅城省立严洲中学教国文、历史。

1948年2月—1951年10月 在上海光华大学任中文系教授，曾一度兼任系主任及图书馆馆长职务。

1948年8月—1949年7月 在上海市立师范专科学校任中文教授。在上海震旦大学中文系任教授(据上海文史馆所存钟泰的文字资料中讲：在震旦所教课程，书经、易经、墨子、老庄及宋明理学等，当时在徐家汇修道院上课，许多修士亦来听课)。

1951年10月 光华大学并入华东师范大学，钟泰任中文系教授。教授的课程有宋明理学、历代诗文、历代散文选等。

1951年10月29日—12月31日 随华东师范大学由刘佛年带队，中文、教育、外文、音乐四系师生组成的第一大队，到皖北宿县参加土改工作。

1952年4月21日 辞华东师范大学教职(据华东师范大学档案馆资料所记日期)。

1953年 被聘为上海文史馆馆员，兼诗词组召集人。(入馆登记表中所填进馆时间1953年8月1日。原进馆介绍人：周善培、尹石公)

1956年9月—1958年2月 应校长刘佛年、中文系主任许杰之邀，为华东师范大学研究生班授课。(据《钟泰日记》1956年9月3日所记："大致可依我主张，研究班先从读孔、孟、荀三氏之书入手。")

1958年4—7月，1961年9月—1962年1月 两度应邀到上海市人委会为机关高级干部文字工作训练班讲授古文。

1962年5月—1966年5月 应所长佟冬之邀，北上长春东北文史研究所讲学4年。1961年6月28日东北文史研究所创办，目标是培养中国文史方面的教学、研究专门人才。1962年7月10日研究所开所典礼。据《钟泰日记》1962年7月10日记载："本日行开所礼，余发言十余分钟。"在研究所4年间主要讲授《论语》《尚书》《孟子》《大学》《序卦》《系辞》《中庸》《庄子》《荀子》等经典。1962年10月为吉林大学作《宋明理学》的系列学术讲座。

1963年 《庄子发微》自费石印100册。

1964年5月12—16日 76岁时徒步登华山。

1966—1973年 "文化大革命"中仍任职上海文史馆。

1973年 辞文史馆职,返回南京就养。据《钟钟山先生传略》曰:"犹时应朋旧门人之敦请,潜往来苏常邳沪间,遑遑焉以阐明斯学成德达材为急。视浩劫,蔑如也;危行言巽加谨焉,晏如也;其于穷通得丧祸福死生之际,盖泊如也!"

1979年9月13日 (己未年七月二十七)卒,享年92岁。葬于南京花神庙丁家村祖茔。

说明:

本简表主要参考了王子慧《钟钟山先生传略》的相关内容,参之以钟泰《个人简历》《自传五言诗》和钟斌先生整理提供的资料。笔者也曾先后到上海文史馆、华东师范大学走访,拜会或联络钟泰先生的后人,以图所述内容更接近钟泰先生的生平实迹。

四、在自我与他者之间
——钟泰与中国本位的哲学史叙事[①]

钟泰的《中国哲学史》(1929年上海商务印书馆初版)是伴随中国

[①] 2011年7月4—8日笔者应邀出席在巴黎法国高等社会科学院举行的第17届国际中国哲学大会ISCP,会议主题是:"文化跨界与哲学论述"。本文是笔者的参会论文,也是对"钟泰研究"的进一步思考。文章略有改动。

哲学新的问题意识进入当代学术视野的：1989年该书作为"民国丛书"《中国哲学史》（第1编，第2部），由上海书店重印。1998年该书作为"新世纪万有文库第二辑·近世文化书系"，由辽宁教育出版社出版。2008年此书作为"民国学术经典·中国史系列"，由东方出版社出版。钟泰《中国哲学史》自1929年出版后，中国内陆1989年重印，时隔60载。而近20年却三度重印，其中的缘由恰如东方出版社的出版者在本书封底所作的文字说明：

> 20世纪20年代，胡适以半部《中国哲学史》暴得大名。起而批评者有陆懋德与钟泰。陆著《周秦哲学史》，反对胡以西式知识论与逻辑法肢解先秦哲学；钟则著《中国哲学史》，反对胡以西方哲学术语"强为比附"中国哲学。
>
> 西方哲学在近代已成为中国哲学之"镜"。有以此"镜"照出"中同于西"者，如谢无量、胡适、冯友兰；有以此"镜"照出"中异于西"者，如张东荪、张岱年；亦有根本不照此"镜"者，如陈黻宸、陈汉章、钟泰。

的确，不照此"镜"，避免陷入中西对立的思维方式中，被迫在西方语境中才能"发现"自己，将中国哲学的意义依赖于西方哲学来赋予，表现出钟泰对"中国哲学"被消解的担忧。但名之曰"哲学史"，岂能无关乎此"镜"？显然对钟泰《中国哲学史》，不能简单下此断言。

现代中国哲学史学科的出现，既有中国学术传统的现代转化的内在要求，也受西方现代知识系统输入的启发和催化，这两方面的交互作用和相互影响构成了20世纪初建构中国哲学史学科的基本背景。钟泰的中国哲学史研究，主要是从中国学术传统之中寻求中国哲学史确立的根据。其基本思路是对中国传统学术资源，包括经子之学、儒学、史学等思想内涵和方法意识的借鉴、反思，整合和提炼。笔者的研究视角就是从此入手。

(一) 钟泰《中国哲学史》叙事的底色

研究钟泰《中国哲学史》,必须注意以下事实:

第一,作为民间儒家学派的代表,钟泰把近代以来的儒学传统看成是现实生活世界的一个部分,理解为活的传统。[①] 认为儒学的近代命运绝非衰落到烟消云散的地步,或像一些人所言只是博物馆的展品,只有通过西化才可以解救。因此钟泰强调中国哲学的内在连续性。

第二,20世纪初中国哲学史学科的建立,普遍的理解是民族性原则必须服从"学科化、专业化"要求,按照西方哲学来讲中国哲学,是不争的事实。这种绝对化的理解,并不吻合当时的全部实际。钟泰身处作为教会大学的杭州之江大学,学校因其办学宗旨的基督教性质和办学方式的私立性,与当时西化思潮占主导的主流学术相比,这里更强调中国文化的本土特色。[②] 这决定了他的《中国哲学史》书写,主旨在于挖掘中国传统思想文化的独特精神资源,表达民族本位的哲学史叙事愿望。

第三,钟泰的中国哲学史叙事,是以20世纪初"哲学"观念在中国学术界的输入、辨析和接纳为知识背景的。早在1903年王国维针对当时人们对哲学的误解,写作《哲学辨惑》,指出:"今欲费哲学者,实坐不知哲学为中国固有之学故。"他列举"独就六经与宋儒之说言之。……周子'太极'之说,张子《正蒙》之论,邵子之《皇极经世》,皆深入

[①] 关于钟泰与民间性儒家学派太谷学派的关系,参见郭晓丽:《钟泰与太谷学派》,载《人文论丛》2009年卷,中国社会科学出版社2010年版,第541—562页。

[②] 正像《之江大学》一书的作者,在之江大学从教近30年,经历过之江大学重要变迁的美国学者队克勋所言,在"即使儒家的经典和道德也已被扔到废物堆"的时代,之江大学则"力求通过强调中国古典文献来保存中国文化的精华"。参见队克勋:《之江大学》,刘家峰译,珠海出版社1999年版,第136、132页。

哲学之问题。……《易》之'太极',《书》之'降衷',《礼》之'中庸',自说者言之,谓之非虚非寂,得乎?""夫哲学者,犹中国所谓理学云尔。艾儒略《西学发凡》有'费禄琐非亚'之语,而未译其义。'哲学'之语实自日本始。日本称自然科学曰'理学',故不译'费禄琐非亚'曰理学,而译曰'哲学'。"①概括其大意可以看出,王国维认为哲学即中国之经学和理学,为中国固有。由于通过日本转译,受其翻译影响,于是不称"理学"而言"哲学"。应该说王国维肯定中国有哲学的看法,代表了20世纪初中国学术思想的主流并被广泛接受。钟泰对"哲学"的理解就是如此。他写作《中国哲学史》直述主题,完全没有对中国是否有哲学的所谓学术论争进行辨析。在钟泰看来,中国有哲学是不争的事实。正是在肯定中国有哲学的前提之下,中国哲学史学科的建构成为必要和可能。

第四,在钟泰《中国哲学史》(以下简称《哲学史》)问世之前,中国哲学史学科早期建构中有几个重要标志:1914年,北京大学设立"中国哲学门",开设了"中国哲学史"课程,首次将这一学科观念引进了现代中国的教育体系。1916年,谢无量出版了中国哲学史学科第一部教科书。1919年,胡适的《中国哲学史大纲》(卷上)由商务印书馆出版,他所开辟的用西方哲学的体例和模式建构中国哲学史的学科范式,奠定了中国哲学史学科未来的基本走向。然而在充分肯定胡适的中国哲学史"为后来学者开无数法门"(蔡元培语),"具有划时代意义"(冯友兰语)的同时,也有来自学界的批评。钟泰的《中国哲学史》就被理解为是胡适《中国哲学史大纲》的对立面而存在。的确钟泰《哲学史》对胡适《中国哲学史大纲》多有批评,并从总体上否定了胡适《中国哲学史大纲》所代表的"以西释中"的中国哲学史叙事路径。②但笔者以为,

---

① 《王国维哲学美学论文辑佚》,华东师范大学出版社1993年版,第5、3页。
② 笔者曾以《早期中国哲学史写作方法论析——以钟泰〈中国哲学史〉为例》为题,对钟泰与胡适《中国哲学史大纲》的关系做过评析,见《深圳大学学报》2007年第1期。

钟泰《哲学史》的意义并非仅此而已。其重要价值更在于，站在中国哲学史建构的现代学术要求上，对中国思想传统的借鉴和整合，以使其体现中国哲学史的中国身份和中国特色。

钟泰《中国哲学史》"凡例"中，有一句反映其学术立场和方法意识的标志性表述："中西学术，各有统系，强为比附，转失本真。此书命名释义，一用旧文。"意在强调其《中国哲学史》叙事的中国身份、中学统系和中国话语。

（二）对经学史的借鉴与超越，以确立中国哲学史的中国身份

中国近代学术的开局是在否定以孔子儒家思想为核心的经学传统的基点上展开的。正像梁启超《清代学术概论》分析康有为代表的儒学批判思想，对清末学术界的影响时所说，一是汉学宋学，皆所吐弃，为学术另辟新地；二是将孔子抽象化为一创造精神；三是彻底否定了儒家精神的神圣性，一切皆可怀疑批判；四是"移孔子于诸子之列"，别黑白定一尊的观念完全被打破。① 造成这种局面的一个重要原因是中学内部汉宋、今古文、经子之学的论争与对抗。以至到了 20 世纪逐渐演变为全面性反传统。钟泰的中国哲学史叙事，力图从根源上清理此中的原因，寻求走出对抗和分裂的阴影，为中国哲学和儒学思想寻找现代转化的途径。

钟泰《中国哲学史》对"上古哲学史"、"中古哲学史"的阐发特色，最能体现其著作与经学、经学史的关系。在确认中国哲学史的儒学身份特征，肯定儒家哲学的核心地位和主流作用上，钟泰继承了经学思想传统。而钟泰与经学史的最大不同是，试图改变经学史叙述中重传承轻思

---

① 梁启超：《清代学术概论》，上海古籍出版社 1998 年版，第 72 页。

想的倾向，突出其儒道互补，经子结合的叙事意图。反映了钟泰《哲学史》对中国哲学的根源性思考。

1. 钟泰《中国哲学史》叙事的儒学立场

钟泰认为，六艺是中国哲学之根本。他形象地指出："今言中国哲学，而不本之于六艺，是无卵而有时夜，无父祖而有曾弥也。"① 他解释说，"六艺亦曰六经。""曰艺者，学者之所必习；曰经者，则言人道之所不易也。"②

对孔子的信仰，更是体现钟泰儒学立场的一方面。钟泰在他70岁时如是说：

> 我平生最崇奉孔子，虽不视同宗教，却以为中国之所以为文明立国，胥食孔子之赐。如无孔子结集诸经，今日何从知有尧舜禹汤文武。（1958年10月9日《交心书》片段）

以儒学为中国哲学史的叙事主线，是钟泰《中国哲学史》的特征。他继"上古哲学史"揭示了诸子哲学的形成和特点之后，自汉迄清，突出儒学在中国哲学史变迁发展中的作用。从其目录标示可清晰看出其意图："两汉儒学之盛"——"宋儒之道学"——"元明诸儒之继起"——"清儒之标榜汉学"。

总之，钟泰认为正是以孔子为代表的儒家，对古代文明遗产（六经）所进行的文化整合和传承，开辟了中国文化哲学一脉相承的持续发展路径，并成为未来中国文化发展的重要枢纽。

2. 钟泰《中国哲学史》叙事的兼容并包

徐复观《中国经学史的基础》自序指出："经学史应由两部分构成，

---

① 钟泰：《中国哲学史》卷上，第10页。
② 钟泰：《国学概论》，第92页。

一是经学的传承,一是经学在不同时代中所发现、所承认的意义。已有的经学史著作,有传承而无思想,等于有形骸而无血肉,已不足以窥见经学在历史中的意义。"这也成为我们评判经学史的基本依据。钟泰的哲学史不同于经学史之处,正在于其叙事以"思想"为线索,展开对先秦诸子哲学的阐发。

第一,在关于中国哲学的起源问题上,今文学家把经学的开辟断自孔子,皮锡瑞断言:"经学开辟时代,断自孔子删定六经为始。孔子以前,不得有经"①,意在抬高孔子及儒家的影响;古文学家则明言"孔子有德无位,既无从得制作之权,不得列于一成,安有大成可集乎?"②意在突出诸子的学术地位。钟泰不取经学家的褊狭之见。他认为,中国哲学的形成是由思想酝酿(见于载集的上古之思想)到典章制作(周公之典章),再到文化建构(诸子对六艺的阐发)三个环节构成的有机整体。他首先对上古之思想作了高度概括,认为"本天""尽人""首孝""用中""上民""大天下"六者是上古先民思想的精华,经由周公之制作(钟泰语:"言中国哲学,必当断自周公为始。"),最终构成先秦诸子哲学思想的问题意识和中心观念。他指出,"譬之江水,诸子者,其下流之播为九江三江;而六艺者则其滥觞之始也。"③

第二,在中国哲学的历史中,汉代是经学取得独尊地位,经学家称之为"经学昌明"和"经学极盛"的时代。钟泰认为,汉代并非是经学一统天下的时代,诸子之学在中国哲学史中始终占据着重要的学术地位。他指出:

(汉代)特不以百家取士,非谓尽禁天下百家之说也。观《汉书·艺文志》知儒家之《河间献王对》上下,以至《扬雄所序》,

---

① 皮锡瑞:《经学历史》,中华书局2004年版,第1页。
② 章学诚:《文史通义·原道》。
③ 钟泰:《中国哲学史》卷上,第7、10页。

道家之《捷子》《曹羽》《郎中婴齐》，纵横家之《邹阳》《主父偃》《徐乐》《庄安》《待诏金马聊苍》，①杂家之《淮南》内外、《东方朔》《伯象先生》《臣说》，皆并武帝时，或在武帝后。而元朔五年，且诏诸子传说皆充秘府矣。是故诸子之学，汉时颇有可观。降至六朝，斯风未改。如王弼之注老，郭象向秀之注庄，梁武简文之老庄讲疏，鲁胜之《墨辩注》，皆超超玄著，不让作者。他若王充《论衡》、仲长《昌言》、荀悦《申鉴》、徐幹《中论》、葛洪《抱朴》、王通《中说》、之推《颜氏家训》、思勰《齐民要术》，亦皆能成一家之言，传之后世。②

在钟泰看来，中国传统哲学是由子学和经学共同构建的。他在《中国哲学史》"凡例"申明自己的哲学史叙事主张，"门户之争，自古不免。然言各有宜，理无相悖。此书于各家同异，时附平亭。既欲见学术之全，亦以为沟通之助。"最明显的事例是，钟泰不因其对孔子和儒学的信仰，决定老子与孔子在哲学史叙事中的先后，在诸子哲学叙事中以老子为诸子之始。清晰标明钟泰超越经学史，倡导经子融合，儒道互补的中国哲学史叙事理念。

（三）从儒学自我更新和消化外来思想的能力，看中国哲学的的统系特征

钟泰认为，义理之学是中国哲学的统系特征。钟泰指出，学术的目标最终为明义理，"学至于义理，其至矣"。而宋学所确立的义理之学的

---

① 此处钟泰自注曰："邹阳七篇，主父偃二十八篇，徐乐一篇，庄安一篇，待诏金马聊苍三篇，注曰：赵人，武帝时，今并不存。"参见钟泰：《国学概论》，第117页，注三一。

② 钟泰：《国学概论》，第111页。

精神归趣,是通过对中国哲学传统的自我更新和转化实现的。在经学史上儒学经历了由六经传统向四书传统的演变,也是由以经为诠释中心向以传为诠释中心的转变。这种转变的本质是儒家哲学思想的创造性转化。钟泰认为宋儒的功绩在于充分把握和利用了这个契机,成功地借鉴佛、道思想,实现了文化哲学的转型。

然而自清人标榜汉学以来,抑制宋儒,以言义理为禁忌,"于是穷经经不足以润身,治史史不足以平世;周章于训诂,彷徨于考据,乃至竭毕生之力,而不免为穷人之无所归,不亦悲乎?"① 正是基于这种严重局面,钟泰的中国哲学史叙事特别推崇宋儒重义理,认为这是儒家哲学的贡献所在。在他看来宋儒面对佛教的挑战,通过重建价值解释系统,重新确立起儒学自身价值体系的根源性意义,其中的成功经验和方法学意识最值得肯定和借鉴。

首先,宋学的方法是对传统经学方法的超越,它"主义理主心得"的开放性特征,为中国哲学的未来发展开辟了广阔的诠释空间。钟泰指出:

> 盖宋儒于经,不主训诂而主义理,不主师传而主心得。惟主义理主心得,故以经为求理之阶梯,而不认经为可以尽天下之理;又以为理虽在经中,而亦非专于守经所可得。②

钟泰认为宋儒的哲学转化工作是把儒学做成"精神食粮"的加工过程。他形象比喻说:

> 宋儒与汉儒,其有取于孔子之经虽一,而其所以取于孔子之经

---

① 钟泰:《国学概论》,"自序"第1页。
② 钟泰:《中国哲学史》卷下,第2页。

者则有间矣。是故譬之于谷，孔子植之，汉人收获之，而宋儒则播之䒷之，渐之炊之，且以自食者也。"①

当然钟泰也不回避宋儒的失误。他批评程朱擅自改作《大学》是"乱经文以就己"。指出，"明道《大学》有改本，伊川又有改本，朱子因之，又为之改订。于是古本、改本之争，遂为后日之一大案。乱经文以就己，二程则不能不尸其过焉。"②

其次，在宋代哲学中，钟泰最重视揭发儒佛会通的方法和意义，辨析儒佛会通之异同和得失，以体现儒学自我意识新的觉醒，和宋儒在新的时代要求之下建构儒学和转化儒家思想的种种努力。

儒释道会通是中国哲学和文化史上中外融合的成功例证，对它的阐发往往反映着学人们对待外来文化的基本态度。在钟泰看来，宋儒能够超迈于古人，很大程度得益于佛、道二教。"宋儒何以能迈于古人，此则大有得于二氏之教，不可讳也。"③ 钟泰分析指出，《大学》《中庸》被程、朱提升为儒家经典，是受佛教哲学的启发。"盖佛氏之说，不出心性，而精微博大。于儒书中求足以相抗者，实惟有此二篇，故特表而出之"。而程、朱的成功经验是借鉴佛教哲学的同时，并未丧失儒学的主体性特征。"顾二程既以《学》《庸》为转佛入儒之梯，亦即持《学》《庸》为护儒攻佛之剑。"④ 钟泰意在说明，宋儒能够超越古人，走的是一条通过入佛老—出佛老—批佛老，从而找到体认中国文化本我的道路，借助佛、老达成了自身的文化自觉。他指出，宋儒虽辟佛、老，但与"昌黎《原道》之空言攻讦，而欲火其书、庐其居者"，在意旨上根本不同。宋

---

① 钟泰：《中国哲学史》卷下，第 2 页。笔者按：朱熹有个形象比喻："《语》、《孟》、《中庸》、《大学》是熟饭，看其他经是打禾为饭。"(《朱子语类》卷十九）
② 钟泰：《中国哲学史》卷下，第 32 页。
③ 同上书，第 2 页。
④ 同上书，第 31—32 页。

儒吸收佛教哲学文化的成功经验就是"善用佛、老之长，而无佛、老之弊"。① 按照钟泰的上述逻辑理路推断，当代人如要超迈宋儒，当然应当借鉴西学。关键是能够借助西学重新发现和找到中国文化的本我。如果因吸收西学而要彻底否定中国文化的本我（"五四"时期通过疑古对传统文化的全盘否定就是实例），显然责任不在西学，而在今人对西学的误用。

（四）对学案体史籍和学术史传统的反思，要求回归中国话语

明清时代是中国传统哲学语义发生转换的时期，也是中国哲学"失语"的开始，更是中国话语权危机的时代。其中的变迁经历，集中反映和体现在史籍之中。钟泰的《中国哲学史》在对传统史学方法继承的同时，又处处体现出对中国哲学"失语"、中国话语权危机原因的追问。

1. 对学案体史籍的借鉴与改造

关于学案体史籍的特点，陈祖武《中国学案史》作了概括性界说：

> 学案体史籍，是我国古代史家记述学术发展历史的一种特殊编纂形式，其雏形肇始于南宋初叶朱熹著《伊洛渊源录》，而完善和定型则是数百年后，清朝康熙中叶黄宗羲著《明儒学案》。它源于传统的纪传体史籍，系变通《儒林传》（《儒学传》）、《艺文志》（《经籍志》），兼取佛家灯录体史籍之所长，经过长期酝酿演化而成。所谓学案，就其字意而言，意即学术公案。"公案"佛门禅宗语，前哲释作"档案"、"资料"，至为允当。顾名思义，学案体史籍以学者论学资料的辑录为主体，合其生平传略及学术总评为一堂，据以反映一个学者、一个学派，乃至一个时代的学术风貌，从而具备了

---

① 钟泰：《中国哲学史》卷下，第5页。

晚近所谓学术史的意义。①

可以说，学案体的编纂原则是运用考辨方法，清理学术系统和思想渊源。

钟泰《中国哲学史》首先是站在辨析中西学术统系意义上，吸收学案体史籍方法的。学案体史籍以儒学为统系，从朱熹《伊洛渊源录》到黄宗羲《明儒学案》，形成对儒学内部的思想渊源和学术脉络的清理。钟泰在批评《宋史·道学传》"乱史例而启争端"时，就称道《宋元学案》的统系特点，他说："使若梨洲、谢山之《宋元学案》明其统系，详其源流，了了而无所陵杂，斯则无憾矣。"②他的《中国哲学史》明言"中西学术，各有统系"，就是要主张中学统系。

较之"学案体史籍以学者论学资料的辑录为主体，合其生平传略及学术总评为一堂"的编纂方法看，其主要功能在于解释历史，辨明源流。钟泰《哲学史》则更注重对传统哲学思想的诠释和阐发。他的叙述方法以突出哲学家思想内在变化和哲学意蕴为主。例如，老子哲学部分，钟泰以"道""无为""三宝""婴儿"四个主题，逻辑地展开老子哲学，体现出老子哲学的内在思想性。孔子哲学的叙事，钟泰分"仁""忠恕""孝弟""五伦""成己成物""富教""小康大同"和"知命之学"八节内容，反映了钟泰对孔子重要哲学思想的提炼和掘发。在此钟泰将学案体史籍以辑录资料为主体的特点，改变为让资料服从阐释思想的需要。

对中国哲学史"失语"原因的追寻，体现了钟泰《中国哲学史》对学案体史籍的反思。学案体史籍的定型形态是《明儒学案》，因此笔者对钟泰《中国哲学史》与学案体史籍关系的分析，更多着眼于与黄宗羲

---

① 陈祖武：《中国学案史》，东方出版社2008年版，第259页。
② 钟泰：《中国哲学史》卷下，第2页。

《明儒学案》(以下简称《学案》)的对比。在钟泰看来,由《学案》所反映出来的强化门派意识,强化王学与程朱的学术对垒,以及忽视明代社会整体的学术趋势和力量,都是造成明清以来中国哲学史"失语"的重要学术原因。

黄宗羲《明儒学案》作为"一部明代理学史",重在突出明儒对宋儒的超越,强化明儒的门户意识。黄宗羲明言"无姚江,则古来之学脉绝矣",突出王学在明代学术中的地位。又以理学中明儒高于宋儒;明儒之中以阳明学为大宗(占全书大半篇幅)的学术立场编纂《学案》。而在《姚江学案》中,黄宗羲强化陆王与程朱理论差别,认为有明一代学术,在阳明学兴起之前的局面是"此亦一述朱,彼亦一述朱",只是自阳明以"良知"立教,才开辟出一条崭新路径。

有鉴于《学案》叙事过强的对垒意识,对宋明哲学的割裂,钟泰《中国哲学史》在宋明哲学的叙事中,最重视阐发宋明哲学的内在联系。一个明显的事例是,他的"近古哲学史",把宋、明哲学作为一个整体理解,叙事突出的是由宋儒问题意识的延续,到明儒的继承和发展关系。特别体现宋元明哲学的内在连续性和继承性关系。而对于陆王与程朱学说的关系,钟泰的侧重点在于化解陆王与程朱的对垒。主张站在理学发展的历史高度看待双方的哲学。体现了钟泰哲学史叙事的儒家整体观和弥合门户观念的追求。例如,在天理人欲问题上,钟泰明言"阳明言致知格物,与朱子异。而言存天理去人欲,则与朱子更无不同"。并指出"阳明之学,最真切处,固在存天理去人欲上。若言致良知,言知行合一,特就存天理去人欲之把柄头脑处,为学者指点耳。"[1]他批评后之学阳明者不能把握王学这一要旨,致使王学为世所诟病。依今天中国哲学史学界的普遍看法,是程朱理学和陆王心学共同构建了宋明理学的哲学系统。说明钟泰所倡导的宋明哲学整体观是可取的。我们知道,在宋

---

[1] 钟泰:《中国哲学史》卷下,第95页。

明时期，程朱理学不仅在宋代占据着统治地位，就是在明代亦维持着正统地位。由程朱理学到陆王心学是宋明理学的历史演变和逻辑展开。他们的学说之间，有着共同的道德实践要求——存天理去人欲，有着共同的人格理想和精神境界——儒家圣人理想。可以说，宋明哲学的思想资源，是体现中国哲学话语特征的重要标志。

2. 对学术史方法的反思与批评

在中国现代史学领域，梁启超清代学术史的著述（1902—1904年的《近世之学术》，1920年的《清代学术概论》到1924年的《中国近三百年学术史》）具有划时代意义。它改变了学案体史籍注重清理门派和学统观念的倾向，力图把对学者专人的研究，融入各历史时期主要学术现象的研究中，突出学术思想的历史价值。在此笔者主要以钟泰"近世哲学史"的叙事特点，与梁启超《中国近三百年学术史》（以下简称《学术史》）作一比较。以考察《学术史》对钟泰《中国哲学史》叙事的意义。

笔者研究认为，梁启超《学术史》对钟泰"近世哲学史"叙事的影响主要是反向的，即通过梁氏学术史观和方法，特别是梁氏对汉宋之争，清学分裂的透彻分析，诱发了钟泰对近世学术的批判意识。并进一步分析了近世中国哲学话语丧失、中学统系被肢解的原因。可以说，通过梁启超《学术史》更有利于钟泰对中国哲学史的自觉。

与梁启超站在进化论历史观，倡言"以复古求解放"的清代学术进步和汉学成就不同，钟泰则以文化守成的立场提出，近世哲学史"或谓汉学盛而宋学衰，宋学衰而中国无复有自有之哲学，未为过也"。[①] 意在指出清代汉学的学术路向，存在着严重的问题，有可能导致中国自有之哲学的覆没，对此必须加以警惕。对于近世学人将清代汉学与欧西科学精神相对应，钟泰质疑道，汉学是否科学，科学能否立国？认为将清代汉学与欧西科学精神相对应，必将导致中国哲学"舍本逐末，泛滥无

[①] 钟泰：《中国哲学史》卷下，第118页。

归"。走出清学的误区，回归中国哲学的话语系统，接续清代义理学传统，是钟泰近世哲学史叙事的主旨。

钟泰的近世哲学史叙事重视对清代以降义理之学脉络的梳理。他断言，清儒之中能成一家之言者，"皆承宋学之流风"。例如。他赞许颜元、李塨的"自成一宗"（"有清一代，求其学能上掩宋明，而卓然自成一宗，惟习斋、恕谷足以当之"）；称道戴震学说对"私"与"欲"关系的阐发能"自树一帜"；褒扬"发明大义"的龚自珍（"汉学家之于经，致力可谓勤矣。然大抵疏通训诂者多，而发明大义者鲜。发明大义，惟今文家谈公羊者有之。此吾所以有取于定庵也"）。①

当然，钟泰《哲学史》也吸收了梁启超《学术史》的成果。梁启超将王夫之、唐甄等思想家纳入清代学术视野，并予以积极评价。他称道王夫之的知识论"为宋明哲学辟一新路"。②钟泰对王夫之哲学的挖掘虽与梁启超有别（梁启超重在肯定其与西方知识论的关系），但对王夫之哲学同样给予高度评价。钟泰认为"得关学之精髓者，乃在船山也。"他特别肯定船山对象数学的揭发使"自来言数者纷纷，皆可以关其口矣"。③笔者比较了钟泰《哲学史》之前主要的几部中国哲学史著作，张履祥、王夫之、唐甄、洪亮吉、龚自珍、曾国藩六位哲学家的思想首见于钟泰《中国哲学史》叙述，而不见于他书。

透过梁启超学术史与钟泰哲学史写作的差异，笔者以为他们双方著述背后的问题意识各有不同。梁启超站在今文经学的立场，突出"对思想界的破坏力"。强调学术的目的在于变革政治。钟泰站在义理之学是民族精神体现的立场，强调对传统的整合力。主张回归中国本位，维护中学统系的主体地位。寻求的是如何从中学系统中找到重振中国传统哲学的途径。

---

① 钟泰：《中国哲学史》卷下，第169页。
② 梁启超《中国近三百年学术史》，第91页。
③ 钟泰：《中国哲学史》卷下，第142、145页。

重振中国哲学的途径在哪里？我们从钟泰"近世哲学史"结案于曾国藩(1811—1872年，湖南湘乡人，谥文正)，可以发现其立论的意旨。他是这样评价曾国藩的，"言清史者，或矜其功烈，或称其文章。而不知其论学之余风，盖支持清末数十年气运。虽无崭然特出之诣，然皇皇学问，终身以之。近百年来，其知名于世者，亦一人而已。"在钟泰看来，曾国藩思想方法在会通汉宋，矫正时弊上的贡献是最可取的财富，他说："欲和会汉、宋，矫其敝风"，"其尤著者，则湘乡曾文正公国藩是也"。"合众冶于一炉，纳百川于一海，文正之得成其为广大者，岂不在是欤！"①笔者以为，此语道出了钟泰个人的心声。他的学术主张就是期望通过和会经子、汉宋的学术方法，找到中国哲学恰当的言说方式，表达属于中国哲学的话语。

钟泰继其《中国哲学史》之后，仍有对中国哲学建构的探索，他的《荀注订补》和《庄子发微》，既是他荀学、庄学研究的成果，也是他对中国哲学建构的深入思考。他特别重视阐发庄学和荀学，认为他们思想学说所传达出来的不强立家法的学术方法和开放性学术精神，是未来中国哲学建构的重要方法意识和思想资源。

钟泰认为，家法观念和门派意识过强是中国哲学和中国学术由来已久的积弊，以至成为晚近中学内部严重的学术思想积弊和滋生危机的土壤。钟泰试图借鉴庄子、荀子的学术方法，以解中学之积弊。钟泰十分赞赏庄周、荀卿的不强立家法的学术方法。他说：

> 司马六家之称，刘班九种之论，扬搉流别，信乎秩然有纪。究不若庄周、荀卿之论其人而不强立家法之为得当也。②

---

① 钟泰：《中国哲学史》卷下，第172—173页。
② 钟泰：《国学概论》，第110页。

钟泰看来，中国哲学的未来发展，必须建立在儒学内部自我反思批判能力的加强和多元开放性精神的培育之上。而庄学、荀学思想的承继儒道，贯通诸子，接续易庸，恰恰最具这种批判能力和开放精神。他说：

> 庄子"内圣外王"之学，本于穷理尽性至命，出之以至精、至变、至神，发仲尼之微言，揭《周易》之奥旨，足以补《论》、《孟》之未及，树人道之大防者已。①

可见，钟泰力图在中国哲学传统的融合创新基础上，探索中国哲学的现代转化途径。

结语：钟泰中国本位哲学史叙事的意义

当代中国哲学发展中的一种明显趋势是，民族意识的日渐觉醒和对本土化哲学叙事的热切期待，呼吁立足中国的文化土壤和哲学精神，寻求中国哲学的现代转化，要求强化中国哲学的现代化叙事的民族性背景，以增强中国哲学与中国文化之间的内在连续性，走出摹写西方哲学的时代，以寻求中国哲学现代发展途径。钟泰学术思想的重要性在于强调中国本位的哲学叙事，并由此提供了一个反思的例证。但也必须看到，在当今全球化时代，中国哲学的西方式言说早已是不争的事实。没有作为"他者"的西方哲学作参照系是不可想象的。所以有学者指出，回到中国本位，无异于天方夜谭。笔者以为有必要消除非此即彼的极端

---

① 钟泰：《庄子发微》，上海古籍出版社1988年版，第75页。

性对立观念，心平气和地走进研究对象，通过解读其思想历程找到可资批评和借鉴的价值。

钟泰把体现中国哲学的精神实质，导引中国人的民族精神方向，看作中国哲学的基本要素。从学术层面看，体现了钟泰辨识中西方哲学异同的敏锐学术眼光和维护民族哲学、文化地位的强烈责任意识。从实质上看，是对中国文化哲学主体意识的觉醒。在钟泰看来，中西学术统系不同，只有回归中国本位的叙事方式，才能反映中国哲学的本然面貌。其中包含着深刻的民族文化生存意识。

钟泰肯定中国哲学有自我更新的能力，主张摆脱西方哲学范式的束缚，体现了对中国哲学主体性的确认。他认为宋儒一方面对先秦哲学传统的合理更新改造，另一方面成功地吸收和融合外来思想文化，是中国文化自我更新能力的完美体现。对现代中国哲学的建构的借鉴意义重大。

金天翮在为钟泰《中国哲学史》作序称，"世之为学者，大都握今之辔以驭古之迹，是以毁辕折箣而其道大窒。窒则愚，通则哲。"笔者深以为然。钟泰《中国哲学史》是20世纪前期中国哲学史叙事中，充分发掘、利用和提炼中国本土资源的典范。中国思想、学术历史中独特的经学、子学智慧，丰富的学术思想经验，发达的史学传统，悠久的文化精神，是中国哲学得以生长的传统学术基础，也是今天中国哲学现代转化的内在动力和最深刻因子。

参考文献

一、钟泰著述

1. 钟泰：《中国哲学史》，商务印书馆1934年版。
2. 钟泰：《国学概论》，中华书局1936年版。
3. 钟泰：《荀注订补》，商务印书馆1936年版。
4. 钟泰：《庄子发微》，古籍出版社1988年版。
5. 钟泰：《谈研究庄子》，《文汇报》1962年6月19日。
6. 钟泰：《朱子之诗》，《国力月刊》，年代不详。

二、参考书目

1. 北京大学《荀子》注释组：《荀子新注》，中华书局1979年版。
2. 北京图书馆《文献》丛刊编辑部、吉林省图书馆学会会刊编辑部编：《中国当代社会科学家》第一辑、第三辑，书目文献出版社1982、1983年版。

3. 北京图书馆编：《民国时期总书目（1911—1949）：综合性图书》，书目文献出版社 1995 年版。

4. 崔大华：《庄子哲学——中国哲学一个观念渊源的历史考察》，人民出版社 1992 年版。

5. 陈德溥编：《陈黻宸集》（全二册），中华书局 1995 年版。

6. 曹聚仁：《国故学大纲》卷上，上海梁溪图书馆 1925 年版。

7. 陈来：《现代中国哲学的追寻》，人民出版社 2001 年版。

8. 陈来：《传统与现代——人文主义的视界》，北京大学出版社 2006 年版。

9. 陈以爱：《中国现代学术研究机构的兴起——以北大研究所国学门为中心的探讨》，江西教育出版社 2002 年版。

10. 陈引驰：《庄子精读》，复旦大学出版社 2005 年版。

11. [日] 渡边秀方：《中国哲学史概论》，刘侃元译述，商务印书馆 1926 年版。

12. 队克勋：《之江大学》，刘家峰译，珠海出版社 1999 年版。

13. 方宝川编：《太谷学派遗书》，第一辑，江苏广陵古籍刻印社 1997 年版；第二辑，江苏广陵古籍刻印社 1998 年版；第三辑，江苏广陵古籍刻印社 2002 年版。

14. 方勇：《庄学史略》，巴蜀书社 2008 年版。

15. 冯友兰：《中国哲学史》（全二册），中华书局 1947 年版。

16. 冯友兰：《三松堂学术文集》，北京大学出版社 1984 年版。

17. 冯友兰：《三松堂自序》，三联书店 1984 年版。

18. 顾荩臣：《国学研究》（现改名《经史子集概要》），华东师范大学出版社 2008 年版。

19. 高瑞泉：《中国现代精神传统——中国的现代性观念谱系》（增补本），上海古籍出版社 2005 年版。

20. 高濑武次郎：《中国哲学史》，赵兰坪编译，上海国立暨南学校 1925 年版。

21. 郭庆藩撰：《庄子集释》（1—4 册），王孝鱼点校，中华书局 1961 年版。

22. 郭齐勇：《熊十力思想研究》，天津人民出版社 1993 年版。

23. 郭齐勇：《郭齐勇自选集》，广西师范大学出版社 1999 年版。

24. 郭齐勇：《中国哲学史》，高等教育出版社 2006 年版。

25. 郭齐勇：《中国儒学之精神》，复旦大学出版社 2009 年版。

26. 郭湛波：《近五十年中国思想史》，山东人民出版社 1997 年版。

27. 郭志坤：《荀学论稿》，三联书店上海分店 1991 年版。

28. 何建明：《之江大学与长老会》，章开元等主编：《基督教与中国文化丛刊》第 5 辑，湖北教育出版社 2003 年版。

29. 亨廷顿：《文明的冲突与世纪秩序的重建》，周琪等译，新华出版社 1999

年版。

30. 胡道静主编:《十家论庄》,上海人民出版社2008年版。
31. 胡适:《中国哲学史大纲》(卷上),姜义华主编:《胡适学术文集·中国哲学史》,中华书局1991年版。
32. 胡适:《诸子不出于王官论》,姜义华主编:《胡适学术文集·中国哲学史》,中华书局1991年版。
33. 韩愈:《昌黎文集》卷二十《送王埙秀才序》。
34. 侯外庐:《中国近代启蒙思想史》,人民出版社1993年版。
35. 江峰:《太谷学派生命哲学研究》,东方出版社2007年版。
36. 蒋礼鸿:《自传》,《中国当代社会科学家》第一辑,书目文献出版社1982年版。
37. 景海峰:《中国哲学的现代诠释》,人民出版社2004年版。
38. 景海锋:《新儒学与二十世纪中国思想》,中州古籍出版社2005年版。
39. 李宝红、康庆:《二十世纪中国庄学》,湖南人民出版社2006年版。
40. 李庆:《日本汉学史》(第一部),上海外语教育出版社2002年版。
41. 梁启超:《中国古代学术流变研究》,中华书局1947年版。
42. 梁启超:《荀子评诸子语汇释》,《中国古代学术流变研究》,中华书局1947年版。
43. 梁启超:《评胡适之〈中国哲学史大纲〉》,《饮冰室合集·文集之三十八》,中华书局1989年版。
44. 梁启超:《中国近三百年学术史》,东方出版社1996年版。
45. 梁启超:《清代学术概论》,上海古籍出版社1998年版。
46. 梁启雄:《荀子柬释》,商务印书馆1936年版。
47. 李维武:《中国哲学的现代转型》,中华书局2008年版。
48. 刘梦溪主编:《中国现代学术经典·汤用彤卷》,河北教育出版社1996年版。
49. 刘梦溪:《论国学》,世纪出版集团、上海人民出版社2008年版。
50. 刘笑敢:《庄子哲学及其演变》,中国社会科学出版社1988年版。
51. 李中生:《〈荀子〉校诂丛稿》,广东高等教育出版社2001年版。
52. 陆懋德:《周秦哲学史》,京华印书局1923年(线装一册)。
53. 骆瑞鹤:《荀子补正》,武汉大学出版社1997年版。
54. 罗志田:《国家与学术:清季民初关于"国学"的思想论争》,三联书店2003年版。
55. 罗志田:《昨天的与世界的:从文化到人物》,北京大学出版社2007年版。
56. 马积高:《荀学源流》,上海古籍出版社2000年版。

57. 马瀛：《国学概论》，上海大华书局 1934 年版。

58. 马一浮：《马一浮集》（全三册），浙江古籍出版社、浙江教育出版社 1996 年版。

59. 钱穆：《朱子学新案》（上册），巴蜀书社 1986 年版。

60. 钱穆：《国史大纲》（修订本，上册），商务印书馆 1996 年版。

61. 钱穆：《国学概论》，商务印书馆 1997 年版。

62. 钱穆：《中国近三百年学术史》，商务印书馆 1997 年版。

63. 钱大昕：《跋荀子》，谢墉《笺释》，江苏古籍出版社 1997 年版。

64. 桑兵：《晚清民国的国学研究》，上海古籍出版社 2001 年版。

65. 沈殿成主编：《中国人留学日本百年史》，辽宁教育出版社 1997 年版。

66. 苏轼：《庄子祠堂记》，孔凡礼点校：《苏轼文集》第二册，中华书局 1986 年版。

67. 田文军：《珞珈思存录》中华书局 2009 年版。

68. 陶飞亚、吴梓明：《基督教大学与国学研究》，福建教育出版社 1998 年版。

69. 王汎森：《中国近代思想与学术的系谱》，河北教育出版社 2001 年版。

70. 王天海：《荀子校释》，上海古籍出版社 2005 年版。

71. 王先谦撰：《荀子集解》，沈啸寰、王星贤点校，中华书局 1988 年版。

72. 王学典、孙廷杰：《顾颉刚和他的弟子们》，山东画报出版社 2000 年版。

73. 王易：《国学概论》，神州国光出版社 1932 年版；又名《大家国学·王易》，天津人民出版社 2008 年版。

74. 吴根友：《明清哲学与中国现代哲学诸问题》，中华书局 2008 年版。

75. 吴学昭：《吴宓与陈寅恪》，清华大学出版社 1992 年版。

76. 萧汉明：《道家与长江文化》，湖北教育出版社 2005 年版。

77. 谢祥皓、李思乐辑校：《庄子序跋论评辑要》，湖北教育出版社 2001 年版。

78. 谢无量：《中国哲学史》，中华书局 1916 年版。

79. 萧萐父、郭齐勇主编：《熊十力全集》（全十册），湖北教育出版社 2001 年版。

80. 熊铁基、刘固盛、刘韶军：《中国庄学史》，湖南人民出版社 2003 年版。

81. 喻大华：《晚清文化保守思潮研究》，人民出版社 2001 年版。

82. 余嘉锡：《四库提要辨正》，中华书局 1974 年版。

83. 严绍璗：《日本中国学史》，江西人民出版社 1991 年版。

84. 严绍璗：《近代日本中国学形成的历史考察》，载张西平编：《他乡有夫子——汉学研究导论》，北京外语教学与研究出版社 2005 年版。

85. 朱伯崑：《易学哲学史》第一卷，华夏出版社 1995 年版。

86. 张岱年：《中国哲学大纲》，中国社会科学出版社 1982 年版。

87. 章太炎：《国学概论》，上海古籍出版社 1997 年版。
88. 章太炎：《国故论衡》，上海古籍出版社 2003 年版。
89. 章学诚著，叶瑛校注：《文史通义校注》，中华书局 1985 年版。

三、参考论文

1. 包兆汇：《二十世纪庄子研究的回顾与反思》，《文艺理论研究》2003 年第 2 期。
2. 陈思和：《知识分子的民间岗位》，《天涯》1998 年第 1 期。
3. 蔡文锦：《论钟泰先生的〈庄子发微〉》，《扬州大学学报》（人文社会科学版）2004 年第 3 期。
4. 陈卫平：《中国哲学史研究的学科自觉——从胡适到冯友兰》，《中国哲学史》2003 年第 2 期。
5. 陈卫平：《"金岳霖问题"与中国哲学史学科独立性的探求》，《学术月刊》2005 年第 11 期。
6. 方宝川：《太谷学派研究的历史与现状》，《哲学动态》1989 年第 10 期。
7. 冯骥才、周立民：《全球化语境中的本土化困境》，《作家杂志》2003 年第 5 期。
8. 干春松：《国学：国家认同与学科反思》，《中国社会科学》2009 年第 3 期。
9. 耿纪平：《略论宋代庄学的"儒学化"倾向》，《中州学刊》2000 年第 6 期。
10. 郭明道：《太谷学派简论》，《扬州大学学报》2004 年第 5 期。
11. 郭齐勇：《试论文化保守主义思潮》，《学习与探索》1990 年第 1 期。
12. 郭齐勇：《当代新儒家对儒学宗教性问题的反思》，《中国哲学史》1999 年第 1 期。
13. 郭齐勇：《近二十年中国哲学研究的三大转变》，《天津社会科学》1999 年第 3 期。
14. 郭齐勇：《出土简帛与经学诠释的范式问题》，《福建论坛》（人文社会科学版）2001 年第 5 期。
15. 郭齐勇：《中国哲学：保持世界性与本土化之间的必要的张力》，《天津社科学》2004 年第 1 期。

16. 郭齐勇：《中国哲学研究方法论三题》，《拾薪集》，北京大学出版社 2007 年版。

17. 葛兆光：《系谱，还是历史——以唐代哲学史或思想史为例》，《文汇报》2004 年 4 月 18 日。

18. 葛兆光：《道统、系谱与历史》，《文史哲》2006 年第 3 期。

19. 胡适：《研究所国学门第四次恳亲会纪事》，《北大园学门月刊》第一卷第 1 号。

20. 江峰：《太谷学派诠释老庄的生命本位特色》，熊铁基、麦子飞主编：《全真道与老庄学国际学术研讨会论文集》，华中师范大学出版社 2009 年版。

21. 蒋国保：《汉儒称"六经"为"六艺"考》，《中国哲学史》2006 年第 4 期。

22. 蒋国保：《儒家伦理的普世价值》，《社会科学战线》2007 年第 3 期。

23. 景海峰：《儒家思想现代诠释的哲学化路径及其意义》，《中国社会科学》2005 年第 6 期。

24. 靳树鹏：《忆老师钟泰》，《同舟共进》2004 年第 10 期。

25. 金文子：《我所知道的太谷学派》，《南京理工大学学报》（社会科学版）2005 年第 10 期。

26. 卢冀野：《太谷学派之沿革及其思想》，《东方杂志》1927 年第 24 卷第 14 号。

27. 李庆霞：《全球化视域中的文化本土化研究》，《社会科学战线》2007 年第 1 期。

28. 罗新：《思想与境界：学术的生命——田余庆先生访谈录》，《原学》第二辑。

29. 李翔海：《20 世纪中国哲学的三种基本理论范式述评》，《河北学刊》2004 年第 1 期。

30. 李泽厚：《荀易庸记要》，《文史哲》1985 年第 1 期。

31. 廖名春：《20 世纪后期大陆的荀子文献整理研究》，《邯郸学院学报》2007 年第 4 期。

32. 钱穆：《〈新亚学报〉发刊辞》，《新亚学报》1955 年第 1 卷第 1 期。

33. 桑兵：《晚清民国时期的国学研究与西学》，《历史研究》1996 年第 5 期。

34. 田文军、杨姿芳：《谢无量与中国哲学史》，《江海学刊》2007 年第 5 期。

35. 吴根友：《论中国哲学的精神》，《江西社会科学》2008 年第 2 期。

36. 吴根友：《简论〈齐物论〉多元主义的真理观与包容主义的价值观》，熊铁基、麦子飞主编：《全真道论文集》，华中师范大学出版社 2009 年版。

37. 王明发：《王伯沆先生与太谷学派传人》，《南京理工大学学报》（社会科学版）2004 年第 1 期。

38. 王天海：《〈荀子·修身篇〉校释订补五则》，《贵州文史丛刊》2003 年第 2 期。

39. 王学钧：《太谷学派的儒教观："窃比老彭"释论》，《南京理工大学学报》（社会科学版）1999 年第 2 期。

40. 王子慧：《钟钟山先生传略》，《文教资料》1987 年第 2 期。

41. 王继如整理：《马曹两先生一段论学公案》，《当代儒学研究》2009 年第 5 期。

42. 许宁：《儒学现代转型的三个向度——以梁漱溟、熊十力、马一浮为例》，《安徽大学学报》（哲学社会科学版）2007 年第 4 期。

43. 严炳罡：《从"依傍"走向主体自觉——中国哲学史研究何以回归其自身》，《文史哲》2005 年第 3 期。

44. 王树森：《求之会通 得其环中——〈庄子发微〉学记》，《文教资料》1987 年第 2 期。

45. 杨国荣：《中国哲学：一种诠释》，《天津社会科学》2004 年第 1 期。

46. 杨海文：《解读荀子的学术命运》，《读书》1997 年第 2 期。

47. 杨树达：《钟泰〈荀注订补〉书评》，《清华大学学报》（自然科学版）1937 年第 1 期。

48. 章士钊：《名墨訾应考》，《东方杂志》第 20 卷第 21 号。

49. 张文昌：《之江大学》，《浙江文史资料选辑》第二十九辑，浙江人民出版社 1985 年版。

50. 钟少华：《试论近代中国之"国学"研究》，《学术研究》1999 年第 8 期。

索　引

人　名

C

蔡元培　058, 068, 205, 257, 276
陈黻宸　057, 274
陈来　089, 094, 096

D

渡边秀方　080, 081, 085

F

冯友兰　016, 056, 058, 059, 060, 066, 067, 074, 077, 078, 079, 080, 081, 083, 087, 089, 090, 094, 157, 259, 274, 276

G

高濑武次郎　080, 083, 086
公孙龙　067, 068
顾炎武　119, 200
郭沫若　159, 161, 162, 163, 164, 237
郭齐勇　006, 030, 066, 088, 092, 097, 177, 178, 217, 222, 229, 230, 232, 235, 236, 237, 238, 239, 240, 241, 242, 243, 244, 245, 246, 247, 248, 249, 250, 253
郭湛波　065, 074, 075

H

韩愈　085, 086, 087, 120, 159, 160, 162, 163
贺麟　203, 221, 222
侯外庐　129
胡适　056, 057, 058, 059, 060, 061, 062, 063, 064, 065, 066, 067, 068, 069, 073, 074, 075, 076, 077, 078, 079, 080, 089, 097, 098, 101, 104, 114, 129, 258, 259, 274, 276
黄葆年　020, 023, 024, 025, 026, 028, 029, 030, 031, 032, 033, 036, 037, 038, 039, 041, 044, 154, 193, 201, 217, 256, 270
惠施　067, 068, 165, 191

J

金岳霖　059, 259

K

孔子　014, 015, 017, 021, 022, 024, 027, 028, 029, 031, 033, 036, 041, 043, 045, 046, 053, 054, 059, 060, 062, 065, 066, 070, 074, 075, 083, 085, 087, 091, 099, 100, 105, 109, 111, 116, 129, 147, 153, 158, 159, 160, 161, 162, 163, 164, 165, 167, 169, 170, 171, 174, 175, 178, 181, 182, 183, 184, 186, 194, 196, 197, 218, 221, 223, 224, 225, 226, 231, 232, 236, 244, 248, 249, 253, 277, 278, 279, 280, 281, 282, 284

L

老庄　011, 012, 014, 016, 084, 106, 107, 156, 158, 166, 169, 170, 173, 179, 187, 193, 221, 230, 270, 272, 280

老子　046, 060, 064, 066, 067, 104, 107, 158, 160, 161, 167, 170, 177, 179, 188, 189, 224, 280, 284

李泽厚　147, 257, 258

梁启超　062, 065, 066, 078, 100, 104, 106, 112, 115, 117, 121, 126, 127, 143, 277, 286, 287

刘师培　096, 126, 128, 132, 134, 142, 262

刘禹锡　086

陆懋德　016, 078, 259, 274

M

马一浮　012, 013, 203, 204, 205, 206, 207, 208, 209, 210, 211, 212, 213, 214, 215, 216, 217, 218, 219, 220, 221, 222, 223, 224, 225, 226, 227, 228, 229, 230, 231, 246, 250, 271, 272

孟子　017, 021, 030, 032, 041, 045, 053, 067, 068, 070, 134, 142, 143, 147, 148, 149, 150, 151, 153, 161, 171, 174, 182, 183, 230, 272

墨子　014, 067, 144, 272

Q

钱穆　109, 110, 112, 113, 119, 124

S

苏轼　159, 160, 194, 196

W

王安石　159, 194

王通　070, 071, 085, 107, 280

王先谦　126, 127, 128, 130, 132, 135, 141, 142, 154, 173, 191, 262

王瀣　026, 035, 037, 199, 200, 201, 202, 203, 256

X

谢无量　057, 058, 059, 069, 080, 081, 085, 086, 089, 258, 259, 274, 276

荀卿　118, 120, 126, 129, 133, 153, 288

Y

杨倞　127, 130, 133, 138, 140, 141
杨树达　132, 133, 135, 141, 144, 145, 146, 262

Z

张岱年　090, 091, 274
章太炎　096, 100, 102, 103, 104, 115, 116, 117, 121, 128, 129, 159, 161, 162
章学诚　065, 072, 159, 160, 161, 279
周敦颐　021, 022, 187, 194
周公　024, 028, 043, 045, 072, 091, 223, 224, 279
周太谷　020, 021, 022, 023, 024, 027, 029, 030, 031, 035, 039, 043, 044, 193, 194
朱熹　021, 105, 109, 115, 148, 153, 195, 196, 227, 282, 283, 284
庄周　118, 120, 160, 165, 169, 186, 194, 248, 249, 288

关键词

A

安命　184
安身立命　022, 028, 029, 031, 092, 101

B

百家争鸣　088, 093, 186
百家之说　083, 087, 107, 279
保守文化传统　041, 244
本体　046, 055, 115, 167, 168, 169, 182, 183, 222, 233, 234, 241, 246, 248, 258
本天　043, 060, 071, 072, 089, 279
本土化的叙事方式　051
本土文化价值　223
本土性　002, 005, 040, 260
变化观　188, 190, 192
别墨　067

C

《参同契》　084, 186
草根性　022, 027, 028, 030, 246
成己　177, 180, 194, 248, 249, 284
成物　108, 177, 180, 194, 248, 249, 284
程朱理学　115, 148, 228, 285, 286
传统经学　057, 058, 069, 070, 071, 073, 077, 108, 281
传统与现代　010, 026, 096, 126
传统哲学世界观　062
"重新估定一切价值"　074, 075

D

大儒　151, 154, 171, 200, 203, 250
大天下　043, 044, 060, 071, 072, 089, 279
《大学》　017, 148, 272, 282
大宗师　163, 166, 167, 168, 174, 176, 179, 182, 183, 258
道德践履　040
道德理想主义　226, 229
道德主体　222, 227
道家　046, 066, 084, 107, 119, 157, 158, 159, 161, 165, 169, 170, 179, 180, 187, 195, 246, 280
道通为一　158
道统　023, 024, 028, 041, 045, 120, 121, 122, 250
东方文明　099
东西哲学与文化融合论　077

E

20 世纪中国思想文化　002, 003

F

法后王　141, 151
法先王　140, 141, 147, 148, 151, 154
方法意识　045, 056, 069, 071, 087, 111, 251, 257, 259, 262, 263, 274, 277, 288
佛教　053, 063, 064, 082, 084, 085, 086, 087, 091, 103, 246, 281, 282, 283
佛教哲学　064, 086, 091, 282, 283
佛教宗派哲学　086
复兴书院　206, 210

G

工夫　030, 043, 046, 086, 109, 127, 168, 179, 183, 203, 222, 226, 228, 229, 232, 233, 235
公共性道德　031, 033
古代文明　076, 278
古文经学　106, 116, 117, 118
古学复兴　100, 102, 128
归群草堂　020, 022, 023, 025, 026, 027, 028, 030, 033, 034, 035, 036, 038, 039, 040, 043, 052, 193, 199, 201, 202, 217, 256, 270
国粹派　096, 100
国粹思潮　096, 097, 116, 123
国学教育　049, 051, 095, 096, 098, 099, 103, 104, 106, 123, 124
国学热　002, 049, 097

H

汉代哲学　083, 084, 085
汉宋调和　112
汉宋之争　026, 029, 095, 109, 111, 112, 119, 153, 242, 286
汉唐哲学　079, 080, 081, 082, 083, 084, 085, 087, 088, 114
汉学方法　106, 113, 114, 125, 262
汉字　016, 053, 075, 076, 266
合汉宋而一之　106, 111, 113, 114, 115, 125, 145, 152
合儒道为一炉　040, 041, 193, 206, 230

化性起伪　153, 230
黄老政治思想　158
黄老之学　083
《黄氏遗书》　024, 025, 028, 029, 031, 032, 033, 044
黄崖教案　023

J

家庭伦理　031, 032, 033
教会大学的国学研究　049, 099
"截断众流"的方法　064, 129
解蔽　128, 135, 137, 143, 147, 148
尽人　043, 060, 071, 072, 089, 091, 151, 184, 279
尽人知命　151
近代中国大学教育　089
近世文明　076
近世哲学史　042, 201, 286, 287, 288
进化论思潮　062
进化史观　062
经生之学　109, 244, 245
经世致用　010, 027, 055, 103
经学化　083
精神境界　004, 185, 286
精神气质　204
旧文化　073, 074, 076

K

考据之学　111, 112
科学　002, 006, 009, 011, 017, 022, 024, 026, 029, 030, 031, 033, 034, 037, 057, 066, 073, 074, 075, 077, 091, 092, 094, 096, 097, 101, 104, 105, 113, 123, 124, 129, 132, 133, 175, 184, 199, 200, 203, 204, 221, 232, 238, 242, 246, 248, 250, 252, 255, 257, 261, 262, 263, 272, 273, 275, 276, 286, 287
科学方法　075, 101, 113
孔孟儒学　069, 071, 073
孔孟之心　028
孔颜乐处　029, 204, 221

L

礼乐　017, 028, 054, 075, 129, 224
礼论　145, 147
礼义　070, 108, 134, 141, 149, 151, 226
理学家　013, 153, 187, 195, 218, 227
历史观念　073, 093, 094
六经　014, 015, 029, 040, 063, 065, 066, 074, 102, 104, 106, 108, 109, 113, 116, 117, 153, 159, 160, 161, 163, 166, 170, 171, 177, 196, 219, 224, 227, 230, 235, 244, 247, 248, 249, 275, 278, 279, 281
六艺　017, 060, 064, 065, 066, 072, 083, 102, 104, 108, 116, 161, 166, 205, 209, 210, 219, 221, 223, 224, 227, 230, 278, 279
陆王心学　228, 285, 286
《论语》　016, 131, 143, 164, 182, 185, 223, 224, 247, 272

M

门户之见　040, 046, 069, 095, 117, 119, 121, 122, 152, 196, 206, 221, 242, 251, 253

《孟子》　017, 066, 142, 148, 272

民间儒家学派　007, 011, 027, 051, 204, 238, 242, 244, 275

民间社会　022, 026, 027, 028, 030, 032, 097, 242

民间性　021, 022, 027, 028, 275

民间学术流派　020, 021

民族文化传统　004, 073, 240

民族文化生存意识　090, 290

民族性原则　078, 090, 275

民族主体意识　004, 252

名家　064, 067, 068, 264

明心复性　205

墨家　064, 067, 068, 074, 119

《墨经》　068

N

内圣外王　011, 016, 154, 156, 158, 162, 166, 167, 168, 170, 171, 175, 176, 177, 178, 179, 180, 181, 185, 186, 192, 194, 197, 198, 244, 245, 246, 247, 248, 249, 253, 261, 289

内圣外王之道　016, 162, 167, 168, 171, 175, 176, 177, 178, 179, 180, 186, 192, 194, 198, 248, 249, 253, 261

内圣外王之学　158, 170, 176, 185, 192, 245, 248, 253

内圣之道　022, 028

内圣之功　174, 183

P

辟佛老　063, 064

Q

齐物论　162, 166, 168, 173, 176, 178, 186

祈天永命　031, 193

气质之性　140, 153

潜龙之业　042, 043, 193

亲师取友　022, 028

清代汉学　103, 110, 112, 119, 120, 125, 129, 152, 155, 246, 262, 286

清代学术的旁流　021

清代学术思想流变　042

全盘西化论　076

全球化　001, 002, 092, 122, 123, 253, 289

R

人道主义　166

人文主义　096, 166, 181, 185, 192

人性论　149, 152, 153

仁义　025, 053, 070, 075, 141, 143, 180, 227

儒家的世俗性　030

儒家人格理想　031

儒家文化　036, 040, 254

儒家宗教性　022, 029, 030

儒释道会通　282

儒术　053, 057, 075, 081, 083, 093, 147, 153, 162, 198, 261

儒学的现代转化　223,261
儒学经典　066
儒学史　158
儒学思想　004,016,026,044,106,113,196,197,206,244,245,246,250,253,256,277
儒学性质　021,022
儒学重建　002,003,154,156,175,176,197,244,245

S

上民　030,043,044,060,071,072,089,279
申、韩刑名之学　083
身心修养　022,206,227
神仙家　169,170
慎独　050,131,148
生活方式　031,123
生活世界　027,028,033,034,238,263,275
生生之谓仁　184
圣功王道天人性命贞一之学　036,194,242,244,270
圣人　024,029,032,041,066,120,147,151,153,163,168,173,174,178,181,183,185,188,190,191,192,194,226,227,247,286
诗教本仁　216
诗以道志　216
实用主义　058,062,075
首孝　043,060,071,072,089,225,279
书经　014,025,272
《思不孝》　031

思想史　029,042,065,074,075,086,094,114,129,147,158,222,231,241,257,259,260
思想学说　021,022,024,025,027,031,035,037,043,045,065,071,118,128,130,147,148,152,163,165,167,288
宋代道学　063
宋明理学　012,014,017,049,050,112,113,115,148,153,187,194,196,227,228,246,270,272,273,285,286
宋明儒学　091,226
宋明哲学　082,115,195,226,285,286,287
宋儒　029,040,042,044,045,063,064,085,087,091,103,121,131,148,194,195,196,201,221,227,228,275,278,281,282,283,285,290
宋学　018,021,042,044,045,082,100,103,106,109,110,111,113,119,121,125,152,153,187,195,246,277,280,281,286,287
宋学方法　106,113,152,195

T

太谷学派　012,020,021,022,023,024,025,026,027,028,029,030,031,032,033,034,035,036,037,038,039,040,041,042,043,044,045,046,051,054,119,154,193,194,199,201,202,203,206,217,222,246,251,256,257,270,275

唐代儒学复兴　158
体道　168, 174, 175, 226
天论　131, 132, 147, 148, 150, 151
天命　030, 151, 153, 181, 183, 184, 225
天命之性　153
天人关系　004, 076, 185, 190, 192
通于天道　174, 182, 183, 184
同情之理解　045, 069, 070, 071, 076, 258

W

晚清国粹派　100
晚清学术思想　042
王官六艺之学　060, 064, 065, 066, 166
文化保守主义　074, 077, 097, 231, 240
文化本土化　001, 002, 005
文化传统　002, 003, 004, 016, 028, 041, 073, 074, 075, 103, 104, 106, 197, 219, 223, 224, 240, 244, 245, 260
文化个性　211, 218, 238
文化观　010, 074, 075, 076, 077, 096, 097, 242, 243
文化精神　043, 109, 111, 113, 117, 122, 166, 204, 240, 254, 290
文化批判运动　074
文化统系　040, 252
文化信仰　053, 218
文化意识　026, 219
文化哲学观　078, 229
文化殖民主义　001, 005
文化自觉　056, 064, 282
文澜阁　012, 051, 204, 205
文献整理　125, 127, 128, 130, 131, 138, 141, 144, 146, 147, 155, 174, 175, 261, 262
无己　177, 178, 188, 190, 191, 192, 248

X

西方教育体制　089
西方文化　002, 005, 052, 073, 076, 097, 243
西方学术　089, 128
西方哲学　002, 004, 006, 056, 057, 058, 060, 062, 063, 064, 069, 073, 076, 080, 081, 082, 084, 087, 088, 090, 091, 092, 243, 246, 252, 259, 274, 275, 276, 289, 290
西方中心主义　252
西学　026, 033, 040, 041, 045, 061, 062, 063, 064, 073, 076, 077, 089, 090, 095, 097, 098, 099, 101, 103, 111, 112, 125, 126, 128, 129, 152, 204, 205, 219, 230, 243, 246, 252, 253, 259, 276, 277, 283, 284, 290
西洋哲学　080, 081, 090, 091, 228
西洋中古哲学　079, 081
下层知识分子　021
先秦道家　158
先秦哲学　059, 088, 274, 290
现代儒学思潮　250
现代新儒家　030, 203, 231
现代性反思　002, 004
现代性转化　030, 033, 056, 094
现代知识体系　057, 058
现代中国的教育体系　057, 276
消摇　172, 173, 176, 188, 190
逍遥　165, 172, 173, 178, 186, 188, 190,

191

《孝经》 224, 225

孝悌 031, 033, 225, 226

心息相依 030

心性修养 030, 153, 200, 226

心性之学 030, 115, 201

心斋 163, 171, 200, 216, 233

新文化 074, 076, 077, 096, 100, 112, 113, 117, 126, 128, 130, 240

新学 007, 008, 009, 036, 043, 063, 090, 091, 098, 204, 242

性恶 045, 070, 134, 140, 144, 147, 148, 149, 151, 153

性恶论 153

性善说 153, 230

修身 030, 031, 032, 033, 109, 145, 146, 154, 181, 183, 194

玄学 084, 088, 113, 159, 187

学科概念 089, 094

学科自觉 003, 056

学人之学 109, 244, 245

荀学 003, 005, 044, 045, 070, 125, 126, 127, 129, 130, 131, 139, 141, 147, 148, 152, 155, 245, 251, 261, 262, 263, 288, 289

荀学研究 125, 126, 127, 129, 130, 152, 155, 251, 261, 262

《荀子》 003, 017, 045, 067, 125, 126, 127, 128, 130, 131, 136, 138, 139, 141, 143, 144, 146, 147, 154, 155, 171, 261, 273

《荀子·非十二子》 065, 120

《荀子集解》 126, 127, 130, 154

荀子哲学 125, 129, 147, 148, 152, 153

训诂 018, 063, 066, 067, 103, 109, 127, 130, 133, 134, 137, 138, 147, 151, 174, 195, 227, 245, 281, 287

Y

颜子之学 171, 175

养生 022, 028, 166, 168, 174, 176, 179, 195

养生主 166, 168, 174, 176, 179, 195

养性 084, 174, 183, 186

依傍西方哲学 058, 060, 064, 087, 090, 091

以儒解庄 159, 163, 164, 172, 194, 230

以西释中 002, 058, 059, 129, 258, 276

义理 063, 067, 069, 090, 101, 103, 104, 109, 111, 112, 113, 115, 127, 131, 133, 137, 138, 142, 143, 145, 146, 147, 148, 153, 156, 172, 176, 188, 194, 195, 207, 222, 223, 226, 227, 233, 244, 245, 246, 250, 280, 281, 287

义理之学 090, 101, 111, 194, 245, 280, 287

易经 014, 187, 272

隐恶扬善 032

应帝王 166, 167, 168, 176, 179, 186

用中 012, 013, 043, 060, 071, 072, 089, 137, 279

忧患意识 219, 240

宇宙观 188, 190, 192

Z

杂家之学　083

再造文明　074, 076

哲学史范式　056, 080

哲学史观　056, 069, 071, 072, 257

整理国故　074, 075, 096, 097, 098, 101, 103, 113, 114

整理国故运动　096, 097

正名　128, 129, 135, 143, 147, 150, 173

知命乐天　182

知命之学　181, 183, 284

知人论世　073, 092, 114

知识学人　001, 002, 003, 005, 012, 013, 034, 041, 051, 053, 055, 251

知行合一　030, 285

至人无己　178, 188, 190, 191, 192

中古哲学　079, 080, 081, 082, 277

中国本位　004, 040, 061, 063, 069, 071, 074, 076, 077, 079, 087, 089, 090, 092, 243, 252, 260, 273, 287, 289, 290

中国本位的叙事方式　061, 063, 069, 071, 076, 077, 087, 090, 290

中国传统文化体系　096

中国传统学术分类　057

中国古代哲学　043, 075

中国近代化的学术体系　089

中国经学　057, 278

中国文化　001, 002, 003, 004, 005, 011, 041, 043, 045, 047, 048, 049, 051, 052, 062, 064, 074, 075, 076, 077, 089, 090, 091, 100, 101, 107, 109, 111, 114, 115, 203, 204, 216, 217, 219, 223, 231, 236, 238, 240, 241, 250, 252, 253, 254, 260, 275, 278, 282, 283, 289, 290

中国文化的现代化　076

中国现代学术史　052

中国性　003, 096, 111

中国学术体系的现代化　089

中国学统　021, 040

中国有义理之学　090

中国哲学的"合法性"　056, 258

中国哲学史学科　003, 012, 043, 056, 057, 059, 061, 069, 073, 077, 079, 080, 088, 093, 129, 222, 243, 250, 259, 260, 274, 275, 276

中国哲学史学科建设　073, 077, 088, 093, 243, 260

中国哲学史早期写作　056

中国中下层思想心态　021

中华文明　036, 221

《中庸》　017, 044, 066, 148, 177, 180, 187, 225, 248, 249, 273, 282

忠恕之道　031

《周氏遗书》　024, 029, 030, 031, 043, 044, 193

《周易》　017, 022, 024, 043, 181, 185, 186, 188, 189, 190, 191, 192, 269, 289

朱子学　109, 110, 200

诸子百家　088, 091, 179

诸子学　052, 065, 075, 096, 100, 106, 107, 117, 118, 119, 126, 129, 131, 144, 145, 241, 270

诸子之学　058, 059, 064, 066, 074, 083, 087, 107, 108, 117, 118, 120, 279, 280

主体能动性　071

主体性精神　002

庄学　003, 005, 041, 156, 157, 158, 159, 164, 165, 166, 167, 173, 175, 179, 186, 187, 192, 193, 194, 195, 196, 197, 198, 230, 234, 245, 251, 261, 263, 288, 289

庄学史　158, 186, 187

《庄子》　003, 017, 041, 067, 104, 156, 157, 158, 162, 163, 164, 165, 166, 167, 169, 172, 174, 176, 177, 179, 180, 181, 185, 186, 187, 190, 193, 195, 196, 197, 198, 253, 263, 273

《庄子·天下》　065, 120, 135, 166, 179, 186, 197, 248

庄子哲学　157, 158, 166, 167, 168, 169, 175, 184, 197

子学　052, 065, 070, 074, 075, 080, 081, 083, 095, 096, 100, 106, 107, 109, 110, 111, 117, 118, 119, 126, 128, 129, 131, 144, 145, 158, 159, 168, 175, 177, 179, 180, 198, 200, 222, 230, 236, 241, 261, 270, 280, 290

自然目的论　184

自我变革　033, 227

宗教性　022, 026, 027, 029, 030, 031, 033, 048

宗教性道德　031, 033

纵横之学　083

坐忘　163, 164, 171, 220

后　记

　　和武汉大学中国哲学专业结缘是在 2002 年夏秋那个美好的季节，我参加"中国哲学的创造性转化"高级研讨班，短短数日，这个充满思想学术锐气和人文精神气质的群体，给我以极大的吸引力。2004 年夏秋又一个美好的季节，我荣幸地成为这个群体的一名学子，有机会聆听他们中每一位先生的学术见解，玩味他们的学思志趣。

　　我的导师郭齐勇先生是兼具儒者情怀和超迈气象的学者，他敏锐的学术洞察力，开放包容的治学态度，海内外广泛的学术交往，为我们创造了清新宽和的治学环境。儒学及 20 世纪中国哲学是郭齐勇先生思想学术的重点和有突出贡献的研究领域，"钟泰学术思想研究"隶属于这个研究领域，我因此能从郭师的学问中更多获益，体会先生为人与为学的风范。

　　静坐在樱顶老图书馆古色依旧的宽大书桌前，流连于枫园与珞珈山之间幽静的山边小路上，究心于老庄、孔孟天人性命的千年公案中，对于本来已逾"不惑"之年的我而言，学思的困惑增加了不少，由此展开的探研、思考、读书、交流带来的苦与乐真是难以言表。

　　2006 年，我利用暑假前往上海寻访钟泰先生的遗迹，从华东师范大学到上海文史馆，再到钟泰先生的故居，感觉一步步贴近先生的生活世界，也获得了许多难得的信息和资料。几年来，钟泰先生的孙子钟斌先生给予我鼎力支持，钟泰先生的外孙王继如先生亦给我以帮助，使我具备了进入"钟泰研究"的良好条件。

本书是我向武汉大学中国哲学专业这个可敬的学术群体郑重地交上的一份作业，也是我向钟泰先生的家人表达的一份谢意，更是我对钟泰先生学术生命的一份敬意。

郭晓丽

壬辰年八月

责任编辑:段海宝
封面设计:畅想传奇
版式设计:汪 莹

图书在版编目(CIP)数据

钟泰学术思想研究/郭晓丽 著.-北京:人民出版社,2014.10
ISBN 978-7-01-013850-3

Ⅰ.①钟… Ⅱ.①郭… Ⅲ.①钟泰(1888~1979)-思想评论
Ⅳ.①B261

中国版本图书馆 CIP 数据核字(2014)第 192909 号

钟泰学术思想研究
ZHONGTAI XUESHU SIXIANG YANJIU

郭晓丽 著

人民出版社 出版发行
(100706 北京市东城区隆福寺街99号)

北京中科印刷有限公司印刷 新华书店经销

2014年10月第1版 2014年10月北京第1次印刷
开本:710毫米×1000毫米 1/16 印张:20.25
字数:270千字 印数:0,001-2,000册

ISBN 978-7-01-013850-3 定价:45.00元

邮购地址 100706 北京市东城区隆福寺街99号
人民东方图书销售中心 电话 (010)65250042 65289539

版权所有·侵权必究
凡购买本社图书,如有印制质量问题,我社负责调换。
服务电话:(010)65250042